Felicidade® Ilimitada

NEGÓCIOS SUSTENTÁVEIS

Profissionais e organizações que criam um futuro de prosperidade e abundância

www.thesmilebusiness.com

A Felicidade é um GIGANTE negócio!

Clientes felizes compram mais.
Colaboradores felizes produzem mais.
Empresas felizes prosperam mais.

Felicidade® Ilimitada

NEGÓCIOS SUSTENTÁVEIS

Profissionais e organizações que criam um futuro de prosperidade e abundância

Renato Alahmar
Waldyr Bevilacqua Jr.
Walter Quintana
Márcio J. Lima (ilustrações)

Literare Books
INTERNATIONAL
BRASIL · EUROPA · USA · JAPÃO

Copyright© 2020 by Literare Books International
Todos os direitos desta edição são reservados à Literare Books International.

Presidente:
Mauricio Sita

Vice-presidente:
Alessandra Ksenhuck

Projeto gráfico:
Gabriel Uchima e Paulo Gallian

Diagramação:
Gabriel Uchima e Paulo Gallian

Capa e ilustrações:
J.Lima Studio

Revisão:
Rodrigo Rainho

Diretora de projetos:
Gleide Santos

Diretora executiva:
Julyana Rosa

Relacionamento com o cliente:
Claudia Pires

Impressão:
Impressul

Dados Internacionais de Catalogação na Publicação (CIP)
(eDOC BRASIL, Belo Horizonte/MG)

A318f   Alahmar, Renato.
       Felicidade ilimitada: profissionais e organizações que criam um futuro de prosperidade e abundância / Renato Alahmar, Waldyr Bevilacqua Jr., Walter Quintana. – São Paulo, SP: Literare Books International, 2020.
       16 x 23 cm

       ISBN 978-85-9455-251-8

       1. Administração de empresas. 2. Empreendedorismo. 3.Sucesso nos negócios. I. Bevilacqua Jr., Waldyr. II. Quintana, Walter. III. Título.

                            CDD 158.1

Elaborado por Maurício Amormino Júnior – CRB6/2422

Literare Books International.
Rua Antônio Augusto Covello, 472 – Vila Mariana – São Paulo, SP.
CEP 01550-060
Fone: +55 (0**11) 2659-0968
site: www.literarebooks.com.br
e-mail: literare@literarebooks.com.br

PARABÉNS PELA SUA ESCOLHA!

Felicidade Ilimitada® é um livro "diferente". Nosso principal objetivo é provocar uma transformação em nossos leitores a partir de reflexões feitas por meio da leitura de inúmeras histórias reais que vivemos e que agora compartilhamos com vocês.

Você irá perceber que este livro incentiva o leitor a fazer autoanálises sobre sua vida profissional, seu papel atuando dentro de equipes, seja como membro ou como líder. Esta imersão foi cuidadosamente planejada para dar a você a oportunidade de aplicar os conceitos da Felicidade Ilimitada® de uma forma prática.

Para isso, seguem nossas recomendações para uma boa leitura:

1. O livro Felicidade Ilimitada® possui um Caderno de Exercícios que tem como objetivo reforçar conceitos, permitir reflexões e projetar as ações que irão propiciar a transformação pessoal. Recomendamos a leitura deste livro, tendo o Caderno de Exercícios ao lado, lápis, caneta e marcadores de texto. Você pode baixá-lo gratuitamente no website www.thesmilebusiness.com.

2. Vários temas são abordados neste livro e acreditamos que o leitor irá se identificar com aqueles que são mais próximos do seu atual momento na carreira. Por esta razão decidimos nos aprofundar um pouco mais e preparamos um website www.thesmilebusiness.com que irá lhe proporcionar:

    a. Textos complementares aos assuntos tratados em nosso livro;

    b. Vídeos com dicas para implementar a Felicidade Ilimitada® na sua vida, na sua empresa;

    c. Dicas de leituras (livros, websites etc.);

    d. Caderno de Exercícios (grátis para download no website);

    e. Cadastro para receber nossa newsletter;

    f. Cronograma de eventos (palestras e workshops) que os autores estarão realizando;

    g. Versão e-book do Felicidade Ilimitada® e outros livros dos autores.

Desejamos uma ótima leitura!

Os Autores.

Adquira este livro para a sua equipe e empresa

Obra disponível para venda corporativa e/ou personalizada. Para mais informações, fale com contato@literarebooks.com.br

O que você achou deste livro?

Gostaríamos de conhecer a sua opinião sobre esta obra. Após a leitura, envie os seus comentários para contato@literarebooks.com.br. Para saber mais da Literare Books siga-nos nas redes sociais: Facebook e Instagram @literarebooks e em nosso website www.literarebooks.com.br

Sumário

Introdução..9
Como surgiu o livro Felicidade Ilimitada® 10

Parte 1
Construindo o sucesso pessoal

Felicidade Ilimitada® - Caso #1 17
1. Criando e vivendo histórias fantásticas 22
2. Potencial. Feitos para o sucesso! 24
3. Sucesso são resultados. Tenha metas, realize mais! 27
4. Trabalho: ocupação ou missão. Viva o seu propósito! 35
5. Saindo da multidão. Ordinário ou extraordinário? Seja diferente! 49
6. Inovação, excelência e valor. O DNA dos campeões! 59
7. Hábitos de sucesso. Hardware e software 73
8. Plano de Sucesso Pessoal..91

Parte 2
Construindo o sucesso de equipes

Felicidade Ilimitada® - Caso #2 97
1. Conheça sua equipe! 99
2. Propósito: liderando para além dos seus limites..............................111
3. Reconhecimento e celebração. O poder do entusiasmo 124
4. O melhor modelo de liderança. Todos! A importância do líder na
construção de equipes de sucesso. 135
5. O segredo para conquistar e fidelizar clientes. Gestão pela alegria e diversão 150
6. A cultura que inspira equipes de sucesso..166
7. Depende apenas de você! 172

Parte 3
Construindo o sucesso organizacional

Felicidade Ilimitada® - Caso #3 175

1. Gestão da empresa. Sonhos são ensinamentos 176

2. Arena de negócios 185

3. Sublimes são os clientes 189

4. Planejamento estratégico 199

5. Engrenagens funcionando sem riscos 202

6. Relacionamento – Networking 205

7. Gerenciamento de prioridades 207

8. E os problemas? 209

9. Ótimas empresas, pessoas excepcionais 213

10. Empresa 4.0 219

Agradecimentos 225

Referências 226

Galeria 228

Depoimentos 233

Sobre os Autores 236

Introdução

Felicidade Ilimitada® é um livro especial, cheio de histórias reais, feito para ajudar o leitor a ter sucessos na carreira, na equipe de trabalho e na empresa. Texto envolvente, dinâmico, com ilustrações que mostram que temos a cada dia muitos desafios a realizar e a melhor forma de enfrentá-los é com uma boa dose de alegria e felicidade. Alegria é um sentimento poderoso e a felicidade é o estado da boa ação, da boa vontade. As empresas precisam de felicidade porque é o que vai fazer a diferença. Empresa feliz é mais lucrativa, mais criativa. É a fórmula da liderança de mercado, a essência para alavancar melhores resultados e prosperar.

Desejamos que o livro transforme pensamentos e seja um despertar para oportunidades, um mobilizador de coragem para encantar clientes e criar uma magia em cada visita realizada.

Todos querem ter a liderança de mercado mas não sabem exatamente como fazer. Pessoas se economizam, se entristecem. Empresas se tornam chatas e sem um sentido para entusiasmar os funcionários que trabalham sem paixão, sem um propósito nobre. Felicidade é um grande negócio porque é um movimento para o valor. Alegria que transforma vidas. Um livro bom para ler, que vai despertar muitas novas possibilidades para você manter sempre a chama acesa.

Reunião Café com Prosa em que decidimos escrever o livro Felicidade Ilimitada®.
10/6/2019, Padaria Lagoa do Taquaral, Campinas/SP.

Felicidade Ilimitada®

Como surgiu o livro Felicidade Ilimitada®

**Felicidade é o estado da boa ação, da boa vontade.
A felicidade é um grande negócio.**

Alguns anos se passaram e, mesmo assim, quando nos encontramos, é como se "apertássemos um botão" para começar a lembrar tudo o que vivemos juntos quando fazíamos parte da mesma equipe de trabalho, na qual nos divertimos demais mesmo diante dos imensos desafios enfrentados.

A nossa amizade nasceu há mais de 25 anos. Trabalhamos juntos em um projeto na mesma empresa. Tivemos a oportunidade, para não dizer o privilégio, de compartilhar momentos fantásticos, criar estratégias inovadoras, encantar clientes. Éramos extremamente felizes em um ambiente corporativo!

Depois de muitos anos juntos, a vida seguiu seu caminho e cada um a sua trajetória. Nossa experiência em liderança esteve presente em mais de 30 negócios em empresas nacionais, multinacionais e familiares. Uma combinação de muitas oportunidades diferentes. Somos leitores assíduos e este era um motivo a mais que nos mantinha unidos, ligados. Agora, nos víamos reunidos mais uma vez para colocar os assuntos em dia e compartilhar das boas memórias. Quanta história, quantos planos para o futuro! Quantos livros, filmes, artigos a recomendar, compartilhar, enriquecer nossa trajetória.

E foi assim, em um destes encontros divertidos, que decidimos escrever este livro.

Oportunidades, todo dia elas aparecem! E naquele dia, pensamos que era muita experiência para ficar apenas entre nós. A ideia nasceu na mesa do café, entre pães de queijo e alguns expressos. Naquela hora, éramos três amigos tomando um café juntos, às vésperas de viagens profissionais em países diferentes, mas cheios de planos para um projeto inovador. Assim, entre malas prontas, consultorias particulares e atendimentos a grandes empresas, assumimos o compromisso juntos. Afinal, nosso "lema" sempre foi *uma boa ideia nunca pode ser desperdiçada*. Rabiscamos, ali mesmo, no papel da mesa do café, alguns pontos básicos, algo que pudesse servir como parâmetro ou pelo menos algumas referências para levarmos o projeto adiante, ainda que estivéssemos em países diferentes.

Precisava ser diferente! Outro lema nosso. Não poderia ser um livro "aos costumes", como tantos outros sobre negócios. *Por que não deixar o cliente escolher os temas que mais gostariam de ler?* A ideia parecia pular da mesa, em meio aqueles rabiscos. "Vamos fazer uma pesquisa!" Nesta hora a tecnologia trabalha em nosso favor. Foi nosso primeiro passo.

Utilizamos um aplicativo e questionamos para mais de uma centena de pessoas quais assuntos gostariam de ler em um livro de negócios. A maior parte dos capítulos nasceu assim, sob a supervisão de uma empresa especializada em pesquisas, agrupando todas as respostas, as sugestões dos potenciais clientes. Tínhamos as dicas, as necessidades e temas que os clientes gostariam de ler.

Partimos para o segundo passo. Buscamos, então, neste livro, informar, dar aos leitores o que eles pediram, decifrar o mundo da liderança por meio de histórias reais, de experiências pessoais. Junto com o conteúdo, contar nossas histórias, experiências práticas que vivemos, nas quais as questões de compromisso pessoal, de trabalho em equipe e estilo de liderança foram duramente exigidas e colocadas à prova. É nosso objetivo aqui compartilhar alguns destes resultados, alguns com final feliz, outros nem tanto.

O mais importante é que você possa analisar cada uma destas experiências, buscar insights que o ajudem a lidar com as situações similares no seu dia a dia. Nosso desejo é que você, leitor, encontre ideias para usar e aplicar em seu trabalho, em sua vida. Sabemos que cada um tem o seu "Golias" para enfrentar. Todos temos o impossível, muitas vezes, diante de nós. Por isso precisamos de "coragem e entusiasmo", duas palavras comuns, mas que significam a diferença entre as pessoas que fazem história e aquelas outras que apenas assistem as coisas acontecerem.

Nas próximas páginas você encontrará uma mistura equilibrada de conteúdo prático com atrativos envolventes. Contaremos um pouco da "mágica" de tornar a liderança, os negócios, as empresas e as carreiras profissionais em uma fantástica fonte de prazer, paixão e realização. Vamos falar do caminho do "valor pessoal", das pessoas que brilham, dos catalisadores para o lucro sustentável. Você vai ler sobre *felicidade no ambiente de trabalho*.

Note nossos diferentes estilos literários, ao mesmo tempo entrelaçados buscando descrever conceitos, metodologias alinhadas com princípios de vida e de trabalho. Não se preocupe. O mais importante é deixar despertar o seu insight, as suas ideias, as suas convicções.

Depois que escrevemos os capítulos, chegou então o momento da decisão: "Qual seria o nome deste nosso filho, qual o título do livro?" Diversas opiniões surgiram por nossas mensagens de WhatsApp ou durante as nossas reuniões via Skype. Não demorou muito e chegamos ao Felicidade Ilimitada®. Duas palavras que descrevem os caminhos, a jornada, tudo que pensamos sobre excelência, inovação, lucro e sucesso. A alegria é um sentimento poderoso que evoca muita energia. Acreditamos que os negócios são mais lucrativos quando trazemos a emoção para o planejamento estratégico. *Felicidade é o estado da boa ação, da boa vontade.*

Muitas empresas precisam de felicidade, talvez estejam entristecidas, sisudas. A felicidade é um grande negócio. Empresas felizes são mais lucrativas. Funcionários felizes são mais produtivos e comprometidos e este é um diferencial importante. Gente feliz significa sustentabilidade. Seria possível, caro leitor, fazer isso acontecer em sua empresa? Como e o que fazer? Funciona mesmo? A questão do respeito é viável num ambiente de pressão para resultados?

Acreditamos que estas e outras respostas você encontrará nas páginas deste livro, os caminhos para o pote de ouro da Felicidade Ilimitada®. Funciona e vale para qualquer empresa, como uma semente que começou a rolar e encontrou um terreno fértil para prosperar. Acreditamos que não viver essa grandeza é jogar fora tudo o que recebemos de enriquecimento pessoal. Entendemos que o futuro é um lugar que construímos hoje. E o seu, temos certeza, será fantástico, ímpar, extraordinário. Boa leitura. Continue brilhando!

Os Autores.

Sistema da Felicidade Ilimitada®

Parte 1
Construindo o sucesso pessoal

Walter Quintana

Parte 1: Construindo o sucesso pessoal

Felicidade Ilimitada® - Caso #1

A Convenção de Vendas era muito importante, o evento mais aguardado do ano. Em apenas quatro dias, precisávamos *reenergizar* todo o time para um novo ano de desafios ainda maiores. Prosperar é o "nome do jogo" e vale para tudo. Melhorar, avançar, aprender, crescer. Por isso, dedicávamos grande atenção e cuidados em todos os detalhes. Juntos faremos mais! Esse era o tema daquele encontro. E tudo ganhava o logo e o slogan da grande ideia, o combustível para o novo ano. Convites, materiais impressos, brindes, camisetas, faixas, as apresentações, tudo. Uma ideia forte, simples, que provoca emoção, uma faísca para incendiar a mente e o coração de toda a equipe.

Estávamos, fazia quatro anos, trabalhando em um projeto revolucionário, de construir um grande negócio, de mudar a maneira de trabalhar, de vender, de atender e encantar clientes, de levar soluções aos profissionais, às empresas e aos usuários dos produtos. Usuários do produto! A bem da verdade, tudo acontece para ele, o cliente usuário. Se não o alcançarmos, nada terá valido a pena. E começamos a reunião com a projeção da foto de um "usuário do produto", um trabalhador que representava as pessoas para as quais fabricávamos cada unidade dos nossos produtos. A foto era emblemática, dizia tudo. Uma pessoa simples, um trabalhador de uma indústria, com seu uniforme de trabalho, em um momento do seu dia, em uma fábrica deste Brasil. Nada de maquiagem, de produção, o trabalhador ali, em uma situação muito real. E, então, fazendo um exercício de imaginação com a equipe, tentávamos descobrir o seu nome, a sua idade, o seu nível de instrução, a sua família, o seu dia a dia etc. E falávamos de como a sua vida poderia ser melhor se ele utilizasse um de nossos produtos. E assim, com essa breve reflexão, ficava claro a razão de estarmos ali, todos juntos, para quatro dias intensos de trabalho, de planejamento, de treinamento, de motivação. Nada grandioso foi feito sem esses elementos. Trabalho, planejamento, treinamento e motivação, muita motivação.

A abertura do encontro foi fantástica, especial, uma grande surpresa. Feitas as apresentações, as orientações, os desafios de praxe que se fazem em reuniões como essa, deixamos a "cereja do bolo" para o final. O Alahmar pediu ao Paulinho, um vendedor brilhante, para fazer uma mensagem em nome da equipe. Ali, só tinha gente brilhante. Diferentes, e todos brilhantes. Como foi possível? Qual foi a "mágica" para reunir tanta gente boa? O Paulinho, além de grande pessoa e profissional, tinha o dom da sensibilidade, da linguagem da alma. Com uma música suave e envolvente ao fundo, o Paulinho começou falando que o seu filho o viu se preparando para vir nesta viagem e começou a conversar com ele. O Guilherme, de apenas três anos, e muito curioso, queria saber o que o pai fazia. E o Paulinho foi conversando. "Eu vendo máscaras". "De super-heróis?", perguntou Guilherme. E o Paulinho, com muito amor, foi falando mais a respeito do seu trabalho. "E o senhor faz tudo isso sozinho?", insistiu Guilherme. "Não, filho, eu trabalho com uma grande equipe, outros amigos do papai, que vão todos os dias a empresas de todo o Brasil para falar das máscaras". E aí o Paulinho, com maestria, ligou a conversa com o filho ao valor da grande equipe que éramos, da nossa grande missão. Pegou um pacote e tirou uma faixa para colocar na cabeça, como um corredor, um atleta. Na pequena faixa estava escrito: "Juntos Faremos Mais". Tirou mais faixas, passou a alguns próximos dele, que foram entregando as faixas aos outros. Cada um colocou a faixa na cabeça, ao mesmo tempo. Foi lindo. Cada pessoa olhava para o lado e via a outra com o outdoor da pequena faixa, convidando e inspirando. Juntos faremos mais. Juntos, a gente vai mais longe, juntos faremos muito mais. Foi mágico. Com aquela breve e poderosa interação, mais uma vez a semente foi lançada. Da visão, do futuro, do trabalho que precisava ser feito, da força da união, da liberdade, respeito e paixão que teríamos ao longo da jornada. Foi muita emoção para o primeiro dia. E ela continuou em todos os dias seguintes, em cada momento dos trabalhos. Trabalho com diversão, trabalho com alegria e paixão. Trabalho com gente feliz.

Pela primeira vez na história da divisão e da nossa empresa, estávamos fazendo uma convenção com a presença de nossos parceiros, os vendedores de nossos distribuidores especializados. Diziam que era loucura. Amamos ser loucos. Eles eram a nossa "equipe de vendas expandida", outro time de gente brilhante. Eram tratados como os nossos vendedores, procurávamos valorizar ao máximo esses profissionais. Nossa equipe era formada por 12 vendedores, cada vendedor tinha em média 3 a 4 distribuidores, cada distribuidor tinha 2 a 3 vendedores, então nossa força de vendas expandida era de quase 100 pessoas, um pequeno gigante exército de gente apaixonada, guerreira, de valentes.

Treinamentos técnicos, de marketing, de habilidades de vendas, lançamentos de produtos, tudo o que era feito trazia gás novo, razão para fazer o melhor, ins-

Parte 1: Construindo o sucesso pessoal

pirava, enchia a mente e o coração de vontade de estar ali, de participar daquele projeto especial. O clima do evento era fantástico, uma celebração, amizade, dedicação, profissionalismo, gente querendo aprender, brilhar ainda mais. O último dia precisava ser ainda mais especial. Os proprietários e gerentes das empresas de distribuidores especializados vieram participar. Outra novidade. Nunca havia sido feito isso. Loucura. Ali tinha um bando de loucos. O Amyr Klink foi o nosso keynote speaker, o convidado especial para iniciar o dia. Ele acabara de publicar mais um livro sobre as suas experiências e aprendizados em viagens pelos mares do mundo, era o herói do momento. Ele havia realizado feitos incríveis de navegação, a primeira travessia do Atlântico Sul em barco a remo, em 1984, e a viagem de 642 dias entre a Antártica e o Ártico a bordo do veleiro Paratii", recém-concluída. Se tínhamos um grande projeto pela frente, o Amyr, certamente, era a pessoa que podia contribuir, nos ensinar, nos inspirar. Mesmo sério e pragmático, o Amyr é especialista em projetos grandiosos e um grande exemplo de paixão, de coragem, ousadia e arrojo, de organização e planejamento. E foi linda a participação e interação dele com a equipe. Aproveitamos a oportunidade e presenteamos todos os participantes com o livro do Amyr. Foi show! Na sequência do dia, reuniões específicas para cada grupo, os vendedores, os proprietários e gerentes dos distribuidores. Como pode ser melhor? O que faremos para ir além?

Para encerrar aquele grande encontro, precisávamos de um gran finale. Organizamos a convenção para terminar no dia do técnico de segurança, o profissional técnico que visitávamos todos os dias, que avaliava e aprovava tecnicamente a compra dos nossos produtos, o cliente técnico. Naqueles quatro anos, um dos nossos objetivos era valorizar aquele profissional, enriquecer o seu trabalho. E assim fizemos, de muitas maneiras. Aquela seria mais uma. *Não vendemos produtos, oferecemos valor, enriquecemos as vidas e os negócios dos clientes.* Passamos alguns meses divulgando em uma importante revista técnica do segmento um anúncio falando sobre a importância desse profissional, e convidando para que ele participasse do sorteio de uma viagem técnica internacional à nossa matriz nos Estados Unidos e à mais importante feira mundial do setor. Outro feito inédito no segmento. Para participar, era necessário preencher e nos enviar o cupom do anúncio, com os dados pessoais e responder a uma pergunta com uma sugestão sobre nosso trabalho e produtos. Ação tipo dois em um, aproveitamos a promoção para perguntar e ouvir o cliente. Quantas dicas e sugestões boas recebemos! *A voz do cliente é uma fonte fabulosa de inovação.* Então, naquele momento, ali na frente no palco do grande auditório, com aquele fantástico grupo de gente cheia de energia, fizemos o sorteio, entre os milhares de cupons recebidos, do afortunado profissional ganhador do prêmio. O Osny, nosso gerente do serviço técnico, teve uma ideia brilhante. "Vamos ligar para o técnico ganhador".

Correria, telefone providenciado, fizemos a chamada. O Osny colocou o microfone junto ao telefone para que todos no salão pudessem ouvir e participar daquele momento especial. O Xavier foi surpreendido com a fantástica notícia de que ele havia sido contemplado com a viagem internacional, o prêmio do concurso. Foi mágico. Felicidade na sua melhor expressão. O Xavier, a nossa equipe, os convidados. Objetivo alcançado. Ninguém parava aquela equipe, de gente diferente, divertida e feliz, de diversas regiões do Brasil, de sotaques e realidades diferentes, mas todos com uma mente e um coração unidos. Juntos faremos mais.

Para encerrar, o Alahmar aprontou mais uma. Ele concluiu o encontro tocando a emoção, falando sobre a família, a razão pela qual levantávamos todos os dias e saíamos para trabalhar. Pelos filhos, o Guilherme, e tantos outros, pelas esposas, pelos pais etc. E aí foi a minha vez de ser o homenageado. Dessa surpresa, eu não sabia. O Alahmar me chamou à frente, disse palavras elogiosas e, ao fundo, a porta do salão se abriu e entraram os meus pais, a minha esposa e os meus dois filhos, o Bruno e o Mateus. Eles vieram até a frente, nos abraçamos e nos beijamos, eu chorando, óbvio, e o Alahmar pediu para o Bruno, meu filho de 10 anos, ler uma carta que ele escreveu para mim (a pedido do Alahmar). O meu pai... Todos estavam tocados, alguns também chorando, sensibilizados, todos os pais da sala estavam ali junto comigo. Que emoção. Emoldurei a carta do Bruno em uma moldura linda e hoje aquele quadro é o troféu mais valioso que tenho em toda a minha carreira profissional.

Evento terminado. Foi maravilhoso. Acima e muito melhor do que a nossa expectativa. É assim, você faz o seu melhor, com dedicação e excelência, e o Universo surpreende com surpresas e cerejas de bolo. Meses depois, recebemos o prêmio Top of Mind do setor, a marca mais lembrada, mais querida e preferida. E tudo começou com um sonho, um desejo de um grupo, uma pequena semente. De entrante desconhecido a líder de mercado, em quatro anos. Com uma equipe de profissionais "imparável". Como tudo isso aconteceu?

Com pessoas brilhantes, iluminadas e apaixonadas. É o que conversaremos nas páginas seguintes.

Tudo começa em você. Tudo começa com você.
A mágica, os resultados, o sucesso.

Você deve ser a própria mudança que deseja ver no mundo.
(Mahatma Gandhi)

Quando os ventos de mudança sopram, umas pessoas
levantam barreiras, outras constroem moinhos de vento.
(Erico Veríssimo)

1. CRIANDO E VIVENDO HISTÓRIAS FANTÁSTICAS

Nunca perca a chama!
(Aristides José de Souza)

Que bom que você escolheu ler este livro. Esta decisão demonstra o seu desejo, o seu investimento, a sua intenção e busca por conhecimento e informação que o leve adiante, aprimore o seu intelecto, as suas capacidades e habilidades. "Tem poder quem age", como diz Paulo Vieira, coach, escritor e presidente da FEBRACIS. É assim que funciona. Colhemos o que plantamos. Pura matemática. Nossas decisões, escolhas e ações determinam a nossa jornada, o nosso destino, as nossas realizações e resultados. Este é o poder que temos. O de escolher e construir diariamente o nosso futuro, o sucesso que desejamos em nosso trabalho, em nossa vida.

Viver é uma arte e uma ciência. Podemos aprender tentando, experimentando, testando alternativas, observando resultados, ajustando e assim o fazemos. Leva tempo, dispende-se mais energia. E podemos aprender com os outros, lendo, conversando, descobrindo maneiras mais produtivas, caminhos e soluções mais eficientes. A diferença? Economizamos tempo, multiplicamos os resultados, obtemos maior rendimento do recurso investido. Este livro tem este propósito. Compartilhar ideias sobre a vida profissional, auxiliar o leitor na reflexão e construção de uma vida e carreira profissional de sucesso, de plenitude. São ideias práticas, experimentadas, extraídas da experiência de três carreiras profissionais e estão aqui reunidas voltadas para a aplicação e conquista de sucesso pessoal, de equipes e da organização como um todo.

O trabalho é uma área importante e estratégica do nosso maior projeto chamado "Vida". Passamos a maior parte de nossa vida adulta, consciente e produtiva no trabalho. Ele é fonte de riqueza, de ocupação e aprendizado, de criação, produção, realização e reconhecimento. O trabalho afeta e atende as nossas necessidades físicas, materiais, mentais, emocionais e espirituais. Então, a felicidade passa pelo trabalho e pela história que escrevemos em nossa jornada e carreira profissional. Tive a honra e o privilégio de trabalhar em empresas que propiciavam muitas oportunidades. Uma delas era a de conviver com profissionais fantásticos, grandes pessoas, professores inspiradores para os quais eu olhava, observava e aprendia. Um deles foi o Tidinho, o Aristides José de Souza, diretor de manufatura, vendas e marketing de uma importante divisão na empresa. Ele começou como operador de máquina, no chão de fábrica, e subiu, degrau a degrau, até ao posto de diretor. Era muito querido o Tidinho, um exemplo para todos. Profissional dedicado, inteligente, humano, amigo, competente, visionário. Lembro-me da primeira vez que vi o Tidinho proferindo um discurso inspirador. Era a primeira convenção de vendas e marketing de

Parte 1: Construindo o sucesso pessoal

que participei na empresa, umas 300 pessoas de todo o Brasil, reunidas por quase uma semana para revisar resultados e planejar novas metas e estratégias para o ano seguinte. Após o seu discurso inflamado e apaixonado, o Tidinho foi ovacionado, aplaudido de pé por um longo tempo. Que cena fantástica, maravilhosa! Eu amei ver aquilo. Para mim, um jovem profissional, isso era sucesso. O reconhecimento de sua comunidade pela pessoa, por sua vida, sua essência, contribuição e história. Foi olhando para estes gigantes humanos nesta fantástica universidade corporativa, com lições e exemplos, que fui formando a minha personalidade profissional, o meu estilo de trabalho. Procurei aprender com os melhores, as grandes e inspiradoras lições de vida, no trabalho, na vida pessoal. Sou profundamente grato a vários destes amigos professores que me ensinaram lições preciosas para toda a vida. Honro cada mentor, ainda que não soubessem que estavam sendo meus professores, vivendo o legado de cada um, compartilhando o que aprendi e me trouxe até onde estou. E, agora, com grande prazer, repasso a você querido leitor. Aproveite!

Tempos mais tarde, em uma pausa de café, conversando com o Tidinho, fiz a ele a pergunta que gostava de fazer aos meus mentores professores: *Qual é a receita e o segredo do sucesso?* O Tidinho, com a sua serenidade, simpatia e sabedoria, pensou rapidamente e respondeu: *Nunca perca a chama!* Guardei este mantra, esta preciosa lição em meu coração e mente. Nunca perca a chama! Nos dias de indecisão, os mais escuros, esta frase simples e poderosa me acompanhou, iluminou e me trouxe ao centro. Todos fomos feitos para brilhar,

para viver a grandeza, realizar o potencial ao qual fomos destinados. A vida é uma só. Ela passa e se acaba. É um maravilhoso e precioso presente que recebemos. Então, ela precisa ser vivida intensamente, produtivamente, inteligentemente, criativamente, ao máximo. Em todo o tempo, em qualquer lugar, em qualquer situação não podemos perder a chama, o brilho. Nunca! E se a perdermos, precisamos recuperá-la. Fazer o melhor, viver o melhor, escrever a melhor história. Meu desejo é que estas ideias, experiências e aprendizados o inspirem e o ajudem a manter a sua chama acesa. Sempre! Vai passar. Tudo vai passar. No final, ficam as histórias que contaremos, os caminhos e as experiências que escolhemos viver, as conquistas que decidimos realizar. Somos contadores de histórias. Crie e viva histórias que você tenha orgulho e alegria em contar, ali na frente. Eu desejo que as suas histórias sejam fantásticas, maravilhosas, espetaculares. Nunca perca a chama!

2. POTENCIAL. FEITOS PARA O SUCESSO!

*Todo dia você acorda e tem uma nova chance de fazer
o que quiser, de ser quem quiser ser.
A única coisa no seu caminho é você.*
(Filme - Uma Nova Chance)

Quem quer ter sucesso? Esta é uma das perguntas para a qual eu sempre recebo 100% de respostas afirmativas em minhas palestras. Simmmm! Todos levantam a mão, alguns bem alto, cheios de energia e com largo e brilhante sorriso. Percebem? Fomos desenhados, planejados, projetados, feitos para o sucesso, a realização positiva, o resultado favorável. Todos desejamos sucesso. Profissional, pessoal, financeiro, social, familiar, conjugal, mental etc. É isso. Ponto! Pronto!

Todas as pessoas têm potencial para o sucesso. Todas as pessoas têm recursos e condições que podem levá-las ao sucesso. Podem! Aqui está a questão. O recurso está disponível, as condições existem, mas o sucesso é alcançado e realizado em função do trabalho, da ação, da escolha, do uso que se faz do potencial. O que é potencial?

É relativo à potência, a força disponível, mas ainda não realizada, possível, mas ainda não concretizada. Poder de que se pode dispor, que pode ou não acontecer, que exprime possibilidade. Este conceito tem aplicação em todas as áreas da vida - na física, na química, mecânica, eletricidade, economia e, em nosso caso, na humana, na área profissional. Tudo tem potencial! Uma semente tem potencial. Plante-a em um bom solo, em um lugar fresco e regue-a o necessário. Você verá um milagre. Ela brotará, crescerá, se desenvolverá e produzirá frutos. É o ciclo da vida. Prosperidade, crescimento, maturidade, multiplicação. Uma sala, um auditório têm potencial. Elas podem ser usadas para reuniões. Uma por mês, uma por semana, todos os dias, todos os períodos do dia, de manhã, a tarde e à noite. O potencial está lá, o recurso está configurado, existente, disponível. A possibilidade existe, mas o uso que se fará delas é o que importa. Nenhum, mínimo, bom uso, máxima utilização. Todos temos potencial!

Isso me faz lembrar quando iniciei a minha carreira profissional em 1979. Após concluir os estudos técnicos, o SENAI e o COTUCA, o Colégio Técnico da Unicamp, comecei a trabalhar como estagiário em uma empresa multinacional norte-americana. Uma das minhas tarefas diárias era, logo quando chegava, preparar os relatórios de produtividade e qualidade da área de manufatura do dia anterior para os supervisores e gerentes avaliarem o nível da produção.

Um dos indicadores que preparava era o Run Time. Era um cálculo para se medir o tempo de execução de cada máquina, de aproveitamento, o quanto se utilizou em tempo produtivo. Era indicado em porcentagem. O tempo em que

Parte 1: Construindo o sucesso pessoal

esteve produzindo dividido pelo tempo disponível, multiplicado por 100. Simples assim. 30%, 50%, 70%, 90%, 100%, 130%. Essa métrica indicava o aproveitamento e a eficiência de uso do recurso, do trabalho de planejamento versus o trabalho realizado, produzido, alcançado. Quanto maior, melhor! E se fosse baixo o Run Time, alguma medida devia ser tomada rapidamente para corrigir e aumentar o seu uso, a sua produção, os resultados.

Qual é o seu Run Time? Que recursos, conhecimentos, capacidades, habilidades, possibilidades você dispõe, traz consigo, tem em mãos? Quanto os está utilizando? Pouco, médio, bastante, muito? Nosso desafio e oportunidade é utilizarmos ao máximo o nosso potencial. Quando não o utilizamos estamos gerando desperdício, desprezando, jogando fora os recursos, as condições que temos. Não estamos aplicando e honrando a lei da natureza, da prosperidade, de crescer e melhorar, produzir, multiplicar. Existem pessoas que se economizam no trabalho. Nunca podem, não é com elas, não sabem, não é a sua responsabilidade, estão sempre alheias, alienadas. Permanecem sempre no mesmo lugar. E reclamam, culpam os outros, a empresa, a economia, o governo, a situação externa. Existem pessoas muito produtivas, sempre prontas, fazem o seu trabalho com responsabilidade, entusiasmo, excelência, ajudam os outros, criam soluções, novas ideias, melhoram tudo o que encontram. Como afirma o dito popular, "para eles, não tem tempo quente!"

Qual é o seu Run Time? Quanto você está utilizando e aproveitando os recursos que dispõe? Você tem muito potencial! Utilize-os ao máximo! Não os desperdice! Colhemos o que plantamos! Você foi feito para ter sucesso, para criar, transformar, melhorar. Se assim não o fazemos, jogamos fora, geramos desperdício, desprezamos e enterramos o presente, as oportunidades. O profissional diferenciado sempre se destaca, sai da multidão. E as empresas precisam constantemente de profissionais que liderem, pessoas de valor, criativos, produtivos, que tem visão, estratégias, que tem iniciativa, agem e transformam as oportunidades em resultados positivos para a organização.

Todos temos potencial! Você tem muito potencial! Potencial se desenvolve, adquire-se, aprende-se, amplia-se! Qual é o limite do potencial? Não existe. Quanto mais você aprende e cresce, mais potencial você agrega e soma a sua vida, ao seu trabalho. Potencial pode ser aumentado, elevado, sempre. Aprenda uma língua estrangeira. Pronto, potencial multiplicado, ampliado. Aprenda a jogar tênis de quadra. Pronto, mais potencial. Visite uma feira de negócios e conheça profissionais das empresas expositoras. Mais network, mais informação, mais potencial. Ali na frente, jogando uma partida de tênis com o novo amigo que conheceu no estande da feira de negócios, este profissional fica sabendo da vaga no exterior, daquela empresa, com o seu exato perfil. Agora, com mandarim fluente, ele se candidata e, semanas depois, está contratado voando a um novo país para começar novo ciclo e projeto profissional. Percebe? A vida é uma sequência de passos, de escolhas e decisões, do que fazemos todos os dias. Potencial se expande. Mais capacidade, maior horizonte, nova visão, novas experiências, oportunidades, possibilidades. Até onde novos aprendizados e experiências podem nos levar?

Que novas situações você viverá por ter investido em novas experiências, em seu crescimento? Você está utilizando e aplicando todo o seu potencial? Não se economize. Economizar para que? Para quando? Para quem? Ao final de cada dia, antes de dormir, faça uma avaliação e pergunte-se: Eu utilizei todo o meu potencial hoje? Eu aproveitei todas as oportunidades que surgiram? Eu produzi tudo o que podia, tinha recursos e condições? Eu contribuí o máximo que podia?

Qual é a taxa de utilização do seu potencial hoje, o seu Run Time? Subutilizado, subaproveitado (abaixo do potencial), bem utilizado (potencial pleno), superutilizado (acima do potencial). No projeto de trabalho que você está agora, como se sente? Sobrando potencial, na medida ou faltando potencial. O seu sucesso e crescimento profissional depende sempre desta avaliação. Busque oportunidades que elevem, aumentem e enriqueçam o seu potencial. Não perca tempo com projetos que empacam, diminuem, desprezam ou obsoletam o seu potencial.

$$\frac{\text{Conhecimentos} + \text{Habilidades} + \text{Experiências} + \text{Atitudes}}{\text{Trabalho Atual (Resultados} + \text{Paixão} + \text{Sentido)}} = \text{Run Time Pessoal (Aproveitamento)}$$

Você está aproveitando todos os seus recursos, capacidades e competências? Está utilizando todo o seu potencial no seu projeto atual de trabalho? Está produzindo, gerando resultados e valor? Está recebendo, extraindo uma grande quantidade de retorno, resultados, benefícios? Nada, pouco, mais ou menos, bastante, muito. O que você vai fazer se a taxa de utilização do seu potencial estiver abaixo, inferior? Pense nisso, sempre! Não se contente em subutilizar os seus recursos, as suas capacidades. É confortável, não dá trabalho, mas não cria sucesso, muito menos, grandes histórias para contarmos lá na frente. Utilize-se ao máximo, dê o seu melhor, faça o seu excelente, vá além, viva o extraordinário.

A felicidade, a plenitude, prosperidade e a realização que desejamos está em se utilizar ao máximo o poder, a força, a capacidade e os recursos pessoais que temos. Hoje, agora! Viva a grandeza, o potencial para o qual você foi configurado, desenhado, projetado, os dons e talentos que recebeu. Continue brilhando!

Parte 1: Construindo o sucesso pessoal

3. SUCESSO SÃO RESULTADOS. TENHA METAS, REALIZE MAIS!

Não sabendo que era impossível, ele foi lá e fez!
(Jean Cocteau)

Você já ouviu falar em Michael Edwards, ou Eddie Edwards, como é conhecido? Ele é o lendário "Eddie The Eagle Edwards" (Eddie, a Águia) e ficou mundialmente conhecido ao se tornar um competidor das Olimpíadas de Inverno de 1988 em Calgary, Canadá. Ele foi o último colocado nos três saltos que fez, mas virou uma celebridade pelo seu carisma, positividade e por ter chegado lá muito mais pela determinação do que pelo talento. Você pode conhecer a sua linda história assistindo ao filme *Voando alto*, uma mensagem inspiradora sobre o poder do sonho, da vontade, da criatividade, determinação e superação de barreiras e dificuldades. Eddie é um esquiador inglês que, em 1988, se tornou o primeiro competidor desde 1928 a representar a Grã-Bretanha em saltos de esqui olímpicos, terminando em último nas categorias de 70 e 90 metros. Mesmo não conquistando a tão desejada medalha olímpica, Eddie tornou-se um campeão na obstinação, resiliência e foco para alcançar o seu sucesso. Ele se tornou o recordista britânico de saltos de esqui, nono em velocidade de esqui amador (106,8 km/h) e um recordista mundial de saltos de obstáculos à distância com a marca de seis ônibus saltados.

Com o sonho de participar dos Jogos Olímpicos, Eddie Edwards (Taron Egerton) contava com poucas chances e muitos desafios e dificuldades. Ele não tinha recursos e muito menos patrocínio para praticar o esporte. Ele enfrentava um problema na visão que o obrigava a usar óculos de grau por baixo dos óculos de proteção. Eddie passou boa parte da infância tendo que lidar com problemas no joelho. Apesar de tudo isso, Eddie tinha um grande sonho, o de participar de uma Olimpíada e viver a glória de ser um atleta olímpico pelo seu país. Assim, a paixão pelas Olimpíadas fez com que ele tentasse todo tipo de esporte. Até que, após ser dispensado da equipe de esqui, percebeu que teria uma chance na categoria de salto de esqui, já que a Grã-Bretanha não possuía uma equipe no esporte há décadas. Para conseguir a tão sonhada vaga nos Jogos Olímpicos de 1988, ele conta com a ajuda de Bronson Peary (Hugh Jackman), um ex-esportista talentoso e promissor que enfrentou problemas de disciplina em sua época de atleta. Juntos, eles se preparam e trabalham para competir e fazer história. Uma linda história e uma grande lição de vida para a busca do sucesso. Assista, divirta-se, inspire-se e aproveite! Filmes inspiradores são sessões rápidas e divertidas de treinamento, desenvolvimento e motivação para o trabalho e a vida pessoal.

O que é sucesso? A propaganda e a mídia, os costumes e as regras sociais nos dizem que ter sucesso é ser famoso, conhecido, admirado. É possuir fortuna, bens, patrimônio. É usar roupas de grife, produtos da moda, ter carro do ano etc. É se relacionar com pessoas da elite, casar-se com celebridade, viver entre os ricos e famosos. É ter poder, autoridade, influência. É se dar bem na carreira, ser promovido todo ano, ser diretor na organização, receber bônus e prêmios anualmente etc. Sim, tudo isso é sucesso. E, como sabemos, uma realidade conquistada e vivida por poucos. E as pessoas comuns, não têm sucesso?

Gosto de simplificar e ampliar o sentido do termo sucesso. Para mim, sucesso é resultado. Simples assim! Toda vez que realizamos e alcançamos uma meta, um objetivo, tivemos sucesso. *Sucesso são resultados positivos das estratégias e ações que escolhemos e fizemos.* O professor prepara uma excelente aula. Pesquisa, seleciona recursos didáticos lúdicos, prepara a sala com estímulos para uma rica aprendizagem, comunica com confiança e entusiasmo o tema da aula, envolve e interage com os alunos, promove o desejo de participar e aprender. Ao final, faz perguntas para avaliar o aprendizado, sugere tarefas de reforço para complementar a atividade. Amor, dedicação, aplicação, excelência. Sucesso. Professor feliz e realizado pela aula dada. Alunos enriquecidos e animados por aprender mais. Yeeeesssss!!!

Sucesso é meta alcançada, um objetivo realizado

Qualquer pessoa, qualquer trabalho, ocupação e atividade, em qualquer tempo, em qualquer lugar. Fez um relatório muito bom? Sucesso! Preparou uma refeição deliciosa? Sucesso! Concluiu o curso desejado? Sucesso! Conduziu uma reunião bastante produtiva? Sucesso! Ajudou um colega de trabalho a finalizar o projeto? Sucesso! Chegou ao final da meia maratona de sua cidade? Sucesso! Levou a família para aquelas tão desejadas férias na Disney? Sucesso! Sucesso! Sucesso! Percebe? Toda meta alcançada, todo sonho realizado, todo objetivo cumprido podem ser vistos e celebrados como sucesso. Você desejou, planejou, reuniu recursos, agiu, trabalhou e transformou o desejo em realidade. Fez história, aprendeu, cresceu, se desenvolveu. Está pronto para novos desafios e conquistas maiores. Esse é o grande segredo do sucesso. Metas, alvos, objetivos!

O jogo de basquete é o esporte mais popular dos Estados Unidos, uma verdadeira paixão. As partidas das grandes equipes normalmente terminam com resultados de quase uma centena de pontos ou mais. Eles amam se exibir fazendo lances espetaculares com enterradas, dribles, cestas de três pontos, voos e bandejas fabulosas e marcar pontos. O grande negócio é marcar pontos, fazer cestas. Imagine agora um jogo de basquete sem as cestas em cada lado da quadra. Como seria um jogo de futebol sem as traves, o gol? Sem sentido, não é? Para que jogar, se empenhar, para onde chutar ou lançar a bola? *Precisamos de metas, alvos, objetivos. Sem metas, sem foco, desperdício, insucesso, sem realizações, sem histórias.*

Parte 1: Construindo o sucesso pessoal

O tempo passa e a gente fica no mesmo lugar. Repetimos ações e trabalho, desperdiçamos o tempo, a energia, o talento e habilidade, enterramos os preciosos recursos que recebemos e temos. O ano passa e não acontece nada, não mudamos, não melhoramos, ficamos do mesmo jeito, no mesmo lugar e condição.

Metas geram sucesso!

Você tem metas? Uma lista de metas? Metas para o dia de hoje, para a semana, para o mês, semestre, ano, para o próximo ano, daqui a 3 anos, 5 anos? Sem metas, sem avanço, sem conquistas, sem sucesso. Este é um hábito das pessoas e dos profissionais de sucesso. Tenha metas! Para o seu trabalho, a sua carreira, o lazer, a saúde, suas finanças, a família, para tudo. As metas tornam a vida mais divertida, um grande jogo. E quem não gosta de jogo, desafio, competição? É lúdico, envolvente, atrativo, interessante. Vivemos muito ocupados e atarefados o dia todo, presos à rotina, à repetição, mas sem metas claras, definidas. Não sabemos o que queremos, aonde desejamos chegar, quando, com quem, com quanto. Sem meta, sem progresso, crescimento, avanço. A imensa maioria das pessoas vive sem metas, alvos claros, específicos, vivos. Elas têm desejos, ideias que em pouco tempo perdem o valor, a importância e são esquecidas, abandonadas, deixadas de lado. E repetem a mesma rotina, não avançam, não conquistam, não crescem.

Metas motivam! Elas geram razão e sentido para o esforço. Dão ânimo, energia e força para a ação. Metas orientam! Quando estabelecemos uma meta, definimos um norte, uma direção, um sentido. É para lá que vamos e desejamos chegar. Metas criam foco! Elas mantêm a nossa atenção, evitam distração, a perda de tempo, dos recursos e energia com outros assuntos, ocupações, projetos e metas das outras pessoas. Metas acionam a nossa poderosa máquina de criação! Quando definimos uma meta, a mente inicia um processo de criar caminhos, alternativas e soluções para a realização do desejo, do alvo. Nosso cérebro fica mais atento a tudo o que diz respeito ao assunto, absorve e processa as informações para gerar um resultado, uma solução. Metas educam, ensinam! À medida que caminhamos e fazemos, vamos aprendendo lições novas, nos preparando para novas etapas, desafios, oportunidades. Metas despertam e extraem o nosso melhor! Vamos descobrindo novas capacidades, competências, conhecendo nosso repertório de atitudes e possibilidades. Metas criam o futuro desejado! Trabalhamos, nos empenhamos, seguimos e cumprimos o plano, fazemos acontecer, tornamos o sonho, o desejo em uma realidade, vivemos e criamos história.

Um segredo para o sucesso? Tenha metas!

Pequenas, médias e grandes. Ousadas, arrojadas, audaciosas, que façam você viver conquistas extraordinárias. Sonhar pequeno e sonhar grande dá o mesmo trabalho. A diferença são os resultados. Tenha metas para hoje, para a semana, o mês, o ano, os próximos anos. "Eu tenho um sonho!" é a famosa frase de Martin Luther King, o pastor batista que iniciou um movimento pacífico de não violência, viveu e morreu pela sua causa, para ver realizado o seu sonho, uma sociedade de direitos iguais para todas as pessoas de seu país, para o seu povo. Walt Disney tinha a sua grande meta de criar produtos e serviços para o entretenimento da família. Hoje, visitar os parques e o Mundo Disney é o sonho da grande maioria das pessoas e famílias. Steve Jobs sonhava e desejava criar produtos únicos, superiores, originais, exclusivos, de funcionalidade e design incomparáveis que revolucionassem o estilo de vida das pessoas. E assim ele o fez: iPods, iPads, iPhones, iMacs etc. Conhece uma pessoa de sucesso? Elas têm grandes sonhos, metas audaciosas pelas quais agem, ocupam-se, trabalham, dedicam-se e as alcançam. Cada pessoa tem esse potencial. Você também, com toda a certeza!

Tenho um exemplo inspirador bem próximo que amo contar. O Felipe é filho do meu querido amigo Márcio. Aos quatorze anos, o Felipe começou a falar sobre o seu sonho, o seu desejo – aprender a jogar tênis de quadra e conseguir uma bolsa de estudos nos Estados Unidos por meio desse esporte. Um desejo e iniciativa incomum e muito precoce para um adolescente, você não acha? Eu achava. Mas era muito clara essa ideia, essa meta e desejo para ele. Sempre que nos encontrávamos, ele falava sobre isso. O Márcio foi dando corda para o Felipe, ajudando-o a realizar o seu desejo, sonho, meta. O Felipe entrou na escola de tênis, aprendeu a jogar, se destacou, começou a participar de competições. Yeeeesssss!!! Parou por aí? Não. Nada e nem ninguém tiravam aquela ideia da cabeça e do coração do Felipe. Ele pesquisou sobre o processo de admissão em colégios norte-americanos por meio de bolsa de estudos naquele país, conseguiu que o pai contratasse uma agência para auxiliar na preparação do processo e assim foi caminhando, passo a passo. Conseguiu e conquistou a oportunidade. Foi para os Estados Unidos, fez colégio por lá, conseguiu emprego na escola, concluiu o curso, iniciou novo curso na faculdade, está jogando e trabalhando por méritos próprios e pelo "patrocínio" do Márcio. Já está no exterior há quatro anos. Neste momento, o Felipe está fazendo estágio em uma empresa norte-americana na área de marketing, em social media, a mesma área em que está estudando na universidade. Passou por processo seletivo, concorreu com outros três candidatos locais e acabou sendo o escolhido para a vaga. Yeeeesssss!!! Ele é o único estrangeiro na empresa. Para "defender a grana" ao longo desses quatro anos, o Felipe já fez muitos trabalhos alternativos, como lavar e estacionar carros, fazer mudanças, organizar estoques de loja etc. Felipe é o meu herói. Um garoto especial e extraordinário, que muito cedo tinha um sonho, uma meta clara na sua mente e no seu coração, sabia o que queria, para onde iria, o que faria. Trabalhou, pesquisou, criou um plano, deu os passos, realizou e está conquistando o seu sonho. Onde o Felipe vai chegar?

Longe, muito mais longe, eu tenho certeza! Eu torço muito por ele. Onde estaria o Felipe se não tivesse corrido e trabalhado pelo seu sonho? Em outra realidade, bem diferente de tudo o que realizou, viveu, aprendeu, conquistou. *Sucesso são resultados, metas alcançadas. Sem metas, estamos apenas repetindo rotina, parados no mesmo lugar, enterrando os tesouros preciosos que recebemos e temos. Sucesso se constrói, se faz e se alcança todo dia.*

Celebre as metas alcançadas, todas elas. Yeeeesssss!!!

Cada objetivo conquistado merece e deve ser celebrado. Celebrar reforça e desenvolve o comportamento, cria esse poderoso hábito. Conseguiu aquela reunião com o diretor para apresentar o seu novo projeto? Yeeeesssss!!! Escreveu um artigo que foi publicado na revista da sua área? Yeeeesssss!!! Reduziu 500 gramas no seu peso neste mês? Yeeeesssss!!! Teve uma tarde maravilhosa com a esposa e os filhos no cinema? Yeeeesssss!!! Comprou e leu aquele livro que tanto desejava? Yeeeessss!!! Não importa a realização, a conquista, celebre. Todo vencedor celebra, vibra, faz festa em cada objetivo alcançado. Amamos os campeões. Você é um deles, eu tenho certeza! Campeões e vencedores celebram. Celebrar é um gesto de reconhecer a própria conquista, o esforço, o feito, a realização positiva, de se autopremiar, autorreforçar. Fisiologicamente, celebrar traz muitos benefícios, gerando uma descarga em nosso corpo dos hormônios e dos neurotransmissores do bem-estar e da felicidade – a dopamina, a serotonina, as endorfinas, a oxitocina, noradrenalina etc. Celebrar faz a gente registrar na mente e no coração a emoção, o sentimento da vitória. Você se lembra do seu último feito fantástico, aquela conquista superespecial? Celebrar valoriza, anima, mostra que somos capazes, gera força para a próxima tarefa, um novo desafio. Celebre cada conquista sua. Você é um fantástico campeão. Quer ser feliz? Celebre entusiasticamente o maior número possível de vezes no dia por metas realizadas. Yeeeesssss!!! Yeeeesssss!!! Yeeeesssss!!!

Torne o sucesso frequente, comum

Tenha metas frequentes, em quantidade, para várias áreas de sua vida. Por escrito, tenha a sua lista de metas. Realize, alcance as suas metas. Torne a definição e a realização de metas um hábito, uma ação automática. Somos o que aprendemos. Quanto mais metas realizadas, mais benefícios, mais ganhos, mais sucesso.

Torne o sucesso crescente

Avance, cresça, dê um passo a mais. Fez um curso de especialização? Vá adiante! Realizou uma palestra na empresa? Planeje e prepare a próxima! Cumpriu aquela série de exercícios físicos? Peça ao treinador as dicas de uma série melhor! Conseguiu um importante contrato de negócios com um cliente? Prospecte um novo cliente maior! Não pare nunca de crescer, de melhorar, de avançar. É para a frente que se anda!

Viva o sucesso integral

A vida é a integração, a soma das várias áreas distintas de que somos constituídos – a física, a mental, emocional, material e espiritual. Temos necessidades, atividades e fontes de realização e prazer em todas elas. O trabalho, a intelectualidade, os relacionamentos pessoais, a família, a vida conjugal, a paternidade ou maternidade, os laços de amizade, a saúde, as atividades de lazer e prazer, as conquistas materiais e financeiras, o serviço e ajuda voluntária aos outros, a espiritualidade etc. Precisamos ter sucesso em todas as áreas, uma relação de equilíbrio entre elas. "Impossível!", você deve estar pensando. "Ninguém é 100% bem-sucedido em tudo!". Creio ser totalmente possível. Esse é o desafio, a grande meta e oportunidade. Precisamos dar valor ao que tem valor. Podemos ser felizes, realizados e bem-sucedidos em todas as áreas. Integralmente felizes e bem-sucedidos. O trabalho costuma ser a prioridade em nossa vida, especialmente na fase adulta produtiva. É a área em que dedicamos a maior parte de nosso tempo ativo, oito a doze horas por dia, mais as horas extras em viagens, trabalhos aos fins de semana, reuniões e palestras à noite etc. O trabalho é a nossa fonte de receita, de criação, produção, de patrimônio e riqueza. Mas matar-se de trabalhar e descuidar da saúde, da família, dos amigos, do tempo pessoal não são um bom negócio. O sucesso precisa acontecer em todas as áreas, ser integral, em equilíbrio, todas as áreas bem-sucedidas. Tudo passa, o trabalho também passará. Precisamos cuidar das outras áreas de nossa vida com a mesma dedicação que temos pelo trabalho.

Tenha Metas Inteligentes. Metas S.M.A.R.T.!

Metas são sonhos e desejos com prazos, planos, ações específicas. Não podem ser apenas devaneios, ideias e pensamentos que temos de vez em quando. As pessoas costumam ter desejos, mas não tem compromisso. Por não serem descritos, pensados, planejados, as metas são esquecidas e deixadas de lado facilmente. Uma distração, algo mais interessante, surgirá e nos roubará a atenção, aquela tão sonhada ideia perderá força, sentido, será deixada para mais tarde. "Nem era tão importante assim" é a justificativa comum ao final. São as resoluções de impulso, como perder dez quilos até o verão, ler três livros por mês, poupar mil reais para a compra da nova casa etc. Ajude a sua mente e o seu coração, a sua razão e a sua emoção a traçarem um plano exequível, realizável para a conquista da meta com o método Metas S.M.A.R.T. Um exercício fácil, simples e poderoso. Aprenda, faça, repita, crie o hábito, transforme-se em um especialista em definir metas inteligentes. Tudo começa com uma meta bem clara, estimulante, motivadora, com uma estratégia e ações para a realização do alvo. Metas S.M.A.R.T. são alvos específicos e positivos, mensuráveis e no seu controle, alcançáveis e desafiadores, relevantes e ecológicos e com prazo definido.

1. **Específica e Positiva (*Specific*).** Tenha objetivos claros. Metas precisam ser claras, objetivas e facilmente entendidas. "Comprar uma casa" é específico, "melhorar o padrão de vida", não. Procure ser o mais específico e claro possível.

2. **Mensurável e no seu Controle (*Measurable*).** Meça o seu progresso. O que pode ser medido, pode ser melhorado! Se não conseguimos avaliar o progresso, a mudança, como alcançaremos a meta? Assim podemos avaliar o quanto estamos fazendo, mudando, melhorando.

3. **Atingível e Desafiadora (*Attainable*).** Busque realizações possíveis. Metas impossíveis de se alcançar geram frustração, desânimo e desistência. Metas fáceis de se alcançar não utilizam toda a nossa capacidade e não produzem os melhores resultados. A meta precisa desafiar, elevar o nível, exigir mais esforço e desempenho, mas também ser realizável.

4. **Relevante e Ecológica (*Relevant*).** Crie valor e razão para a ação. A meta deve ser importante para nós, algo valioso que mereça o esforço. Ela tem um propósito que nos realiza, faz sentido, traz significado. Procure traçar metas que geram sentimento de realização, crescimento e desenvolvimento pessoal.

5. **Temporal (*Time Based*).** Defina a linha de chegada. Toda meta deve ter um prazo para ser cumprida. "Quero ser promovido para a função de gerente em seis meses". Sem prazo para finalização, sem pressão, sem compromisso, sem conquista.

Sucesso é pessoal

O sucesso tem a ver com a essência, os valores, os princípios, a missão para a qual se veio ao mundo. Para uma pessoa, ter sucesso é ser o primeiro em tudo, vencer, destacar-se. Para outra pessoa, sucesso é servir, ajudar, estar disponível, ser útil. Cada pessoa vive e busca o sucesso conforme a sua cosmovisão, a sua maneira de ver, perceber e interagir com o mundo. Madre Maria Teresa de Calcutá dedicou toda a sua vida à causa do serviço e assistência aos mais pobres. Foi uma religiosa católica de etnia albanesa naturalizada indiana, fundadora da congregação das Missionárias da Caridade que contava com mais de 5 mil membros em 139 países. Recebeu o Prêmio Nobel da Paz em 1979 e foi considerada como a missionária do século XX. Foi beatificada em 2003 pelo Papa João Paulo II e canonizada em 2016 pelo Papa Francisco na Praça de São Pedro, no Vaticano.

Sucesso tem a ver com a nossa essência, a nossa origem, personalidade, a nossa história de vida. Colocamos o nosso coração e mente naquilo que nos é valioso, nos apaixona, nos motiva a agir e viver.

Sucesso é temporal

O sucesso muda com o passar do tempo, depende e está ligado à fase de vida que vivemos. Quando jovens, o sucesso está ligado a criar identidade pessoal, afiliar-se a grupos e estilos, a descobrir o rumo e a direção que se tomará para o futuro, preparar-se para a vida adulta e produtiva. Quando adultos, temos o trabalho e a família, a carreira, as conquistas pessoais, o patrimônio a ser construído e o sucesso ganha nova dimensão. Na terceira idade, com menos ocupação e obrigação, sucesso é curtir a família, amigos, os bens conquistados, passar o legado às pessoas, ajudar em trabalhos voluntários etc. Cada fase de vida tem o seu encanto, a sua oportunidade, o seu aprendizado, os desafios, benefícios, prazeres e sucessos de cada uma.

4. Trabalho: ocupação ou missão. Viva o seu propósito!

O rato come queijo, o gato bebe leite... e eu sou palhaço.
(Paulo José e Selton Mello, no filme O palhaço)

Uma vez, um viajante, percorrendo uma estrada, deparou-se com uma obra em início de construção. Três pedreiros, com suas ferramentas, trabalhavam na fundação de um importante projeto. O viajante aproximou-se, curioso. Perguntou ao primeiro pedreiro o que ele estava fazendo. "Estou quebrando pedras, não vês?", respondeu o pedreiro. Expressava no semblante um misto de dor e sofrimento. "Eu estou morrendo de trabalhar, isto aqui é um meio de morte, as minhas costas doem, minhas mãos estão esfoladas, este trabalho é um sacrifício", concluiu. Mais à frente, o viajante dirigiu-se ao segundo pedreiro e repetiu a mesma pergunta. "Estou ganhando a vida", respondeu. "Não posso reclamar, pois foi o emprego que consegui. Estou conformado porque levo o pão de cada dia para a minha família." O viajante queria saber o que seria aquela construção. Perguntou, então, ao terceiro pedreiro: "O que você está fazendo?" Ele respondeu: "Estou construindo uma Catedral!" Fábula *Os três pedreiros*, de Charles Péguy, escritor francês (1873-1914).

A carreira profissional é como uma corrida de longa distância e duração, uma maratona. Passamos os melhores 30 a 35 anos de nossas vidas em atividades e projetos de trabalho. Começamos a corrida ao final da fase da juventude, concluindo nossa formação educacional – colégio, faculdade, curso profissionalizante, e partimos para o trabalho. Dedicamos e investimos os mais importantes e melhores anos de nossas vidas, nossa saúde, nosso tempo e recursos no aprendizado e desenvolvimento de uma carreira profissional. No decorrer dessa longa jornada, temos a oportunidade de nos ocupar de diversos projetos de trabalho. Antigamente, uma profissão e um trabalho eram para a vida toda. A pessoa se aposentava na mesma área, empresa, talvez na mesma ocupação, e recebia uma homenagem e algum presente marcante para guardar de recordação – um relógio, um conjunto de canetas etc. Era um momento muito aguardado e muito valioso para o profissional. Encerrar a carreira, ser reconhecido, deixar o posto de trabalho, a empresa para a qual se trabalhou a vida toda, com honras, respeito e a admiração dos colegas. Os que chegavam lá eram considerados verdadeiros heróis. Tudo mudou, e continuará a mudar rapidamente. Atualmente, e de uma maneira geral, a vida e carreira profissional têm sido uma soma de vários empregos e trabalhos em diversas empresas. No futuro bem próximo, dizem as previsões dos estudiosos da área, não haverá relação de trabalho formal, mas, sim, contratos de prestação de serviços, venderemos horas de conhecimento e trabalho para um contratante, não um empregador. O emprego, como o conhecemos, desaparecerá. O profissional tem experiências e uma expertise e é contratado para prestar o seu trabalho por um tempo definido, para vários contratantes, conforme os interesses de ambos. É como o freelancer de hoje. Muito do trabalho será online, feito e entregue pela internet, não presencial, home office, feito na cafeteria, na sala de espera do aeroporto, no shopping, em qualquer lugar em que se esteja conectado. Admirável mundo novo!

Felicidade. Esse é o grande desejo e maior objetivo do ser humano. Todos nós vivemos para encontrar momentos de bem-estar, de paz, prazer, alegria e satisfação. Quanto mais, melhor, e maior a felicidade. Quando trabalhei com o Renato Alahmar, no início dos anos 80, ele costumava me fazer frequentemente uma pergunta provocante, meio divertida, meio séria: "Você gostaria de ser um homem em toda a sua plenitude?" Era engraçado, ríamos bastante. Faço essa pergunta até hoje aos meus amigos. E todos têm a mesma reação, ficam pensativos, procurando a resposta... O que ele quer dizer com isso?

Plenitude, felicidade, prosperidade e realização. Se pudermos encontrar essas joias e presentes ao longo de nosso caminho e jornada profissional, que grande conquista e vida teremos. A grande maioria das pessoas veem o trabalho como um peso, um grande e maçante aborrecimento. A segunda-feira é sempre um martírio, retornar àquela vida sem graça, a semana de trabalho. Momento feliz mesmo é a sexta-feira, quando ficamos dois dias maravilhosos longe desta prisão, pensam assim. O desejo da grande maioria? Ficar rico, ganhar uma bolada na loteria para deixar o trabalho, não precisar bater cartão de ponto. Há que se sobreviver, produzir e gerar recursos, ganhar o salário, manter-se, e o trabalho é a forma de atender a essa necessidade. Por essa ótica, o trabalho, portanto, é um mal necessário. É custoso, como diz o mineiro, enfadonho, sofrido. Na Bíblia, o trabalho foi a consequência da desobediência de Adão a Deus, ao comer o fruto proibido que a sua esposa Eva lhe trouxe. "Você terá de trabalhar duramente a vida inteira a fim de que a terra produza alimento suficiente para você. Terá de trabalhar no pesado e suar para fazer com que a terra produza algum alimento (Gênesis 3:17-19)." Antes da queda, ele trabalhava cuidando do jardim, sem sofrimento, com prazer, paz e alegria. Agora, após a desobediência pelo seu ato, ele estava por conta própria, teria que trabalhar com dor, angústia, o trabalho lhe seria penoso. Essa é a questão: prazer e alegria ou peso e sofrimento.

Depois da família e da saúde, o trabalho é a grande área de prioridade de nossa vida. E ele pode ser uma fonte de grande realização e benefícios ou um tempo de obrigação e tormento. Prazer ou obrigação. A fábula acima nos apresenta três trabalhadores com óticas e atitudes diferentes para o trabalho. O primeiro sofria, via o trabalho como uma desgraça, um sacrifício, do qual, se pudesse, queria se ver livre. O segundo trabalhava conformado, aceitando a ideia de que era necessário o trabalho, era a sua forma de subsistência. O que se fazer? O terceiro trabalhador é direto, objetivo, afirmativo, positivo: "Estou construindo uma catedral". Havia consciência em suas palavras, ele se sentia fazendo parte da edificação de algo muito importante, mesmo com a sua humilde tarefa. Ele estava onde queria, satisfeito, feliz, via importância e valor em contribuir com a sua parte e se dedicar ao valioso projeto. Enquanto trabalhava cada dia, ele já imaginava a obra terminada lá na frente, já antevia e antecipava os resultados, a catedral pronta, bonita, imponente, as pessoas chegando, participando dos serviços de culto, os casamentos, os batizados. Quantas pessoas não seriam ali enriquecidas por estarem naquele lugar, naquele prédio das pedras e argamassas que lhe passavam pelas mãos. Ele via o resultado e isso enchia, todo dia, o seu coração e a sua mente de razão, sentido, motivação. "Eu sei o que eu estou construindo, fazendo, o propósito pelo qual estou aqui. Eu faço parte de uma obra grandiosa". O que você sente enquanto trabalha, no seu projeto de trabalho? Conexão, grandeza, valor, importância? Ou o trabalho para você é estafante, sem sentido, apenas necessário para receber o pagamento e quitar as suas contas? Infelizmente, em sua maioria, as pessoas estão no trabalho desligadas de um sentido, um propósito maior. Repetem todo dia a mesma rotina apenas pela necessidade do sustento, do retorno financeiro, do dinheiro para pagar as contas e se divertir um pouco aos fins de semana. Fazer o quê?

O trabalho é uma grande fonte de realização, uma atividade importantíssima para gerar saúde física, emocional, mental, material e espiritual. Repito, depois da família e da saúde, é a fonte de maior prazer na vida. O trabalho precisa ser o lugar mais especial e prazeroso para se estar, depois da nossa casa. Exagero? Penso que não! Creio ser plenamente possível transformar o trabalho em algo valioso, especial, positivo, enriquecedor.

O trabalho é uma escola. Nele, aprendemos tarefas, valores, regras de interação e relações sociais, aprimoramos traços e características pessoais, adquirimos disciplina, responsabilidade, conhecimentos, crescemos, amadurecemos e muito mais. O trabalho é a nossa segunda casa e família. Passamos a maior parte do nosso dia no trabalho, junto com colegas e amigos que se tornam, com o passar do tempo, a nossa segunda família. Casamo-nos no trabalho, somos padrinhos de casamento, de batizados de filhos, caminhamos e fazemos parte da vida e da família de outras pessoas. Depois da nossa casa, insisto, o trabalho precisa ser o melhor lugar para se estar e viver. O trabalho é a nossa academia. Um lugar em que fazemos exercícios, praticamos e repetimos tarefas que nos fortalecem, desenvolvem o nosso intelecto, a nossa inteligência, habilidades, emoções etc. Iniciamos sem saber nada e nos tornamos especialistas em algo, malhados, sarados.

O trabalho é a nossa oficina. É o lugar de transformar, fazer, realizar, de produzir. O trabalho é o nosso ateliê, o espaço da liberdade criativa, de criar e aplicar as nossas ideias, nossos projetos autorais. O trabalho é a nossa vitrine, o lugar de expormos os nossos talentos, as nossas criações, nossas obras com a nossa assinatura pessoal. O trabalho é a nossa valiosa mina de tesouros, de onde extraímos bens preciosos de todo tipo, mental, emocional, material. E por fim, mas não menos importante, e a figura de que mais gosto. O trabalho é o nosso parque de diversão. Quem gosta de ir a um parque de diversão e passar o dia todo brincando, se divertindo? Todos gostam! O trabalho precisa ser divertido, mesmo com os seus desafios, pressão, prazos e tarefas chatas, às vezes. O trabalho divertido não pesa, não cansa, não aborrece. Pelo contrário, nos enriquece, nos anima, energiza, motiva, dá vontade de voltar. *Então, aqui está um segredo para o sucesso profissional – ocupar-se e dedicar-se a projetos de trabalho enriquecedores, positivos, importantes, que nos dão alegria, paz, prazer, contentamento, realização, propósito.* "Estou construindo uma catedral", disse o terceiro pedreiro, cheio de alegria e orgulho.

Os momentos de maior felicidade e realização profissional que desfrutei em minha vida foram, assim, conexão total com o projeto, coração e mente na missão e na visão da equipe, da empresa. Não via a hora de estar no trabalho, ficava muitas vezes depois do horário formal trabalhando, nos divertimos muito, criamos e produzimos muito, e fizemos história, lindas e fantásticas histórias. Fomos felizes e sabíamos!

Quando um trabalho é bom, gratificante e recompensador?

Quando você está aprendendo e crescendo, quando se tem liberdade para criar e contribuir e quando se é reconhecido e valorizado. Penso que se o projeto de trabalho reúne essas três condições, então, vale muito a pena o esforço em estar nele e se dedicar a ele. Somos máquinas de aprender, e precisamos aprender todos os dias, sempre. Aprender desafia, gera interesse, motiva, enriquece. Quando paramos de aprender, nos desligamos, repetimos o que já sabemos, não há mais novidade, perdemos o interesse. Aprender com as tarefas, com os colegas, os superiores, os pares, os clientes, os fornecedores, os concorrentes, o mercado, a economia etc. Aprender tudo o que for possível, com os acertos e com os erros, com as experiências positivas e as negativas. Somos o que aprendemos. Somos o que fazemos com o que aprendemos. Aprender é crescer, se desenvolver, aprimorar-se, melhorar, valer mais.

Em segundo, o trabalho é extremamente prazeroso e desafiador quando temos a liberdade para pensar, criar, experimentar e fazer coisas que acreditamos. Na empresa que trabalhei e amei trabalhar a minha vida toda, havia um princípio, quase centenário, do fundador e diretor da organização, uma prática de

Parte 1: Construindo o sucesso pessoal

gestão inspiradora para a liderança e todos os colaboradores: "Contrate boas pessoas e deixe-as em paz". Outra prática produtiva e motivadora era: "As pessoas podem trabalhar com liberdade, ter ideias e dedicar 15% do seu tempo em projetos novos, potenciais e promissores". Uau! Eu amava isso. Liberdade para pensar, criar, experimentar, fazer coisas novas. Errar era permitido e aceito. Errar duas vezes o mesmo erro, não! E era o que fazíamos com frequência, sempre experimentávamos novas ideias, iniciativas, ações. Se acertávamos, a ideia era multiplicada. Se não alcançava o resultado esperado, aprendíamos e fazíamos ajustes, correções. *Pensar, inventar e criar é uma das capacidades mais valiosas do ser humano no trabalho, na vida.* A empresa inteligente usa ao máximo esse recurso, essa matéria-prima, a mente e as ideias das pessoas. Cria ambientes, condições, estímulos e regras de trabalho que promovam e favoreçam a liberdade, a criatividade, as novas ideias para o crescimento dos negócios, da empresa. As melhores empresas para se trabalhar, as organizações líderes de mercado, são assim. Elas sabem que o maior capital e patrimônio que uma organização pode ter é a mente das pessoas, o coração e a dedicação dos colaboradores aos projetos no trabalho, a criação de novas ideias produtivas e lucrativas para a empresa, o crescimento e a sustentabilidade dos negócios. A falta de liberdade no trabalho frustra, desanima, faz pessoas apagarem o brilho, a energia, a força criativa e empreendedora. E, assim, elas saem e procuram um novo lugar onde possam brilhar.

A terceira condição de uma empresa e projeto de trabalho fantásticos, estimulantes, é o reconhecimento, a valorização. Esta é uma das maiores necessidades básicas do ser humano, senão a principal. Ser querido, notado, reconhecido, respeitado, valorizado. A empresa inteligente reconhece e recompensa o talento, o esforço, a dedicação, a contribuição produtiva, lucrativa. Aprendemos com os exemplos, vemos, repetimos e multiplicamos o que vimos, julgamos interessante, importante, valioso. Reproduzimos as ações e comportamentos dos nossos pares no ambiente em que estamos. Quando vemos uma pessoa sendo reconhecida e premiada por sua iniciativa, ação, valor, queremos fazer igual. É a educação corporativa em ação, a criação da cultura da empresa. As pessoas repetem o que aprendem, positivo ou negativo. Isso vale para uma empresa, para uma equipe, uma nação, a nossa família, qualquer grupo de pessoas. Somos o que aprendemos. Como ter sucesso no trabalho, na carreira profissional? Procure projetos de trabalho com essas características, empresas que agreguem, façam você crescer, enriqueçam e aumentem o seu valor pessoal e profissional. Não desperdice o seu precioso tempo em projetos que não o fazem brilhar. Fomos feitos para brilhar.

Como regra geral, os ciclos de projetos profissionais costumam durar de três a cinco anos. O profissional aprende nos dois primeiros anos, produz, desempenha e contribui com domínio e excelência nos próximos dois anos e depois torna-se um especialista na área em mais um ano. Depois desse tempo, para manter o seu interesse, motivação e produtividade, é recomendável iniciar novo ciclo, crescer, mudar de área ou projeto de trabalho. São as fases de uma carreira profissional – o profissional iniciante ou júnior, o profissional maduro ou pleno e o especialista ou sênior. Em que estágio você se encontra? Qual será o seu próximo nível de desafio profissional? Mantenha a sua carreira em ascensão, em crescimento, aumentando o seu valor, a sua experiência, a sua expertise.

Descobrindo um Propósito

E onde está esse trabalho, a empresa ideal para se trabalhar? Onde estiver o seu coração, a sua paixão, o seu propósito. Podemos passar toda uma vida e carreira profissional com projetos aqui e ali, desconectados, ao acaso, aleatórios, sem alinhamento, trabalhando apenas pela necessidade de ocupação e remuneração ou podemos viver uma carreira profissional crescente, fantástica, especial, extraordinária, enriquecedora, planejada, pensada, cheia de sentido e propósito. A diferença entre as duas situações? Viver morto, no piloto automático, repetindo e fazendo por fazer ou viver cada dia de maneira especial, intensa, crescendo e se tornando todo dia a melhor versão de si mesmo. Olhar para trás e ter uma imensa alegria e orgulho pela história que se fez, por tudo o que se realizou e produziu. *O nosso desafio, então, é viver e trabalhar a nossa paixão, descobrir a motivação do nosso coração e buscar uma atividade de trabalho que nos faça brilhar, o nosso tesouro.* Para isso, precisamos dedicar algum tempo a uma análise pessoal, refletir, rever a nossa trajetória, história e identificar o nosso DNA mental e emocional, os nossos recursos e talentos, a razão e o motivo que nos move e que nos faz viver cada dia com paixão. Precisamos identificar e descrever a nossa "Declaração de Identidade Pessoal e Princípios Direcionadores de Vida, Crescimento e Sucesso".

"Escolha um trabalho que você ama e você nunca terá que trabalhar um dia sequer na vida", é uma frase atribuída a Confúcio, o pensador e filósofo chinês (551-479 a.C.). Ela expressa a importância dessa tarefa, dessa busca e consciência constante em se dedicar a transformar o trabalho em um momento de expressar a sua essência, natureza, em se usar os seus dons e talentos únicos para criar e produzir um trabalho com a sua assinatura pessoal. Veja as obras de Pablo Picasso (1881-1973), o renomado pintor espanhol, escultor, ceramista, cenógrafo, poeta e dramaturgo. Em todos os seus trabalhos de arte, ele comunicou o seu estilo, o seu jeito de ver o mundo e expressar de maneira única os seus sentimentos sobre a vida. É possível ver um trabalho e, por meio de seus traços e detalhes, identificar o seu autor. Uma sonata de Johann Sebastian Bach ou um jazz do Spyro Gyra, um poema do Mário Quintana ou de William Shakespeare, um drible e gol de Lionel Messi ou uma largada e ultrapassagem de Ayrton Senna ou do jovem talento Charles Leclerc. *Assinatura pessoal, todos temos uma. O nosso jeito e estilo único de realizar o trabalho ao qual nos dedicamos.* Essa identidade é valiosa, importante e precisa ser conhecida, desenvolvida, protegida, ampliada. É assim que impactamos e deixamos o nosso legado e a nossa marca no mundo.

Para se obter o melhor resultado de qualquer aparelho, um celular, um notebook, uma smartTV, um automóvel, é necessário conhecer os seus recursos, as suas características, o que eles podem fazer, realizar. Quanto mais conhecemos, mais e melhores resultados obtemos e extraímos. Da mesma maneira, precisamos trabalhar o nosso "autoconhecimento", a nossa jornada interna de busca e compreensão sobre nós mesmos, de nossos dados, informações, nossa configuração de recursos e possibilidades. O autoconhecimento é fundamental para o sucesso da sua gestão pessoal, o uso e a aplicação otimizada dos recursos internos, mentais e emocionais, as capacidades, o potencial, para gerar os melhores resultados em seu favor, para o seu crescimento. A seguir, apresentamos alguns exercícios para reflexão, para essa busca interna. Reflita, descubra, identifique e descreva o que descobrir. Recomendamos que você busque o suporte e a orientação de um coach profissional, que o auxiliará a explorar, compreender e a obter o máximo desse processo.

1. **Forças e Talentos.** Quais são as suas aptidões, os seus dons, habilidades, conhecimentos e competências? No que você é muito bom, domina, tem facilidade de fazer? **Sou muito bom em...** Faça uma lista de suas forças e talentos. Para ajudar, pergunte a pessoas próximas em que áreas você é bom.

2. **Prazer e Paixão.** Que atividades e ocupações lhe dão alegria, satisfação e energia? Enquanto você faz não vê o tempo passar, trabalha sem esforço, faz com alegria? **Eu amo fazer...** Faça uma lista do que você ama fazer. Peça ajuda de pessoas próximas.

3. **Criação e Contribuição.** O que você sabe e pode fazer que torna o lugar em que está e a vida das pessoas melhores? O que você faz que o torna diferenciado, especial e beneficia as pessoas ao seu redor? **O mundo precisa de mim em...** Faça a lista do que você faz de especial.

4. **Reconhecimento e Remuneração.** Que atividades e serviços realizo que são valorizados, reconhecidos, apreciados, elogiados e as pessoas retribuem com tempo, dinheiro, apoio? O que pode ser recompensado e remunerado? **Eu posso ser pago por...** Faça a lista de atividades que pode ser pago por fazer.

Felicidade Ilimitada®

Princípios Direcionadores de Vida, Crescimento e Sucesso

Toda empresa moderna e bem-sucedida tem a sua "Declaração de Identidade Organizacional e Princípios Direcionadores de Crescimento", um conjunto de informações que apresenta, orienta e inspira as pessoas que se relacionam com ela – colaboradores, investidores, clientes, parceiros, fornecedores e a comunidade. Essa mensagem contém a sua natureza, essência, forma de trabalhar, as suas regras e princípios e a sua promessa da marca. É como um mapa que nos direciona em nossa jornada para o futuro, o destino que queremos criar e viver. *Nós criamos o nosso futuro. Se assim não o fazemos, deixamos que os outros o criem para nós.* Para ter sucesso, toda a organização, o grupo de pessoas que dela fazem parte, precisa conhecer, praticar, respeitar e proteger essa identidade. Em nível pessoal, esse exercício e documento é tão importante para o sucesso profissional como é para o sucesso da organização, e contém os mesmos temas. Esse documento de orientação é formado pelos elementos: Propósito, Missão, Visão, Valores e Princípios de Sucesso. Vamos ao exercício? Separe um tempo para você trabalhar esse assunto, reflita, pense e responda às questões. Vamos iniciar pelos valores.

Valores

São a nossa cosmovisão, a nossa maneira de ver o mundo. São a nossa régua de vida, o nosso estilo e jeito de viver. Tudo o que aprendemos, de nossos pais, dos ambientes, das pessoas e situações que vivenciamos nos ensinaram, marcaram e geraram nossos aprendizados, a nossa forma de pensar e agir. Somos o resultado de tudo o que experienciamos ao longo de nossa vida. E, assim, formam-se os valores, o conjunto de características de uma determinada pessoa ou organização, que determina a forma como ela se comporta e interage com os outros e com o meio ambiente. Os valores nos orientam, nos guiam, determinam as nossas escolhas, decisões, ações. Eles são a nossa base, o nosso alicerce. Quais são os seus valores? O que faz diferença para você, é importante, valioso? Quais são os valores pelos quais você vive, faz as suas escolhas, toma as suas decisões, ações? Seguem algumas palavras que expressam valores. Selecione as vinte palavras que são mais importantes para você, que expressam a sua maneira de viver. Se desejar acrescentar outras palavras à lista, fique à vontade. Depois, das vinte palavras selecionadas, faça uma análise com mais atenção e escolha dez palavras, as mais importantes, de maior significado para você. Finalmente, das dez palavras, estabeleça uma ordem de prioridade, da maior para a menor, e escolha as cinco palavras mais importantes, prioritárias e valiosas para você. Esses são os seus cinco valores principais, que governam as suas decisões, definem as suas escolhas, orientam o seu destino e futuro.

Valores: Abundância, Altruísmo, Amizade, Ambição, Amor, Aprendizagem, Autorresponsabilidade, Autorrealização, Aventura, Beleza, Bondade, Caráter, Celebridade, Compaixão, Companheirismo, Competitividade, Comprometimento, Coragem, Compreensão, Conexão, Confiabilidade, Confiança, Contribuição, Controle, Cooperação, Crescimento, Criatividade, Cumplicidade, Determinação, Desafio, Dignidade, Diligência, Disciplina, Diversão, Diversidade, Domínio, Educação, Eficiência, Elegância, Empatia, Empreendedorismo, Encorajamento, Entusiasmo, Esperança, Estabilidade, Excelência, Fama, Família, Fé, Felicidade, Fidelidade, Filantropia, Generosidade, Gratidão, Harmonia, Honestidade, Honra, Humildade, Humor, Igualdade, Inclusão, Independência, Iniciativa, Inovação, Integridade, Inteligência, Justiça, Lealdade, Liberdade, Obediência, Ordem, Oportunidade, Ousadia, Paixão, Paz, Perdão, Perfeição, Pertencimento, Perseverança, Proatividade, Profissionalismo, Prosperidade, Realização, Reconhecimento, Resiliência, Respeito, Responsabilidade, Riqueza, Sabedoria, Saúde, Servir, Segurança, Sinceridade, Sociabilidade, Solidariedade, Sucesso, Tolerância, Poder, Unidade, Valorização, Vitalidade.

Meus Valores...

Faça a lista de seus valores, em ordem de prioridade, do mais importante, número 1, ao menos importante, número 5.

Missão

"O rato come queijo, o gato bebe leite... e eu sou palhaço". No lindo filme *O palhaço*, essa frase é o conselho e a maneira que Valdemar (Paulo José) encontra para ajudar o seu filho Benjamim (Selton Mello). Eles formam a divertida dupla de palhaços Pangaré e Puro Sangue, do Circo Esperança, uma atração singela, porém estratégica do espetáculo, pelos risos e alegrias que despertam nas pessoas. Juntos com sua trupe, eles viajam pelos confins do Brasil e transformam a vida dos moradores das pequenas cidades por que passam. Todos se divertem nesse humilde e honesto trabalho, menos Benjamim, que está triste, apagado, pensativo. Dentro do seu coração vai uma grande questão, uma insatisfação, um desconforto, um sentimento de incerteza sobre o seu trabalho, a sua vida, a razão de tudo aquilo. Ele vive uma crise existencial e precisa saber quem ele é para se encontrar e descobrir onde deveria estar, o que fazer. Nas cenas finais, e após decisões e experiências diversas, ele percebe e descobre o seu dom, a sua capacidade e habilidade únicas de fazer as pessoas sorrirem. Em paz, ele volta agora com alegria para o circo e, confiante, brilha ainda mais fazendo o que ele sabe, gosta e que toca e transforma a vida das pessoas e o mundo onde ele está.

A missão de vida é isso, é o que dá sentido à nossa existência, aquilo que fazemos e que nos faz sentir a pessoa mais realizada do mundo. Brilhamos intensamente quando fazemos aquilo para o qual fomos chamados, designados, desenhados, projetados. Vivemos a grandeza, a beleza, a plenitude quando estamos ocupados com a nossa missão. Sem ela, corremos o risco de seguir um caminho que não foi talhado para nós e de nos sentirmos frustrados. Uma missão dá sentido, motivação, direção. Cumprir a missão nos dá prazer, satisfação, alegria, felicidade. Viver fora da missão e não a cumprir é como estar perdido. É uma perda de tempo, de energia, de recursos. Qual é a sua missão? Para o que você sente que veio ao mundo? Para o que você sente que nasceu? No que você é bom e faz de olhos fechados? Para o que as pessoas lhe procuram? De todos os papéis que você desempenha, qual é o que você faz com mais facilidade, amor?

Se não descobrirmos nossa missão e decidirmos nossas prioridades, quando e quanto tempo investiremos e nos dedicaremos a elas, alguém decidirá por nós. Viveremos a missão, o sonho e os projetos dos outros. O que você tem de especial? O que torna você único, diferente? Para o que você se sente chamado, missionado, vocacionado? Sem missão não temos destino, foco, direção, não avançamos, progredimos, caminhamos para lugar nenhum. Com nossa missão definida, sabemos para onde devemos ir, o que precisamos fazer, realizar. O que o motiva? O que faz você feliz? O que lhe dá alegria? O que você faz e que as pessoas reconhecem, elogiam, admiram? As respostas a essas perguntas indicam a sua área de especialidade, a sua capacidade única. Descubra os seus dons e talentos únicos. Na língua inglesa, as palavras "dom" e "talento" são utilizadas como "gift", que também significam "presente". Os nossos dons e talentos são verdadeiros presentes que recebemos para desfrutar, usar e servir às outras pessoas que encontramos, ao mundo em que vivemos.

Minha Missão Pessoal...

Defina a sua missão. Para o que você nasceu e existe? Em que você brilha, é único, exclusivo e especial? O que você faz que deixa a sua marca no mundo?

Visão

É um exercício de imaginação, de criação. Temos o maravilhoso dom e o poder de criar. É ver o futuro antes que ele exista na realidade. É um quadro, uma imagem, uma foto de como nos vemos ali na frente, daqui a algum tempo definido. O que e como você deseja estar, ser, se transformar daqui a um, cinco, dez, vinte anos? Um quadro de visão empodera, inspira, motiva, serve de estímulo e força frente às adversidades e aos desafios do caminho, da jornada. Uma poderosa visão orienta, gera comprometimento, foco, determinação, resiliência. Imagine e sinta-se vivendo a sua visão. O que você estará fazendo, quais serão as suas realizações, quem terá conhecido, o que terá aprendido?

Minha Visão Pessoal...

Como me vejo no futuro, em quem desejo me transformar? Onde e como quero estar daqui a algum tempo? Para onde eu gostaria que minha vida se encaminhasse? Pense em uma foto de você nesse futuro, como será esse futuro e a descreva.

Propósito

"Quem tem um porquê enfrenta qualquer como", afirmava Viktor Frankl (1905-1997), o neuropsiquiatra austríaco criador da logoterapia e da análise existencial. Ele ficou mundialmente conhecido e famoso pelo seu livro *Em busca de sentido*, que relata a sua experiência e aprendizado como refugiado em dois campos de concentração nazistas. Em meio à dor, ao desespero e às mortes que ele via todos os dias, o Dr. Frankl percebeu que os refugiados que possuíam algum sentido para suas vidas, um motivo para viver e encontrar após o término daquele sofrimento, conseguiam resistir, manter forças para prosseguir. Resiliência. Na física, é a propriedade que alguns corpos apresentam de retornar à forma original após terem sido submetidos a uma deformação elástica. Na vida, é a capacidade de se recobrar, se recuperar, se adaptar e se reinventar frente aos desafios e às mudanças de grande proporção e pressão. O próprio Dr. Frankl teve a sua cota de dor e perda pelas mortes de sua mulher grávida, de seus pais e seu irmão em campos de concentração, mas encontrou sentido e propósito para viver por meio de seu trabalho em ajudar as pessoas, com força e encorajamento, ali nos campos, e para depois, desenvolver, publicar a sua teoria e impactar o mundo. Em um trecho do livro, ele se descreve imaginando estar em um auditório, com grande e interessada audiência, para ouvir o seu aprendizado, as suas descobertas e experiências de vida.

Ter um propósito é viver a grandeza única e singular para a qual você foi destinado. Qual é a grande causa, a sua grande paixão nesta vida? Pelo que o seu coração, sua mente e alma vibram? Para o que você nasceu e pelo que você vive? O que lhe faz acordar todos os dias cheio de gana, motivação? O propósito é a força interna e a sua principal motivação para prosseguir na caminhada profissional e pessoal. A falta de propósito é o que faz as pessoas sentirem-se vazias e infelizes com suas vidas, carreiras, relacionamentos. Quando buscamos entender o que nos inspira, motiva e nos torna plenos, mais próximos estamos de nós mesmos e de conquistar aquilo que consideramos ser o essencial para a nossa plenitude. O propósito é uma causa, um tema, um assunto, uma declaração simples e objetiva da razão maior pela qual vivemos, caminhamos, existimos. A empresa multinacional em que trabalhei utilizou por décadas um propósito apaixonante, "inovação".

Ela trazia essa palavra junto a sua logomarca. Precisa dizer mais? Ela é reconhecida mundialmente como uma das organizações mais inovadoras do mundo por seus produtos, pessoas, práticas, ações e iniciativas, por sua história. Show! Simples assim. Viva o seu propósito. Isso é sucesso! Eu lhe garanto!

Meu Propósito...

Qual é a causa pela qual eu vivo, me inspiro, que energiza, me faz levantar com entusiasmo todos os dias?

Princípios de Vida, Crescimento e Sucesso

Por final, vamos trabalhar os princípios. Eles são a nossa base de conduta, de comportamento, de ação. Todos nós temos os nossos princípios, as nossas regras e práticas de vida. É o nosso estilo e jeito de viver, o que fazemos, o nosso padrão de conduta. Eles existem e foram moldados com as nossas experiências e aprendizados ao longo de nossas vidas. Foram incutidas em nossa mente e coração e passaram a ser a nossa régua de ação e conduta. Quando eu trabalhava em marketing, viajava constantemente para cidades de todo o Brasil, quase toda semana. Uma empresa que me inspirava e era fonte de muitas ideias para o meu trabalho era a TAM, do Comandante Rolim Rodolfo Amaro. Eu amava viajar pela TAM, acompanhar as suas ações, ler e saber sobre a revolução que o Rolim estava fazendo na aviação brasileira. O comandante Rolim foi um visionário e revolucionário em seu tempo. A TAM cresceu muito com as suas ideias simples, diferentes e inovadoras. Em 1997 ele criou os "7 Mandamentos da TAM", os princípios pelos quais todos os colaboradores deviam se moldar, praticar, trabalhar.

1. Nada substitui o lucro.
2. Em busca do ótimo não se faz o bom.
3. Mais importante do que o cliente é a segurança.
4. A maneira mais fácil de ganhar dinheiro é parar de perder.
5. Pense muito antes de agir.
6. A humildade é fundamental.
7. Quem não tem inteligência para criar tem que ter coragem para copiar.

Com essas ideias, o Rolim educava, ensinava as pessoas, doutrinava e moldava o padrão e o "Jeito TAM de Voar", slogan que ficou famoso dela diferenciação e inovação que a empresa sempre apresentou ao mercado, para os clientes. A "Carta do Comandante Rolim" (uma carta mesmo, em envelope e papel de primeira, destinada ao cliente, em tom informal do Rolim para o leitor, o cliente), uma mensagem mensal que ficava em cada poltrona para cada passageiro, era uma ideia simples e poderosa. O Rolim falava com cada cliente como se fosse da família, e éramos. Eu amava a TAM, falava dela para todo mundo, era o "case de sucesso" com o qual inspirava a minha equipe. Era assunto das minhas reuniões e palestras. As balas toffee deliciosas que as aeromoças, modelos de uniformes impecáveis e de nomes exclusivos, passavam distribuindo antes da partida do voo, o tapete vermelho, a refeição diferente e saborosa, a informalidade e descontração do comandante em seus relatos sobre o voo etc. A TAM tinha princípios saudáveis, claros, diferentes, ousados, inovadores que educavam e inspiravam os colaboradores, a sua equipe, e que me inspiravam também.

Princípios orientam, educam, inspiram, lembram quem você é, para o que você existe, é um guia, um manual das práticas únicas e exclusivas de uma organização, de uma pessoa. Quais são os seus princípios? O que aprendeu que se tornou um mantra, uma prática, uma maneira de viver para você? Reflita, descubra e escreva.

Meus Princípios de Vida...

Escreva a sua lista de práticas e mandamentos de sucesso.

Felicidade Ilimitada®

Declaração de Identidade Pessoal e Direcionadores de Vida, Crescimento e Sucesso
Walter Quintana (exemplo)

Propósito: Plenitude, felicidade e prosperidade.

Missão: Brilhar e inspirar pessoas, equipes e organizações a fazerem o mesmo.

Visão: Ser um profissional, coach, escritor e palestrante motivacional de excelência que enriquece a vida de pessoas e organizações.

Valores:

1. Fé proativa e empreendedora;
2. Respeito e dignidade;
3. Criatividade e inovação;
4. Excelência;
5. Paixão e prazer pela vida.

Princípios de Vida, Crescimento e Sucesso:

1. Ajudar pessoas, desinteressadamente;
2. Deixar tudo melhor do que encontrar;
3. Trabalhar com dedicação, esforço, inteligência, criatividade;
4. Fazer mais para valer mais;
5. Respeitar, dar valor e agregar valor as pessoas;
6. Crescer e se desenvolver sempre - estudo, experiências, trabalho;
7. Não desperdiçar tempo com coisas que não enriquecem;
8. Olhar, ver, pensar e fazer diferente. Criar soluções inovadoras;
9. Viver com entusiasmo, brilhar e iluminar, contagiar pessoas e o lugar onde estiver;
10. Viver com prazer, diversão, alegria. Sorrir;
11. Viver a grandeza para a qual fomos planejados, criados, destinados.

Parte 1: Construindo o sucesso pessoal

5. Saindo da multidão. Ordinário ou extraordinário? Seja diferente!

A diferença entre o ordinário e o extraordinário é o pequeno "extra".
(Jimmy Johnson)

Uma família inglesa viajava para a Escócia nas férias de verão. A mãe e o pai ansiavam por se divertir com o filho pequeno nas belas paisagens escocesas. Um dia, o menino saiu andando pelos bosques, sozinho, e chegou a um açude. Como qualquer garoto da sua idade, tirou a roupa e mergulhou. Mas estava totalmente despreparado para o que aconteceu a seguir. Antes que pudesse usufruir das delícias da água, foi tomado por uma violenta câimbra. Lutando para manter-se na superfície, gritou por socorro. A luta pela vida estava quase perdida quando, por sorte, um menino numa fazenda próxima ouviu os gritos desesperados e correu para salvar o inglês. O pai do quase afogado ficou muito grato, é claro, e quis conhecer o salvador do filho. No dia seguinte se encontraram e o inglês perguntou ao corajoso rapazinho quais eram seus planos para o futuro. O garoto respondeu: "Acho que vou ser fazendeiro, como meu pai". O pai agradecido fez outra pergunta: "E você gostaria de ser alguma outra coisa?" "Ah, sim" – respondeu o menino. "Sempre quis ser médico, mas somos pobres e minha família não pode pagar meus estudos". "Muito bem" – disse o inglês. "Você pode seguir seu desejo e estudar Medicina. Tome as providências e eu arco com as despesas". Assim, o garoto escocês veio a ser médico. Anos depois, em dezembro de 1943, Winston Churchill ficou gravemente doente, com pneumonia, no norte da África. Avisaram Sir Alexander Fleming, que havia descoberto uma droga miraculosa chamada penicilina. O Dr. Fleming imediatamente embarcou num avião para a África, levando o remédio para o primeiro-ministro. E salvou pela segunda vez a sua vida, pois era Winston Churchill o menino inglês que Alexander Fleming tinha socorrido no açude, muitos anos antes. Extraído do livro *Insights: reflexões para uma vida melhor*, de Daniel Carvalho Luz.

Você já ficou positivamente surpreso e admirado com alguém que foi além de sua responsabilidade e fez algo mais do que devia, no seu trabalho, na escola, no seu bairro, onde estava? Uma pessoa que para na estrada para ajudar outra a trocar o pneu furado do carro. Um rapaz que ajuda uma senhora idosa a levar uma mala grande e pesada até o ponto de ônibus. Um aluno que, vendo a dificuldade do colega na matéria, se oferece para estudar com ele e ajudá-lo a melhorar suas notas. Não importa a situação, o momento, a necessidade, essas pessoas estão ligadas, atentas aos acontecimentos ao seu redor, prontas e sensíveis às necessidades dos outros. Poderiam ficar alheias, paradas, seguirem seus caminhos e tarefas, mas decidem parar e ajudar, servir, mudar para melhor o resultado da situação, para alguém, para os outros. Vejo nesse gesto e ação algumas qualidades pessoais diferenciadas e muito especiais – atenção, sensibilidade, proatividade, altruísmo. Pode ser ocasional, de vez em quando, ou pode ser também um traço de personalidade, uma postura permanente, um jeito e estilo de se viver. Observar, ficar ligado, atento, ver uma necessidade, uma situação que requer uma intervenção, a decisão e ação para ajudar, um sentimento de alegria e prazer em ter feito algo para ajudar alguém. Somos o que aprendemos. Colhemos o que plantamos.

Amo muito ler livros de autobiografias de pessoas e empresas. É o meu gênero preferido de leitura. Por quê? São cursos rápidos e intensivos, como um MBA, de gestão, inovação e estratégias vencedoras. Aprende-se muito, e o melhor, pode-se aplicar imediatamente as lições aprendidas em seu trabalho, em sua vida. Quando leio, as ideias ficam pulando em minha cabeça. Vou riscando o livro, as partes mais interessantes, escrevendo as observações, os aprendizados, as decisões e ações que farei em seguida. Ler uma autobiografia enriquece, melhora a vida, o trabalho. Aprendi com o Lauter e o Alahmar.

Um livro que li e gostei muito foi o *Dedique-se de coração, como a Starbucks se tornou uma grande empresa de xícara em xícara*, de Howard Schultz e Doris Jones Yang. Schultz teve uma infância muito modesta no bairro do Brooklyn, em Nova York, mas tinha sonhos de grandeza para o futuro. Depois de se formar em Comunicações pela Universidade do Norte de Michigan, Schultz começou a trabalhar na área comercial da Xerox Corporation e, por seu esforço e dedicação, se destacou e cresceu. Mas ele queria mais.

Em 1979, foi contratado como gerente-geral da Hammarplast, fabricante sueca de cafeteiras, ficando responsável por suas operações nos EUA com uma equipe de vinte pessoas. No início dos anos 80, Schultz percebeu que um cliente estava comprando uma grande quantidade de cafeteiras regularmente, uma pequena empresa em Seattle conhecida então como Starbucks Coffee Tea and Spice Company. Ele ficou curioso, quis conhecer e descobrir a razão de tanto consumo. Viajou e atravessou todo o seu país, de Nova York a Seattle, na costa oeste, para conhecer a empresa. Foi paixão à primeira vista. Schultz conheceu os três donos do negócio, aficionados por café, pela arte de selecionar os melhores e mais exóticos grãos, torrar e produzir café de alta qualidade para consumidores apaixonados por essa estimulante bebida. Ele ficou impressionado com tudo o que viu. Sua paixão pelo negócio foi tão grande que passou um ano conversando com os proprietários da Starbucks, pedindo para trabalhar na empresa.

Foi admitido, então, como diretor de marketing. Seu primeiro compromisso no novo trabalho foi viajar para Milão, Itália, para eventos e negócios. Nessa viagem, Schultz "percebeu" que havia praticamente cafés em todas as ruas da cidade.

Ele "observou e aprendeu" que eles não apenas serviam café expresso excelente, mas também tornavam as cafeterias locais de encontro, de trabalho, de leitura, de estar e passar tempo. Os 200 mil cafés espalhados pelo país eram um elemento importante da cultura e da sociedade italianas, faziam parte da vida, do estilo de viver das pessoas. Schultz voltou cheio de ideias. Passou um ano tentando convencer os proprietários sobre a oportunidade de negócio. Eles não tiveram o mesmo entusiasmo que Schultz, a mesma visão. Mas ele estava determinado. Mesmo sem dinheiro, conseguiu apoio de investidores e, em 1986, com US$ 500 mil, começou o seu sonhado projeto, a "Il Giornale", em homenagem ao jornal milanês de mesmo nome.

Dois anos mais tarde, a Starbucks resolveu vender o seu negócio original de café. Schultz, mais uma vez, com grande tino de oportunidade, e inspirado por sua paixão e sonho, conseguiu o capital necessário com parceiros investidores e comprou a Starbucks Coffee por US$ 3,8 milhões. Nos anos seguintes, valendo-se de sua visão e ideias inovadoras, ele trabalhou forte para criar uma cultura de inovação, excelência e valor, com atenção minuciosa aos produtos, aos partners (colaboradores), aos clientes, às lojas, à comunidade e aos acionistas. As cafeterias Starbucks não apenas vendem e servem café, elas criam experiências únicas e diferenciadas, marcantes e de valor, momentos prazerosos de emoção para os clientes e, por isso, passam a ser um lugar muito apreciado, um dos destinos preferidos das pessoas para se estar depois da casa ou do trabalho, o conceito de um "terceiro lugar".

A missão da Starbucks continua sendo "inspirar e nutrir o espírito humano – uma pessoa, uma xícara de café e uma comunidade de cada vez". Schultz criou um gigantesco mercado com a Starbucks, um novo oceano azul, tornando uma simples cafeteria em uma das marcas mais conhecidas, admiradas e preferidas em todo o mundo. Atualmente, com mais de 30 mil lojas em 80 mercados, mais de 300 mil colaboradores e faturamento de US$ 6,6 bilhões em 2018, a Starbucks é a mais importante empresa mundial de torrefação e venda de café especial. Show! Uma história linda, fantástica e admirável de visão, inovação, de futuro abundante para todas as pessoas envolvidas no negócio.

Para sair da multidão, precisamos ajudar as pessoas. Alexander Fleming, Winston Churchill, Howard Schultz, Daniel Luz, você e eu. Não importa a pessoa, o momento, o lugar, a situação, quanto mais ajudamos as pessoas, mais crescemos, mais aprendemos, mais oportunidades recebemos, mais nos enriquecemos. *Quer ter sucesso pessoal e profissional? Ajude pessoas, desinteressadamente. Simples assim. Hoje, agora, onde você está.* Quando falamos de sucesso, pensamos em técnicas, estratégias, cursos, livros, recursos que usaremos para aprender, aplicar e conquistar sucesso. Minha dica e receita mágica, simples e poderosa, é essa, ajude pessoas. Aprenda a gostar de ajudar pessoas. Somos o que aprendemos. Pratique e torne um hábito, uma ação automática, ajudar pessoas.

Torne-se um especialista em ajudar pessoas. Repetitivo, maçante? Talvez. Sem valor e dispensável? De maneira alguma.

O comportamento padrão das pessoas no trabalho é cuidar de sua área específica de responsabilidade, quando muito, produzir e entregar os resultados esperados em sua descrição funcional. "Não é comigo", "não sou pago para isso", "faço apenas o que me mandam", "não estudei para isso", "não inventa moda" são algumas frases que ouvimos nos ambientes de trabalho. São mentes pobres, de pessoas pobres, que continuarão pobres, mental, emocional, espiritual e materialmente. A maioria das pessoas ocupa-se apenas de seu rol de tarefas, das suas atribuições e não aprecia muito desvios e interrupções, trabalhos alheios. E por isso não ajudam, não se disponibilizam, não se fazem dispostos e interessados em cooperar com os demais. O trabalho é um projeto coletivo, de várias pessoas, de vários departamentos, de parceiros internos e externos, às vezes, até de concorrentes. Precisamos das pessoas, quanto mais importante formos, mais precisamos. E a miopia de muitos profissionais é pensar apenas em si, no seu sucesso, nas suas tarefas e projetos.

Sempre que ajudamos pessoas somos enriquecidos com muitos benefícios. Ajudar pessoas faz muito bem mental e emocionalmente, aumenta os sentimentos positivos, a alegria e a felicidade, dos outros e de nós mesmos. Pessoas felizes vivem melhor e produzem mais. Quer aumentar a produtividade e a rentabilidade da sua empresa? Aumente a felicidade das pessoas no trabalho. Torne o trabalho, o ambiente da empresa, um lugar mais interessante, agradável, prazeroso e recompensador no qual as pessoas possam e desejam estar. Essa tem sido a inteligente estratégia das grandes corporações globais líderes de mercado. O trabalho precisa ser o melhor lugar para estarmos depois da nossa casa. Quando ajudamos, interagimos de forma positiva, com amor, com empatia, recebemos o mesmo, como regra geral. A oxitocina, o hormônio do amor e do bem-estar, encharca a nossa mente, o sistema neural, o nosso corpo. Muito obrigado, sorrisos, abraços, um convite para almoço, festa ou churrasco, um chocolate ou livro de presente etc. *É a Lei Universal da Reciprocidade.* A gente recebe o que dá, o que faz. Simples assim. As pessoas retribuem ao benfeitor a gentileza recebida. Funciona para tudo. Família, casamento, filhos, trabalho, escola, igreja, clube, trânsito, fila de banco. Seja gentil, pratique a gentileza, a bondade e receba em troca atos e retornos semelhantes.

Ajudar pessoas cria oportunidades e aprendizados. Conhecemos e ganhamos novos amigos, aprendemos com eles, novas portas se abrem com muitas possibilidades. Uma pessoa agradecida sempre encontrará uma maneira de devolver, ali na frente, o gesto de ajuda e atenção. Uma pessoa ajudada, um novo amigo, um novo círculo de pessoas e amigos, um novo mundo e horizonte de oportunidades, aprendizados, experiências. Ajudar pessoas leva a promoções e crescimento

Parte 1: Construindo o sucesso pessoal

na carreira profissional. Uma empresa precisa sempre de profissionais produtivos, proativos, competentes, inovadores e que geram resultados de crescimento. Por isso, ela está constantemente à procura de pessoas de valor e com esse perfil. Diretores e gerentes são "olheiros" em busca de profissionais com potencial para novas e maiores funções, cargos e projetos. "Você está sendo observado", é o que diz a plaquinha no caixa da padaria em que tomamos o café pela manhã, mas é também o que acontece no seu ambiente de trabalho. Estamos sendo observados, em tudo. Como os personagens do "Grande Irmão", do Big Brother, do livro de ficção *1984*, de George Orwell. E quem ajuda os outros aparece sempre mais, se destaca e é sempre lembrado.

Ajudar as pessoas cria um clima organizacional positivo, gera sentimento de time, de equipe. As pessoas aprendem pelo exemplo, pelo que veem, positivo ou negativo. Somos "miméticos", a forma mais básica de educação, copiamos e replicamos as atitudes e as ações que vemos ao nosso redor, em nosso ambiente, como afirma Richard Dawkins. É a unidade de informação que se multiplica de cérebro em cérebro, repete-se, amplia-se, propaga-se rapidamente. É a educação corporativa, a cultura organizacional em formação, desenvolvimento e execução. Toda equipe tem, toda empresa tem, a ideal e a real, a do quadro na parede e a das interações nos corredores e ambientes da empresa. O que as pessoas da sua organização estão aprendendo? Investimos tanto no treinamento, na formação e educação das pessoas para que elas aprendam os conceitos, a filosofia, os princípios que desejamos que a nossa empresa pratique, seja conhecida, mas não cuidamos tanto dos exemplos, das ações e das práticas do dia a dia. Aprendemos com o exemplo, com o que vemos, observamos. Se a Declaração de Propósito, Missão, Visão, Valores e Práticas de Sucesso do quadro na parede não acontece nas interações e no trabalho das pessoas é porque no papel é uma coisa e na prática, no dia a dia da organização, acontece outra, diferente. Inconsistência, incoerência, confusão, desperdício de tempo, energia e recursos. As pessoas aprendem mais efetivamente pelo exemplo. Dê o exemplo, seja o exemplo daquilo que você deseja que as pessoas da sua equipe e organização reproduzam, vivam, pratiquem. Simples assim.

Então, quer sair da multidão, crescer, se desenvolver, ser reconhecido, mais bem remunerado, fazer história na empresa? Ajude as pessoas, desinteressadamente. O seu chefe, os amigos do trabalho, da sua equipe, o porteiro da empresa, a senhora do serviço da copa, os chefes e as equipes dos outros departamentos da empresa, os seus fornecedores, os seus clientes, todas as pessoas. Encontre oportunidades e maneiras de ajudar as pessoas ao seu redor, todos os dias, a vida toda.

Conta-se a história de que o empregado de um frigorífico, no final do dia, foi realizar a última inspeção na câmara fria. Ao entrar na câmara, a porta se desprendeu e o trancou lá dentro. Ele começou a esmurrar a porta e a gritar por socorro.

Mas todos já haviam indo embora. Após três horas e já debilitado pelo frio, a porta se abriu e o porteiro o resgatou com vida. Após salvá-lo, muitos questionaram o porteiro porque ele foi até lá se isso não fazia parte de sua rotina. E ele explicou: "Trabalho nessa empresa há mais de trinta anos. Centenas de empregados entram e saem todos os dias e ele é um dos poucos que nunca deixou de me cumprimentar na entrada e na saída. Hoje pela manhã ele me deu bom dia, mas não se despediu na hora de ir embora. Fiquei preocupado, fui procurá-lo e o encontrei". Ajudar pessoas e ser gentil com elas pode salvar a sua vida.

Crie a cultura da cooperação, de ajudar pessoas, em sua empresa, com a sua equipe. Eduque, reconheça, valorize e premie as pessoas da sua empresa por atos de cooperação, de apoio, de ajuda. Somos o que aprendemos. Ambientes competitivos provocam o pior das pessoas, o egocentrismo, o pensar apenas em si, trabalhar apenas sucesso e metas individuais, e assim, só alguns ganham. Ambientes cooperativos promovem atitudes e ações positivas e todos ganham e crescem juntos. Esse é o verdadeiro crescimento sustentável, que perdura e aumenta com o passar do tempo.

Os melhores e mais bem-sucedidos projetos profissionais em que trabalhei tinham exatamente isso. Um alto e forte espírito de equipe, de apoio, de torcer um pelo outro, de celebrar a vitória de todos, individual e coletivamente. Éramos uma família, não apenas um grupo de pessoas no trabalho, lutando pela sobrevivência. Vivíamos e trabalhávamos pela causa, pelo sucesso do grupo, pelo valor e inovação para o cliente, o parceiro distribuidor, os parceiros apoiadores. Fizemos história, mudamos a maneira de trabalhar do cliente, do mercado. E todos ganhamos, crescemos, fomos enriquecidos e beneficiados. Ajude a sua organização a ter sucesso.

Para sair da multidão, precisamos ser diferentes, ver, pensar e fazer diferente. Eis aqui a outra grande oportunidade. Se fizermos as mesmas coisas de sempre, teremos os mesmos resultados de sempre. Se fizermos as mesmas coisas que os outros fazem, seremos comuns, ordinários, apenas mais um na multidão. Há que se pensar diferente, fora da caixa, de maneira alternativa, o "pensamento lateral", como afirma Edward de Bono, escritor, consultor e especialista mundial em criatividade e inovação. Um relatório, um jantar com a família, uma aula na faculdade, uma palestra em um cliente, uma reunião com a equipe, uma visita ao fornecedor, uma demonstração de produto, qualquer atividade, como ela pode ser diferente? O grande problema é a repetição, a rotina, a mente econômica e no piloto automático, acostumada e condicionada a fazer sempre o mesmo. Não dá trabalho, mas também não enriquece, não cria resultados. Tendemos a fazer as mesmas coisas sempre da mesma maneira. A mente é assim, ela aprende e repete o que aprendeu. Despende energia para aprender e depois economiza a energia repetindo. A empresa que dominará o mercado e permanecerá na liderança será a da estratégia e produtos inovadores. O profissional que será valorizado e

Parte 1: Construindo o sucesso pessoal

crescerá na carreira será aquele que agregar valor à organização por meio de suas ideias, ações e atitudes diferenciadas.

Saia da multidão, não se contente em ser apenas mais um. Procure as oportunidades, os projetos potenciais e promissores, as tarefas desafiadoras. Aprenda, treine e desenvolva a sua habilidade de criar, inovar. Imagine, pense, pesquise e elabore soluções diferentes, criativas, alternativas, que ainda não foram feitas, realizadas, utilizadas. Tudo o que foi feito de revolucionário no mundo aconteceu pela percepção, imaginação e ação de alguém que saiu da multidão, da mesmice, da rotina, do lugar comum. A diferença entre o ordinário e o extraordinário está no pequeno "extra". Seja extraordinário!

Para sair da multidão precisamos brilhar com atitudes e ações positivas. Na sala de aula, os alunos parecem sempre os mesmos, mas há um que se sobressai. Na equipe de vendas, os vendedores parecem sempre os mesmos, mas um trabalha diferente, brilha mais. Na equipe de corrida da academia, os corredores parecem sempre os mesmos, mas um vai mais longe, tem mais energia, está sempre mais feliz. É assim, no meio da multidão, alguns se sobressaem, aparecem, se destacam. É o tipo, o jeitão, a personalidade? Sim, pode ser. Mas a boa notícia é que esse "estilo de viver e trabalhar" pode ser aprendido, treinado, desenvolvido. Você já ouviu falar no Valdemar Babler? Ele é o "Seu Domingo Feliz". As pessoas podem não o conhecer pelo nome, mas é assim que ele é conhecido na cidade de Campinas, lugar em que nasci. Ele pode ser encontrado entre os milhares de corredores amadores que frequentam o Parque da Lagoa do Taquaral, o principal parque da cidade para lazer e esportes das pessoas e famílias, nos finais de semana. Enquanto caminha ou corre, sempre bem-humorado, o Valdemar, 77 anos, aposentado, vai cumprimentando todas as pessoas que encontra com alegria, entusiasmo, dizendo e repetindo o bordão que o tornou conhecido, famoso e caricato na cidade, "Um dia feliz!". Simples assim. Impossível não o ver, não ser positivamente contagiado pela sua alegria, observando o Valdemar andar, levantar os braços, parar e cumprimentar as pessoas. Puro entusiasmo e energia positiva, o melhor do ser humano para o mundo. Como já ficou famoso, é comum parar para alguma selfie com alguém. Show! Eu amo ver o Sr. Valdemar fazendo o que ele mais gosta, cumprimentar e alegrar as pessoas. Ele brilha, ilumina, sai da multidão e enriquece o mundo e a vida das pessoas que encontra. *Você brilha, ilumina e enriquece o mundo e a vida das pessoas?* Parece estratégia de celebridade ou político, mas não é.

Contagiar as pessoas positivamente é mais uma prática simples para ter sucesso pessoal e profissional. Como somos lembrados, o que falam de nós, que impacto causamos nas pessoas, em nossos contatos, relacionamentos? Deixar uma imagem positiva, uma lembrança boa faz toda a diferença. Essa é uma maneira e atitude diferenciada para se sair da multidão. Atitude é a soma dos nossos pensamentos, sentimentos e ações. O que pensamos, sentimos, falamos e agimos.

Todo contato é uma valiosa oportunidade para brilharmos e contagiar positivamente as pessoas e os ambientes em que estamos. Para isso, veja algumas dicas simples para se fazer todos os dias.

1. **Seja positivo.** Encha a sua mente e o seu coração de assuntos, informações, conhecimentos, notícias positivas. "A boca fala do que está cheio o coração", diz a Bíblia em Mateus 12:34. Alimente a sua mente, a sua emoção de inputs positivos.

2. **Cumprimente as pessoas com entusiasmo,** como o "Seu Domingo Feliz", o Valdemar. Se possível, com aperto de mão e, melhor ainda, um caloroso abraço.

3. **Trate as pessoas pelo nome.** Quanto mais você diz o nome da pessoa, mais atenta ela fica e mais simpática a você ela se torna. O nome próprio é a palavra mais doce e apreciada, que as pessoas gostam de ouvir. O coração das pessoas tem porta, mas ela só abre por dentro. Com atenção, amor, empatia, simpatia.

4. **Sorria.** A expressão facial é o nosso mais valioso cartão de visita. Pessoa mal-humorada contagia negativamente. Pessoa alegre, positiva, para cima, contagia positivamente os outros. Com quem as pessoas preferem ficar no trabalho?

5. **Compartilhe boas notícias.** Você já reparou que somos bombardeados por notícias ruins todos os dias? E, se não prestarmos atenção, essas notícias serão os assuntos que conversaremos com os outros? E a negatividade vai se espalhando, gerando mal-estar, preocupação, ansiedade, medo, estresse. Seja um portador de boas notícias. Tenha sempre um assunto positivo para contar às pessoas.

Em um projeto em que trabalhei, percebi que a negatividade estava em alta, prejudicando o trabalho e os resultados. Então, passamos a fazer dois exercícios com a equipe. O primeiro: sempre que alguém começava a se lamentar e a comentar fatos e notícias negativas, parávamos a reunião e eu pedia para que levantássemos os braços para cima e disséssemos juntos "vai melhorar", duas ou três vezes. Então, virou diversão, quando alguém desandava a dar notícia ruim e a se lamentar, todos levantávamos os braços e repetíamos "vai melhorar". E melhorou, muito! A gente se torna aquilo que fala, comunica. Se fala só problema, vive só problema. Se fala solução, oportunidade, ação proativa, inovação, é isso que viveremos. Experimente.

O segundo exercício era a "Boa do Dia", a boa notícia do dia. Começávamos reuniões, dia de trabalho, chamadas telefônicas, perguntando "qual é a boa do dia?". E a pessoa tinha que descobrir e dizer uma boa notícia. Somos o que aprendemos.

Parte 1: Construindo o sucesso pessoal

Depois de algum tempo, as pessoas tinham muitas notícias boas para contar e a conversa, as reuniões, os relatórios eram sobre fantásticas notícias. Você não imagina o poder de transformação de mentes, climas organizacionais, ambientes de trabalho que uma boa notícia pode causar. O mundo seria outro se as notícias da mídia fossem positivas, de bons acontecimentos, iniciativas e realizações.

6. **Abrace as pessoas.** Quanto mais você abraça, demonstra carinho, apreciação, mais elas ficam felizes. Pessoas felizes são mais criativas, comprometidas, dedicadas, produzem mais e melhor. Aumente a felicidade das pessoas em sua organização.

7. **Reconheça, valorize, agradeça.** É a necessidade "número 1" do ser humano. Ser apreciado, notado, valorizado. Envie bilhetes, cartas, mensagens, agradeça o esforço, elogie a boa ideia, entregue um certificado de reconhecimento, um troféu. Reforce o comportamento positivo, reconheça e valorize sincera e honestamente o valor das pessoas.

8. **Celebre, faça festa.** Leve um café da manhã especial para a sua equipe. Um bolo para um aniversariante. Coloque uma música de vitória bem alto quando o pedido tão aguardado sair e dance com a sua equipe. Dê um dia de folga para a equipe pelo brilhante projeto terminado. Leve a equipe para jogar boliche no happy hour (era uma das minhas preferidas). As pessoas criam laços mais fortes quando estão se divertindo. Leve presentinhos de sua viagem internacional para a sua equipe, personalizados. Ser lembrado de maneira especial e específica faz toda a diferença.

9. **Elogie. Elogie. Elogie.** Sincera e honestamente, frequente e generosamente. Quando se elogia, o coração sorri! A elegância de alguém, o novo corte de cabelo, a excelente apresentação na reunião, a postagem interessante na rede social, o contrato com o novo cliente. Observe, fique ligado em tudo e em todos, e elogie. Seja generoso em elogiar.

10. **Ajude em necessidades.** Quando souber de alguma dificuldade de alguém, se esforce para ajudar, resolver, apoiar. Vá ao enterro, ajude na mudança, substitua a pessoa na emergência etc.

11. **A Regra dos Três Cincos.** Uma maneira muito eficiente e produtiva de aumentar a sua felicidade e a alegria das pessoas com quem trabalha é usar todos os dias a Regra dos Três Cincos. *Ajude cinco pessoas. Abrace cinco pessoas. Elogie cinco pessoas.* Escreva um bilhete lembrete e prenda na tela do seu computador. Cole um bilhete lembrete em sua agenda. Tenha um em sua carteira. Coloque esse lembrete em vários lugares. Com o tempo, virará um hábito, um poderoso hábito de sucesso.

Quer ter sucesso pessoal e profissional? Brilhe e ilumine as pessoas e o lugar onde você está. Ajude as pessoas, desinteressadamente. Olhe, pense e faça coisas diferentes, criativas, inovadoras, que enriqueçam as pessoas e a organização. Contagie as pessoas com atitudes positivas, todos os dias. Pequenos "extras" são a diferença e o segredo do sucesso das pessoas e profissionais extraordinários. Empresas extraordinárias são feitas por pessoas extraordinárias. Seja uma delas!

Parte 1: Construindo o sucesso pessoal

6. Inovação, excelência e valor. O DNA dos campeões!

Que haja luz!
(Gênesis 1:3)

No começo Deus criou os céus e a terra. A terra era um vazio, sem nenhum ser vivente, e estava coberta por um mar profundo. A escuridão cobria o mar, e o Espírito de Deus se movia por cima da água. Então Deus disse: "Que haja luz!". E a luz começou a existir. Deus viu que a luz era boa e a separou da escuridão. Gênesis 1:1-4, Bíblia Sagrada, Versão NTLH Nova Tradução para a Linguagem de Hoje.

Gosto muito de histórias sobre invenção de produtos e soluções. Em cada uma delas é possível perceber o processo de criação, o passo a passo da descoberta, da observação e percepção, do momento do insight, da grande ideia, de seu desenvolvimento, teste e aplicação para uso geral. Simples assim. Tudo o que existe no mundo é uma solução de alguma necessidade, problema ou desafio, uma invenção e criação de alguém que viu, pensou e fez diferente. Os clipes de papel, a lâmpada, o WhatsApp, a roda, o sorvete, tudo. Desde o fogo descoberto pelo homem das cavernas até a mais recente descoberta científica, todo processo de criação aconteceu pela sequência de etapas distintas, que podemos aprender, treinar, dominar e usar para o nosso benefício, da nossa equipe, para o crescimento, desenvolvimento e sucesso dos negócios em nossa organização.

Você já utilizou algo com velcro? Uma roupa, uma bolsa, uma pasta, prendeu algum quadro ou outra coisa? As aplicações com velcro são as mais diversas. O fecho patenteado original de Velcro foi inventado em 1948 pelo engenheiro e eletricista suíço Georges de Mestral, que patenteou em 1955 e, posteriormente, desenvolveu sua prática de fabricação até a sua introdução comercial. De Mestral desenvolveu um sistema de fixação que consiste em dois componentes – uma tira de tecido linear com minúsculos ganchos que pode "acasalar" com outra faixa de tecido com argolas menores, anexar temporariamente, até se separar. Inicialmente feito de algodão, que se revelou impraticável, futuramente o fixador foi construído com nylon e poliéster. Como surgiu a ideia? Certo dia, voltando de uma caminhada no bosque, ele ficou irritado ao encontrar carrapichos agarrados à roupa e no pelo do seu cão. Isso sempre acontecia. Decidiu então descobrir de que modo é que eles conseguiam agarrar-se tão firme e teimosamente, sem nenhuma substância adesiva. Observando pelo microscópio, George descobriu que as terminações do carrapicho eram feitas de pequeninos ganchos, que se prendiam a qualquer coisa peluda. Ele teve um insight, uma luz, uma ideia e reproduziu a mesma estrutura em outros materiais, testou e obteve sucesso. Assim nasceu o fecho feito de numerosos ganchos e laços.

O nome "velcro" é a combinação de duas palavras francesas, velours (veludo) e crochet (gancho). Genial! Observe a natureza. Ela tem um mundo de soluções e respostas às nossas necessidades, desafios e demandas diárias.

Na empresa em que trabalhei, inovar era a "ordem do dia", a palavra mais utilizada e difundida. Vivíamos a "Cultura da Inovação", do pensar diferente, de observar, imaginar, testar as ideias, ver resultados, desenvolver e multiplicar as aplicações. Quando fui admitido na empresa, em janeiro de 1979, como trainee, a logomarca estava sendo atualizada, renovada. Do logo de letras retas, quadradas e duras, em cor azul, utilizada durante toda a sua existência, a agência de propaganda contratada para o trabalho, ousada e criativamente, e atendendo ao briefing da direção da empresa, redesenhou e ressignificou a imagem da organização, utilizando uma fonte curva, fluída e suave, na cor vermelho vivo. Uau! Fantástico! Visão, arrojo e coragem para novos tempos e oportunidades. E a palavra "Inovação" foi, inteligentemente, acrescentada e associada ao nome. Show! O resto é história. Uma empresa centenária (1902), pautada e embasada em novas ideias com produtos revolucionários criados para melhorar e simplificar a vida das pessoas. E assim tive o privilégio de entrar nesta universidade corporativa maravilhosa e ser "doutrinado" pela filosofia da I-no-va-ção. Não há nada mais sustentável, produtivo e rentável do que a inovação. Para ter sucesso crescente e constante, um profissional precisa inovar, se adaptar, encontrar caminhos e estar à frente em sua área. Para existir perenemente, uma organização precisa se reinventar, se renovar, acompanhar a evolução dos tempos e demandas. Até onde uma ideia pode chegar? Onde mais ela pode ser aplicada? Uma ideia nunca para de evoluir. A inovação não está limitada aos produtos. É um modo de pensar, de viver, um estilo de vida e de trabalho. A inovação não é resultado e foco apenas dos colaboradores dos centros de pesquisas, dos engenheiros, técnicos e cientistas, mas de toda a organização, de todas as pessoas. E se a sua organização fosse um grande laboratório de ideias, de profissionais criativos pensando em novas soluções para as necessidades diárias, da empresa, dos clientes, do mercado? Em todos os lugares, departamentos, todos os dias, em todas as operações. Nas finanças, nos processos produtivos, na logística, nos recursos humanos, nas práticas de segurança pessoal e ambiental, nas vendas, no marketing, na relação com clientes, comunidade, investidores, em tudo. A inovação é lucrativa, é o bilhete de acesso ao futuro, ao crescimento e à sustentabilidade tão desejada pelas organizações. Quer estar no futuro? Inove!

Em um projeto de trabalho que participei, o mercado era estagnado, sem novidades, de baixa qualidade de produtos e serviços, com três players na liderança que desfrutavam da tradição de suas marcas. Nós éramos os entrantes, iniciando investimentos, com uma linha básica de produtos. Os produtos eram utilizados pelos operários nas fábricas, mas deviam ser aprovados tecnicamente em seu

Parte 1: Construindo o sucesso pessoal

desempenho e por isso dependiam do aval dos profissionais técnicos, da gerência e da área financeira. A legislação brasileira obrigava as empresas a fornecerem os produtos e a dar o treinamento para o uso adequado pelo trabalhador. Olhando para esse cenário, percebemos algumas oportunidades e criamos ações que foram implantadas gradativamente. Recrutamos uma equipe de profissionais técnicos para a área de vendas e fornecemos treinamento de habilidades em vendas, o processo comercial. O novo vendedor técnico conhecia o trabalho do profissional técnico da empresa, usava a mesma linguagem, conhecia a realidade e o processo do trabalho, as necessidades, era mais um consultor técnico do que vendedor, mas vendia. Ampliamos a linha de produtos com opções inovadoras em design, material, mais confortáveis, de maior durabilidade, de maior eficiência e, na conta final, uma relação superior de custo versus benefício. Agregamos serviços de alto valor, como seminários técnicos para os profissionais técnicos, para a gerência e o financeiro, e o mais importante e decisivo, criamos treinamentos para o operário, o usuário do produto. Isso era uma obrigação legal para o empregador e uma tarefa do profissional técnico, que custava tempo e dinheiro, e passamos a oferecer gratuitamente como serviço adicional na aquisição de nossos produtos.

Criamos material de treinamento fácil, interativo e na linguagem do usuário dos produtos. Treinamos toda a nossa equipe e os vendedores dos nossos parceiros distribuidores para multiplicarem o treinamento ao usuário. Em pouco tempo, éramos uma equipe de quase 100 pessoas em campo, nos clientes, todos os dias, falando com os técnicos, os gerentes e, principalmente, com os usuários, os verdadeiros clientes dos nossos produtos, que utilizavam e aprovavam de verdade o produto. A nossa equipe técnica de vendas atendia e encantava os clientes fazendo treinamentos à noite, de madrugada, fins de semana, quando fosse necessário. Para estimular a equipe nesse projeto, fizemos uma campanha de incentivo aos vendedores que tinham a meta de treinar 200 usuários por mês. Com essas e outras criativas estratégias, em 3 anos de trabalho saímos da décima posição para a liderança do mercado. Chegamos a alcançar a expressiva marca de 1 milhão de usuários treinados em 3 anos, um feito inédito para um fabricante. Todos ganharam. O trabalhador que protegeu a sua saúde, os profissionais técnicos que obtiveram resultados mais eficientes em seu trabalho, a gerência, o financeiro e a empresa por economia em produtos e serviços, e atendimento às exigências legais, os parceiros distribuidores por crescimento em vendas, nosso time de vendas, marketing e serviço técnico, pela história que fez, e a empresa, por liderança de mercado, vendas e lucratividade. *Inovação, excelência e valor que geram liderança, crescimento e sustentabilidade de negócios.*

De onde vem a inovação? Da mente das pessoas. Não só das preparadas, estudadas, criativas, dos profissionais químicos, físicos, engenheiros etc. De todas as pessoas, de todas as idades, de todas as posições, de todas as áreas da empresa.

Somos o que aprendemos. *Inovação se aprende. Pensar criativamente, em soluções para as necessidades e problemas, se treina, se aprende.* É a capacidade mais básica e divina do ser humano. Temos o dom, a capacidade, o presente, o poder de criar, à semelhança do Criador. "Penso, logo crio!", poderia ter dito também René Descartes (1596-1650), filósofo, matemático e cientista francês. Em todo o momento estamos pensando, imaginando e criando ideias, decisões, respostas para as demandas da vida. "A criatividade é a inteligência se divertindo", dizia Albert Einstein. Criar é a capacidade mais inata e poderosa do ser humano. Mas, infelizmente, só fora do trabalho, porque, quando chegamos ao ambiente de trabalho deixamos de usar o cérebro, a mente, e repetimos as tarefas, as atribuições da agenda do dia, mecanicamente, rotineiramente. Desperdiçamos nosso tempo precioso no trabalho fazendo nossas tarefas como robô, no piloto automático, deixando de usar a nossa maior e mais rica capacidade, a de criar. Somos pagos para produzir e entregar as tarefas, a produção, e não para pensar. Ledo, improdutivo e custoso engano!

A grande tarefa de uma organização é a educação, ensinar as pessoas, capacitá-las, motivá-las, inspirá-las para o crescimento e desenvolvimento pessoal e profissional, para a produtividade da equipe, dos processos e operações, para o fortalecimento, prosperidade e sustentabilidade da organização. Empresa inteligente cria ambiente educador, positivo, inspirador, motivador, inovador, de excelência, de valor. A "Felicidade Corporativa" é um grande negócio. Sua empresa é feliz? As pessoas na empresa, no trabalho, são felizes? Empresas felizes são mais produtivas, criativas, lucrativas, inovadoras, admiradas, líderes de mercado. Veja as organizações de sucesso sustentável, como trabalham, o que fazem, as relações com as pessoas, os produtos e serviços que produzem e oferecem. Inovação, excelência e valor são os denominadores comuns dessas empresas, não importa o setor, o tamanho, a idade e a sua história. *Ensinar e inspirar inovação, excelência e valor criam vantagem competitiva, liderança de mercado e futuro sustentável.*

O texto da introdução deste tópico foi extraído da Bíblia Sagrada, o livro mais publicado e lido no mundo, o maior best-seller de todos os tempos. Se vamos tratar de criação, precisamos ir à fonte, ao início de tudo, ao especialista e PhD em criação, inovação, excelência e valor. O livro de Gênesis começa com esta linda e inspiradora história, a descrição da Criação do Universo. Gênesis significa "princípio, início, começo". Não se preocupe, não vamos falar e tratar de religião ou fé. Estamos apenas mencionando esta ilustração como fonte importante de princípios para o nosso objetivo, refletir sobre a inovação, a excelência e o valor. É tudo muito simples, e muito poderoso, a técnica, as possibilidades, os resultados.

O Criador, diz o texto, chega a um lugar, observa com atenção e percebe que algo não está bem, tem potencial, mas está aquém do que pode ser. Não há ordem, beleza, estrutura, vida, apenas a escuridão. Ele decide então fazer algo para tornar o lugar melhor. Usando a sua palavra, Ele dá uma ordem e a criação acontece. "Que haja luz!".

A luz ilumina, clareia, orienta, embeleza, alegra, cria sensação positiva, traz paz, segurança e prosperidade. Na luz nos movemos, vemos, trabalhamos, vivemos, prosperamos. E o texto termina dizendo que Ele viu que a luz era algo bom e gostou do que havia feito e criado, ficou feliz. Esta foi a criação do primeiro dia. A história continua descrevendo as outras criações do Criador nos próximos cinco dias. Céu, mar e terra, astros celestes e luminares, plantas e vegetação de todo tipo, animais terrestres, do céu e mar e, por final, a sua grande obra-prima, o ser humano, o homem e a mulher. O interessante nesse trecho é que, depois de usar apenas a sua palavra e ordem para toda a criação, o Criador faz diferente. Ele passa a usar as suas mãos. Parece que, nesse momento, a sua criação será ainda mais especial, íntima, grandiosa. Com as mãos, ele toma do pó da terra, adiciona a sua saliva, dá forma e esculpe a nova criação e, ao final, sopra-lhe nas narinas o fôlego da vida, dando-lhe consciência, pensamentos, sentimentos, humanidade. Era tão importante essa sua última obra que o Criador resolve fazê-la à sua semelhança, um ser parecido com ele. E, por isso, concede-lhe o mesmo poder de criar, de pensar, imaginar, sonhar, de realizar os seus sonhos, desejos, projetos. Fabuloso! Depois de todas as suas criações, o texto sempre afirma que o Criador via que era bom e ficava feliz pelo que havia feito. No sétimo dia, muito realizado por tudo o que havia feito, criado, ele resolve descansar, separar um tempo para não fazer nada, apenas para olhar e contemplar o seu trabalho. Ge-ni-al! Amo essa história. Ela contém todos os elementos para o sucesso de nossa vida pessoal e profissional, para o sucesso das nossas equipes e organizações. É a lição mais simples sobre inovação, excelência e valor que podemos aprender, praticar e tornar um hábito de sucesso em nosso dia a dia, em nossa vida.

Os 4 Passos para a Criação

1. **Observação.** Chegar a um ambiente, uma situação. Ver, perceber, avaliar.
2. **Imaginação.** Posso fazer melhor. Decidir agir, mudar e transformar o estado das coisas. Pensar e imaginar um jeito diferente, novo, melhor.
3. **Criação.** Agir e fazer algo para tornar melhor.
4. **Celebração.** Ver, avaliar e celebrar a mudança, a melhoria, o resultado e crescimento.

Os 3 Pilares do Crescimento Sustentável

1. **Inovação.** Solução melhor. Algo novo, diferente, superior.
2. **Excelência.** Fazer melhor. Estado ou qualidade de excelente, muito bom, de grandeza, superior.
3. **Valor.** Resultado e retorno melhor. Medida de importância, que é especial, superior.

Tudo o que existe no mundo e foi criado por alguém seguiu esse processo, esses passos, gerando resultados superiores. O Airbnb, a aspirina, o café solúvel, o Spotify, o NetFlix, todas essas facilidades que usamos são ideias criadas por alguém que viu uma situação, um problema e necessidade, pensou, encontrou um jeito melhor e gerou inovação, excelência e valor. Problemas são oportunidades. Odiamos problemas, fugimos deles, os evitamos. Eis aqui o verdadeiro e grande problema – não gostamos de problemas! Problemas são necessidades que precisam de uma solução. Quer ser criativo, inovador? Procure problemas. Quando tiver ou encontrar um problema, diga: "Que booooommmmmm!". Fique feliz, anime-se, entusiasme-se. Quando encontrar a solução para o seu problema, a sua vida será fantástica. O seu melhor cliente escolheu outro fornecedor? Que booooommmmm! O chefe delegou a você aquele projeto que ninguém queria? Que booooommmmm! O médico o informou que os resultados do seu check-up estão alterados e preocupantes? Que booooommmmm! Parece uma postura idiota, sem sentido, mas não é. Se vemos a dificuldade como uma oportunidade, o lado bom dela, estamos a meio passo para a sua solução, os benefícios e oportunidades que os problemas contêm. Não importa a situação, o lugar ou o momento. Encontrou um problema? Que booooommmmm!

Problemas são oportunidades embaladas em forma de desafios e adversidades. E, por isso, são evitados, indesejados, odiados. Ame os problemas, aprenda a gostar deles. Tudo o que existe de criativo no mundo é uma solução de um problema encontrada por alguém. Que haja luz! Por isso, o símbolo da criatividade, da ideia, da inovação é uma lâmpada, uma luz. O problema, a situação estava um caos, uma confusão, uma bagunça, alguém veio e encontrou uma maneira, uma solução, um jeito novo e melhor de fazer algo. Uma ideia nunca para de evoluir. No passado, as malas de viagem eram baús. Depois, as malas ganharam alças. Mais à frente, novo incremento, duas rodinhas. Hoje, a novidade são as malas 360 graus, com quatro rodinhas, que se movimentam em todas as direções, é só empurrar, com menos esforço. Show! Alguém viu, pensou, melhorou. Simples, prático, mais fácil de usar. Inovação, excelência e valor. Já vi reportagem de malas inteligentes, eletrônicas, que acompanham o dono e não precisam ser puxadas. Onde isso vai parar? Não vai! Uma ideia nunca para de evoluir.

Um produto que fez muito sucesso na empresa que trabalhei, nos anos 80, foi a Fita Baby Fix, para fraldas. Lembra disso? Um vendedor percebeu que era muito comum as mães utilizarem a fita crepe comum para prender as fraldas de tecidos (oi?) de seus filhos em vez dos alfinetes de metal (oi?). Mais prático, mais simples e mais seguro. Ele levou a ideia para a equipe técnica da fábrica. Eles desenvolveram uma fita crepe especial com papel e adesivo mais delicado e adequado e adicionaram cores e desenhos infantis decorativos. Fan-tás-ti-co! E assim

Parte 1: Construindo o sucesso pessoal

nasceu um produto campeão de vendas, a fita crepe Baby Fix do Brasil. Novo uso, nova aplicação. *Ver, pensar e fazer diferente. Inovação, excelência e valor.* Qual é o seu problema? O que está tirando o seu sono, estressando você? Use o seu poder de criar, de ver, pensar e fazer diferente, de gerar inovação, excelência e valor.

E se essa fosse a nossa maneira de viver, de trabalhar, o nosso estilo de vida? E se todas as pessoas da nossa empresa tivessem esse hábito, essa postura frente às necessidades, às oportunidades, aos problemas e desafios no trabalho? E se aprendêssemos a gostar de problemas, de nos divertimos com ele? E se a nossa cultura corporativa educasse, motivasse e valorizasse as pessoas criadoras que solucionam problemas, que tornam o trabalho, os processos e a empresa melhor? E se você, durante todo o seu dia, em todas as suas tarefas e atividades, tivesse esse olhar, essa percepção? E se você decidisse fazer algo novo para mudar e melhorar a situação? E se você usasse a imaginação para pensar em um jeito novo, uma nova maneira e solução? E se você fizesse, testasse, implementasse a sua ideia? E se??? Não tem limites. A inovação é ilimitada! Esse é o poder que temos. Uma empresa assim gera boas ideias todos os dias, melhora os seus processos e operações todos os dias, cria produtos, serviços e soluções inovadoras e lucrativas todos os dias, alcança resultados fantásticos todos os dias.

Ver, pensar e fazer diferente. Inovação, excelência e valor. Um ambiente melhor, um dia melhor, uma equipe melhor, uma empresa melhor, um mundo melhor, uma vida melhor. Vamos experimentar? É tudo muito fácil e muito simples. Pare agora a leitura e dê uma olhada no ambiente ao seu redor, onde você está agora. Observe, preste atenção, olhe nos detalhes. Procure ver diferente, algo que lhe chame a atenção. Mindfulness, atenção plena, presença no aqui e no agora. Perceba os objetos, as pessoas, o mobiliário, a decoração, um processo, uma interação ou situação ocorrendo. Input (entrada), insight (percepção, iluminação), o que você está vendo? Encontre e descubra algo que você possa melhorar. Como pode ficar melhor? O que você pode fazer agora que deixará o que você encontrou em estado melhor, superior? Encontrou? Decida, motive-se, faça, mude, transforme! O que você sentiu agindo, fazendo e mudando a situação para melhor? Era uma pessoa, como ela se sentiu recebendo a sua ação? Viu o resultado da sua ação criadora, qual foi? Contemple, desfrute, celebre. Yeeeessssss!!! Que haja luz! Viu, você criou um mundo melhor. Você interviu e fez o universo mudar para melhor. E se fizermos isso muitas vezes ao dia? Todos os dias. No trabalho, em casa, no trânsito, no clube, na escola, na igreja, onde estivermos. *O sucesso pessoal e profissional que tanto desejamos está ligado ao valor que trazemos e agregamos às pessoas e aos lugares em que estamos. Ver, pensar e fazer diferente. Inovação, excelência e valor.*

Somos o que aprendemos. E se aprendêssemos a trabalhar com inovação, excelência e valor, todos os dias? E se fôssemos reconhecidos e remunerados pelas

65

Felicidade Ilimitada®

ideias, soluções e melhorias que fazemos em nosso trabalho? Olhe as empresas líderes de mercado. Observe as organizações que durante a sua história e existência alcançaram resultados superiores e são lembradas, admiradas e preferidas. Veja os profissionais que se destacam, que lideram, que motivam pessoas e fazem grandes histórias. São empresas e pessoas criadoras e criativas que geram inovação, excelência e valor. Medimos e avaliamos o trabalho das pessoas na empresa por metas, tarefas e projetos concluídos e resultados financeiros. E se medíssemos o trabalho e a contribuição das pessoas pelas soluções criativas, pela inovação, excelência e valor que agregam? Você, sua equipe, toda a organização. Um sistema positivo, amplo e integrado com o DNA de inovação, excelência e valor, renovando-se, reinventando-se, inovando, criando excelência e valor superior. Empresas e profissionais campeões. Estou olhando aqui a minha bola de cristal e ela está me dizendo que uma empresa que alcança esse nível de gestão estará sempre no topo, na frente, na liderança, fazendo história, construindo um futuro de prosperidade e abundância para todos. Que haja luz!

Em outro projeto de trabalho, fiquei responsável pela gerência de produtos de uma linha importante no negócio. Estávamos muito atrás do líder de mercado. Na verdade, no setor em que atuávamos, nossa marca era inexistente e inexpressiva para os clientes. Com a finalidade de fazer um diagnóstico da situação, conhecer o mercado, clientes, usuários, gerentes e compradores, parceiros distribuidores e outros fui a campo e marquei dois dias de trabalho com o melhor vendedor da equipe, na maior região de vendas. Nos encontramos logo pela manhã e começamos a agenda de visitas. Percebi uma grande resistência e desmotivação naquele vendedor. Ele era brilhante, fazia o seu trabalho com maestria, conhecia e atendia o cliente como ninguém, mas estava totalmente desencantado com o trabalho, com a empresa, desanimado com as possibilidades. Falou, inclusive, na ideia de deixar a companhia. Procurei, durante aqueles dois dias, compartilhar a visão do que faríamos, dos novos produtos e programas, animá-lo, entusiasmá-lo. "Vai melhorar! Vai melhorar! Aguarde mais um pouco! Você é um profissional show e precisamos de você", eu disse a ele. Aprendi e me diverti muito com ele naquele dia. O trabalho era uma diversão e ainda ganhávamos para isso. Também saí para trabalhar com o vendedor da região de nossa fábrica. Quando disse a ele que faríamos algumas ações para ganhar market share, ele riu e disse: "Você acredita em Papai Noel?". Eu ri, achei curioso, percebi mais uma vez a descrença da equipe em nossa empresa, nos produtos, na nova estratégia, no programa de trabalho. Nessa época, usamos bastante o bordão: "Vai melhorar! Vai melhorar!". Sempre com as mãos para o alto. E melhorou!

Eu precisava fazer uma pesquisa de campo para ter mais informações de mercado, conhecer mais a realidade, para criar ações específicas. Então, surgiu a ideia.

Parte 1: Construindo o sucesso pessoal

Um dia de "força tarefa" nessa importante região, com visitas rápidas para pesquisa de dados. Expliquei a ideia ao diretor e ele aprovou. Como é bom trabalhar com um chefe que aposta nas ideias novas. Marquei a data da ação, combinei com o supervisor comercial, que comunicou a equipe. Pedi autorização ao gerente da fábrica e convidei três pessoas da produção para estarem juntos naquele dia, nas visitas aos clientes. Comprei diversos brindes interessantes, peguei produtos da empresa que os clientes gostavam, fiz uma camiseta promocional para a equipe, preparei o roteiro da visita e o questionário de perguntas. O supervisor de vendas dividiu a região de vendas em seis setores, roteiros de visitas, e nos dividimos em duplas para cobrir a área definida. Ele também selecionou os principais clientes, em cada roteiro, os mais potenciais, para visitarmos.

Nos encontramos logo pela manhã no estacionamento de um shopping center de fácil acesso na cidade. Agitei e animei a equipe falando sobre a importância daquela ação e orientei sobre o dia, os objetivos daquele trabalho. A mecânica da visita era simples. Chegar ao cliente, se apresentar, informar a ação diferenciada de promoção e valorização do cliente. Se ele tivesse produto da empresa sendo utilizado naquele momento, ganharia prêmio. Se não tivesse, ganharia amostras dos nossos produtos com um folheto de informações técnicas e comerciais. Depois conversaríamos com o dono do negócio ou o comprador para fazer a pesquisa. Que produto usava? Quais os benefícios que o produto apresentava? Onde comprava? Sua expectativa de um bom produto? Qual a sua avaliação do produto de nossa empresa? Agradecíamos e saíamos. Conseguimos fazer de 12 a 16 visitas no dia, por dupla, pois o trânsito da cidade é desafiador. No final do dia, nos encontramos no mesmo shopping center, para um lanche, para agradecer e celebrar com o time o dia vitorioso, a nova ação, e para conversarmos e fazer uma revisão do dia, das percepções e ideias. Visitamos quase 80 empresas no mesmo dia, de uma maneira diferente, leve, criativa, simpática. Não vendemos nada, mas fomos pedir a ajuda do cliente para entender as suas razões de preferência, as suas necessidades. O mais fantástico do dia foi que não encontramos nossos produtos nos clientes. Yeeeessssss! Das 12 visitas que eu fiz com o supervisor, apenas um cliente tinha e usava um produto nosso. Os outros também encontraram a mesma realidade, a mesma situação. Genial. Ninguém usa os nossos produtos, na maior região de vendas. Copo meio cheio ou meio vazio? Ninguém entendeu. Eu voltei para a fábrica, tabulei os dados e fiz reuniões com a equipe interna, o marketing, o serviço técnico, com o chefe.

Nós éramos inexistentes, não estávamos nos clientes, nossa presença era muito pequena. Que booommmmm!!! Qual é a boa notícia do dia? Vai melhorar, vai melhorar! Vamos criar ações para valorizar, surpreender, encantar, conquistar e fidelizar os clientes. E assim fizemos. E assim surgiu uma das ações mais inovadoras e vencedoras do nosso trabalho, o "Arrastão nas Oficinas". Era um dia mágico.

Felicidade Ilimitada®

Inspirado no arrastão nas praias do Rio de Janeiro, que naquela época assustava os banhistas na praia, fizemos o inverso, utilizamos o nome, a ideia, e passamos a fazer um arrastão positivo, do bem, trimestralmente, um dia superespecial de encantamento e valorização de clientes em todas as regiões, para levar alegria, ideias e soluções a eles. Convidávamos também pessoas da equipe interna, sempre – da produção, do SAC, Serviço de Atendimento aos Clientes, de Processos etc. Era uma forma de valorizar o pessoal interno e de mostrar a eles a nossa realidade, o tamanho do nosso desafio, o rosto e a voz dos clientes, de engajá-los no trabalho de virada e conquista de mercado. O resultado? Equipe motivada, cliente surpreso, valorizado e encantado, mais informações de mercado, trabalho de equipe interno alinhado, ajustes de produtos e serviços, mais solução e valor para o cliente. O Arrastão era um trabalho grandioso de organização e produção, mas gerava excelentes resultados. Camisetas, brindes, amostras, folhetos de produtos etc. Valorizávamos a equipe de vendas, os parceiros distribuidores, os usuários de nossos produtos, a direção e gerência das empresas clientes. Todos devem ganhar, certo? E de maneira leve, divertida e descontraída, levávamos a nossa marca, a nossa mensagem de inovação, de excelência e valor.

Outra ação inovadora surgiu logo ao mesmo tempo. Precisávamos criar diferencial, ser percebido de maneira diferente. Descobrimos que uma importante empresa de reparação automotiva na cidade estava completando 20 anos de trabalho. Uma ideia nunca para de evoluir. Aniversário da Oficina. Yeeeessssss!!! Conversei com o vendedor que achava que eu acreditava em Papai Noel, falei da ideia e ele topou. O chefe concordou de novo. Como é bom ter um chefe que aposta nas ideias criativas, diferentes, dá liberdade para imaginar e experimentar ações inusitadas, incomuns. Fiz um certificado de reconhecimento bonito da nossa empresa pela data comemorativa, parabenizando o cliente pelo profissionalismo e excelência. Compramos bolo, refrigerantes, bexigas, chapeuzinhos e separamos um brinde para cada funcionário do cliente, umas 50 pessoas, um produto da nossa empresa.

Avisamos o gerente da concessionária sobre a ideia e ele autorizou a visita, afinal seria um momento diferente, que alteraria o dia da empresa. Foi um sucesso. Chegamos à empresa, montamos a mesa, o bolo, os refrigerantes, chamamos toda a equipe de funcionários e fizemos um belo discurso de homenagem, valorizando a qualidade da empresa, dos produtos e serviços, do profissionalismo das pessoas, da excelência e da inovação da marca. Ao final, acendemos a velinha e cantamos os parabéns. Uma visita de 20 minutos em que não vendemos nada, mas tocamos fundo o coração daquelas pessoas, da direção, dos clientes que estavam por ali. Tiramos fotos, várias fotos que eram compartilhadas internamente na empresa e com a equipe de vendas e distribuidores. As fotos aumentam em 23,67% as vendas, segundo pesquisas do Instituto Walter Quintana (oi?). Depois desse evento, nosso

Parte 1: Construindo o sucesso pessoal

certificado de reconhecimento estava na parede de destaque no saguão da concessionária e a nossa marca na mente e no coração da equipe de funcionários. Éramos recebidos com abraços e atenção por parte de todos, e fomos gradativamente participando como um parceiro de soluções no negócio do cliente. Inovação, excelência e valor. Replicamos a mesma ação com os vendedores em todo o Brasil. Cada vendedor ficava atento aos aniversários de clientes com datas especiais, de 10, 15, 20, 25, 30 anos, e que mereciam ser valorizados. Foram muitas boas e memoráveis surpresas. Não raro, quando em empresas familiares, providenciávamos a presença de familiares do dono, esposa, filhos e pais para serem também homenageados. Era uma choradeira só. Alguém lembrar do seu aniversário que nem mesmo você se lembrou e receber um reconhecimento junto com toda a sua equipe.

Essas e outras ações de encantamento tornaram a nossa marca rapidamente conhecida, admirada, querida e preferida. As vendas cresceram, nossa presença nos clientes também, os vendedores eram aguardados com expectativa positiva em suas visitas mensais pelos clientes, treinávamos os trabalhadores das oficinas, fazíamos seminários de gestão e finanças aos proprietários e gerentes, melhorávamos os processos, as ferramentas, a produtividade e o lucro da empresa. E a equipe trabalhava com alegria, com prazer. A cada conquista de espaço, de cliente, de parceiros fazíamos festa. Trabalhar ali naquele projeto era uma grande diversão, mesmo com toda a pressão de metas e resultados, e ainda ganhávamos por isso. Em três anos, com um trabalho forte de uma equipe superprofissional, vibrante e entusiasmada, com produtos inovadores e serviços únicos e diferenciados, saltamos de uma marca inexpressiva para líder de mercado no segmento. Nas pesquisas de Share of Mind, nossa marca e produtos estavam no topo. A realidade de participação nos clientes era outra, positiva, com quase o mix completo dos nossos produtos. Yeeeesssss!!! Inovação, excelência e valor. Ainda hoje, quando encontramos e conversamos com os vendedores e equipes de serviço técnico e marketing dessa divisão, lembramos com grande alegria e saudades de tudo o que vivemos, a maneira como trabalhamos e ajudamos o mercado a mudar, a se tornar mais profissional, mais rentável, mais produtivo.

Exercícios básicos para Inovação, Excelência e Valor

O nosso cérebro é poderoso, uma autêntica e verdadeira criação divina, a mais fina, delicada, inteligente e veloz máquina de processamento de informações. Segundo pesquisas de neurocientistas, o cérebro possui mais de 100 bilhões de neurônios, as células nervosas neurais, que processam 1 quatrilhão de sinapses, a transmissão de impulsos nervosos de uma célula para outra. A nossa máquina de criar se alimenta de informação e trabalha em seu processamento buscando saídas, soluções, os outputs. É da natureza da mente,

Felicidade Ilimitada®

o seu processo comum, o seu programa operacional. Então, nosso trabalho, para gerar soluções criativas, é aprender a usar essa fabulosa máquina e seguir os passos, o manual de operação do recurso.

1. **Defina o problema.** O que você quer, deseja, a necessidade.

2. **Pesquise informações.** Alimente o seu cérebro (hardware) e a sua mente (software) com inputs, as informações que descobriu sobre o problema, a questão, a situação. Observe, perceba, analise, alimente o cérebro e a mente.

3. **Aperte o "enter" mental.** Dê o comando para ele processar. Defina o seu desejo, o que você quer, a solução que necessita.

4. **Descanse.** Divirta-se. Relaxe. Dê um tempo para a sua máquina fantástica de imaginação e solução trabalhar, processar.

5. **Aguarde o insight, a revelação, iluminação.** No tempo dele, do cérebro e da mente, a resposta surgirá. Em quanto tempo? Quanto mais você usar, melhor e mais rápido fica. Não há padrão. Pode levar 1 dia, 1 semana, 1 mês. A resposta virá, a solução criativa. E será de maneira inesperada, não usual, incomum. No cinema, na caminhada no parque, lendo um livro, na banheira. "Eureka! Encontrei, achei, descobri!" Esta foi a exclamação atribuída ao matemático grego Arquimedes de Siracusa (287-212 a.C.) quando descobriu como resolver um complexo dilema apresentado pelo rei Hierão. Arquimedes descobriu a solução quando entrou numa banheira com água e observou que o nível da água subia quando ele entrava. E saiu correndo nu e gritando: "Eureka, Eureka". A cabeça dele devia estar a prêmio para uma atitude tão impensada assim. Por isso, costumam dizer que os gênios criativos são meio loucos. Ou a felicidade foi tanta que nem pensou em vestir a roupa e saiu comemorando a descoberta. É assim mesmo! Uma felicidade só. *Quer ter mais sucesso na vida? Inove, tenha mais ideias, de todos os tipos, em todos os lugares.* O cérebro, a mente e o corpo são encharcados com neurotransmissores e as substâncias químicas da felicidade e do bem-estar, lembra? As endorfinas, a dopamina, a serotonina, a oxitocina. Que haja luz! Uma felicidade só, encontrar respostas e soluções criativas para as necessidades, desafios e problemas da vida. Experimente. Funciona desde sempre, desde a criação do Universo.

6. **Experimente.** Coloque a ideia em prática, teste a solução.

7. **Multiplique.** Amplie o uso, compartilhe, torne comum, se for um produto ou serviço, torne comercial.

5W2H. Preparando a máquina de criação

É uma técnica de coleta de dados e informações para compreensão, análise e solução de problemas, necessidades e desafios. São acrônimos, em inglês, que representam as principais perguntas que devem ser feitas e respondidas ao investigar e relatar um fato ou situação. É formada por cinco perguntas que começam com "W" e duas perguntas que têm a inicial "H", em inglês. Funciona para tudo. Um problema, necessidade ou desafio no trabalho, em casa com a família, nos estudos, nas finanças etc. Então, para a questão que precisa ser resolvida, pense livremente e crie várias perguntas começando por: "O que, Onde, Quem, Quando, Quanto, Como, Por quê". Utilizo esse método sempre que tenho um desafio em qualquer necessidade, área de minha vida. E me surpreendo sempre. O meu cérebro e a minha mente são meus grandes amigos. Trabalham juntos comigo em pura sintonia, harmonia.

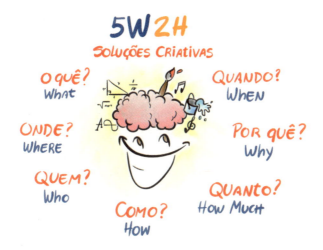

Brainstorm. Gerando soluções criativas

O Brainstorm, "tempestade cerebral ou tempestade de ideias", é outra técnica muito simples e produtiva, de ótimos resultados. Imagine um temporal, uma grande e forte chuva, com muitos raios e trovões. É assim, só que com ideias, alternativas e soluções. É uma ferramenta para ajudar o seu cérebro e a sua mente em um esforço concentrado e intenso na busca por soluções criativas. Parece sério, mas na verdade é uma brincadeira muito divertida, como um jogo. O cérebro ama brincadeiras, diversão, o lúdico. Depois do exercício 5W2H faça o Brainstorm. Pode ser individual ou em grupo. É muito fácil, prático e divertido. Defina o problema, a necessidade, o desafio. Relaxe, concentre-se, pense e escreva as alternativas de soluções do problema que forem surgindo. Não use a razão, a análise, o freio do julgamento, apenas pense e imagine livre e criativamente nas possíveis soluções. Garanta que o momento e o exercício do Brainstorm tenham as seguintes condições.

1. **Liberdade total.** Ideias diferentes, não óbvias e malucas são bem-vindas.
2. **Crítica zero.** Sem censura. Não matar as ideias, apenas aceitar, listar e registrar.
3. **Quantidade.** Quanto mais ideias, melhor. Ideias, ideias, ideias.
4. **Clima de entusiasmo.** Quanto mais feliz, positivo o clima, mais ideias.

Depois de um tempo pensando, individual ou em grupo, nas possíveis alternativas de soluções, descanse. A mente poderá continuar trabalhando a questão, e talvez mais tarde surjam outras respostas. Quando sentir um princípio de cansaço, um esgotamento mental das muitas ideias que surgiram, pare e faça um break, uma parada para um tempo de descanso. Deixe o cérebro e a mente continuarem o processamento. Pode ser de alguns minutos, horas ou dias. Você para, mas a mente não. Ela continua processando, ligada, atenta. Volte mais tarde à lista de ideias geradas no Brainstorm para trabalhar o aproveitamento das ideias, a execução, a operação, a funcionalidade e resultados, a seleção de caminhos, propostas e soluções para o problema. Que boooommmmm! Amamos problemas, certo?

Quer ser criativo e ter sucesso pessoal, com a sua equipe e organização? Desenvolva a habilidade de pensar e criar soluções inovadoras, de trabalhar com excelência, de agregar valor a tudo e a todos, sempre, onde você estiver. Solução melhor, fazer o melhor, resultado e retorno melhor. "Satisfação garantida ou o seu dinheiro de volta", como se dizia antigamente, uma estratégia inovadora e vencedora que teve muito sucesso no passado. Por aqui, no presente, eu lhe desejo um futuro, o próximo minuto, com toda a felicidade e o sucesso do mundo que você puder conquistar. Continue brilhando!

Parte 1: Construindo o sucesso pessoal

7. Hábitos de sucesso. Hardware e software

Não há obstáculos impossíveis,
apenas vontades mais fortes ou mais fracas. É isso!
(Júlio Verne)

Eu chamei o amigo Renato Alahmar para a sala ao lado, reservada, para uma conversa em particular. Trabalhávamos juntos no departamento de Educação e Treinamento de Pessoal, ele como trainee de Psicologia, eu já funcionário efetivo em início de carreira na empresa. Eu estava um pouco descontente e insatisfeito com o meu salário, desejava ganhar mais e, por isso, pedi ao Renato um conselho, uma dica. O Renato, com o seu bom senso que lhe é peculiar, pensou e respondeu: "Waltinho, o que você está fazendo para ganhar mais? Está fazendo um curso extra, está aprendendo uma função nova, está contribuindo com um projeto novo? O que você está fazendo de novo e diferente para merecer um salário melhor, maior?" Fiquei com essa ideia na mente, na lembrança. Essa pergunta (e ideia) tornou-se um Princípio de Vida, Crescimento e Sucesso para mim. *Fazer mais para valer mais!* A gente vale pelo que faz, pelo que soma, contribui. Se for comum, remuneração comum. Se for especial, ganho especial. Se for extraordinário, ganhos extraordinários.

Todas as pessoas desejam ter sucesso e torcem para que ele aconteça em sua carreira profissional à medida que caminham, trabalham, fazem a sua história acontecer. Como já conversamos, sucesso é resultado, não é sorte nem acaso. Então, assim como uma fórmula matemática, quando alteramos os fatores mudamos também o seu final, o resultado. *Sucesso não é sorte nem acaso, repito, é resultado!* Aprendi com o Alahmar um truque simples para dar sorte nas apresentações em reuniões importantes, estratégicas, decisivas – usar uma peça de roupa ou acessório novo. Uma camisa, gravata, sapato, meia, caneta, qualquer coisa. Era só usar que a sorte vinha. "Waltinho", ele perguntava, "meia nova hoje?". Era uma brincadeira divertida, para descontrair. Antes de iniciar a apresentação, desejávamos "sorte" e partíamos para a diversão, a apresentação, o encantamento dos decisores descrevendo o futuro, o que estávamos vendo, aonde desejávamos chegar. E era bom, sempre bom. E assim conseguíamos o apoio, o investimento, os recursos para as ideias e os projetos. Quando estávamos muito entusiasmados com as possibilidades, uma grande confiança e certeza de que teríamos sucesso, respondíamos: "Hoje eu não preciso de sorte, eu estou superpreparado". Preparado, pronto, capacitado, entusiasmado.

Sorte é quando a capacidade encontra a oportunidade foi a frase que o diretor presidente da empresa me disse no corredor quando nos encontramos. Ele sorriu, apertou a minha mão e foi embora. Dias depois eu fui promovido a um importante projeto e, com certeza, ele foi o padrinho daquela nova oportunidade e promoção.

Mas essa conquista começou antes, um tempo antes. Aquele diretor presidente tinha um estilo de liderança fantástico, amistoso, aberto, apoiador, empoderador. Ele conseguia inspirar e extrair o melhor de nós. Estava fazendo um grande trabalho na empresa e transformando tudo, o clima organizacional, a confiança e o orgulho das pessoas, a imagem da empresa, os resultados. O nome do projeto que ele implementou? Transformation Process. Simples assim. Ele estava dando atenção especial ao nosso projeto, que tinha um potencial muito grande de crescimento e retorno.

Naquele dia, quase horário de almoço, ele veio falar com o meu chefe, o Alahmar, mas ele não estava. Minha mesa ficava em frente à sala do Alahmar. Conversamos rapidamente e ele me fez um convite: "Quer almoçar comigo?" Oportunidade. Almoço com o diretor presidente da empresa. Yeeeessss!!! Bolinha Smile pulando ali na frente. "Claro que sim. Vamos!", respondi. Fomos ele, o Márcio e eu para o refeitório e para aquele decisivo momento. Momentos decisivos. *A vida e o sucesso são feitos de momentos decisivos.* Nos servimos, sentamos e então o diretor presidente nos fez a pergunta mágica: "Como estão os negócios?". Pah! Tudo o que precisávamos! Estávamos em um momento fantástico de projeto, revertendo a situação do negócio, criando ações inovadoras, conquistando mercado, clientes, vendas e lucros crescentes. Tínhamos um mundo de oportunidades e estávamos trabalhando focados, inteligente e criativamente. E durante aquela hora do almoço em que estivemos juntos passamos a falar e a descrever, com muito entusiasmo, todas as ações, as oportunidades, as conquistas e o futuro que víamos para o mercado e a nossa unidade de negócio. Uma reunião de negócios ali, na mesa do almoço, no refeitório da empresa, sem anotações, gráficos ou slides de Powerpoint, só a conversa descontraída e informal em um momento de refeição. Diagnóstico, oportunidades, visão, estratégia, plano de ação. Show!

Ele já estava nos ajudando e aumentou ainda mais o seu apoio. Participava de nossas reuniões, visitava clientes conosco, desafiava com novos projetos e ideias, caminhou junto com a equipe, torcia pelo nosso sucesso. Era visível a alegria dele conosco, era bem o seu estilo de trabalho. Aquele diretor presidente era fantástico, o melhor que eu havia conhecido em toda a minha carreira. Hoje, olhando para trás, percebo que aquele encontro foi muito importante para a minha carreira. Atenção! *Reuniões são excelentes oportunidades para crescimento na carreira profissional.* Não desperdice oportunidades. Reuniões rápidas, em uma pausa de café ou elevador, conversas informais, ou reuniões formais, mais demoradas, de trabalho. Estamos sempre sendo observados. O que falamos, nossas expressões, crenças, estilo de trabalho, visão, postura, decisões etc. As empresas precisam e procuram constantemente por novos líderes, apaixonados, inovadores, comprometidos, produtivos, visionários, ousados, profissionais que façam a diferença, que criem o futuro de prosperidade e abundância.

Parte 1: Construindo o sucesso pessoal

Existem olheiros ao nosso redor que nos observam em tudo e podem nos ajudar em nossa carreira profissional. Aproveite. *Sorte é a gente que faz!*

Sucesso é o resultado das ações conscientes, planejadas, inteligentes e inovadoras que fazemos. Quer ter sucesso? Crie as condições e o sucesso virá, acontecerá. Olhe e observe as histórias de pessoas vencedoras e em cada uma delas encontrará as suas ações de sucesso, as decisões, as atitudes e os hábitos de sucesso. *Hábitos de sucesso, aqui está o segredo. Um conjunto de atitudes e ações positivas, produtivas e construtivas, automáticas e frequentes. Um jeito e estilo de trabalhar positivo, produtivo, enriquecedor.* "Acredito muito na sorte e percebo que quanto mais inteligente e inovadoramente eu trabalho, mais sorte eu tenho", afirmava Coleman Cox, escritor do livro *Cite-me sobre isso: a inteligência e a sabedoria de Coleman Cox*, com ideias de vendas e negócios, há quase um século. O inteligente e inovadoramente é acréscimo meu. Oops, Cox!

Sucesso é trabalho inteligente e inovador. Vem da mente, sempre. Da percepção, da interpretação, da imaginação, da vontade, do entusiasmo, da força e do foco que se coloca na busca de um objetivo. "Não há obstáculos impossíveis, apenas vontades mais fortes ou mais fracas. É isso!", frase de Júlio Verne (1828-1905), escritor francês considerado o inventor do gênero ficção científica. "O único lugar em que o sucesso vem antes do trabalho é no dicionário", dizia Albert Einstein (1879-1955), sabiamente, físico alemão e um gigante da ciência. Viver é uma arte e uma ciência. E a mente é a ferramenta e o recurso mais poderoso que temos para realizar o nosso trabalho de maneira inteligente e inovadora e produzir o sucesso que tanto desejamos. Tudo começa pela mente.

Sua mente, seu poder ilimitado

Tudo começa e está na mente. O passado, o presente e o futuro. As memórias, os conhecimentos, as habilidades, a inteligência, as emoções e sentimentos, as ideias, os projetos, o sucesso. Infelizmente, utilizamos muito pouco e de forma pobre e ineficiente o nosso cérebro, a nossa mente, essa maravilhosa e fantástica máquina. Veja algumas informações curiosas e interessantes sobre o nosso cérebro.

- O cérebro é chamado de Universo de 1,5 kg.
- Ele representa de 2% a 3% da massa corporal.
- Ele consome 20% do nosso oxigênio e 15% a 20% da glicose do corpo.
- 75% da massa total do cérebro é composta de água.
- Tem a mesma consistência macia de uma barra de manteiga.
- O cérebro possui 100 bilhões de células nervosas, os neurônios.
- Ele processa 1 quatrilhão de sinapses, as transmissões de impulsos nervosos de uma célula para outra.
- Contém mais de 160 mil quilômetros de vasos sanguíneos.

Felicidade Ilimitada®

- Pode arquivar o equivalente a 1.000 Terabytes de informações.

Fantástico e maravilhoso, não é? Nada que o homem possa inventar se compara nem será tão completo, complexo, perfeito e engenhoso quanto o cérebro e a mente humana. E essa parte que descrevemos é o hardware, a parte física, o cérebro. A outra parte superimportante é a mente, o software, o programa operacional que essa máquina contém. É como um computador, a CPU (Central Processing Unit), Unidade Central de Processamento, com hardware e software, as partes físicas – o processador, monitor, memória, teclado, outros, e os programas operacionais, de trabalho, os aplicativos. A mente, o software, trabalha e processa as seguintes funções e tarefas:

- Percepção, memória, reflexão, raciocínio, inteligência, imaginação, estados de ânimo.
- Pensamentos, emoções e sentimentos.
- Escolhas, decisões e ações.
- Dons, talentos e habilidades.
- Motivação, entusiasmo, inspiração, otimismo, confiança, esperança.
- Medo, angústia, pessimismo, tristeza, insegurança, depressão.
- Crenças limitantes e fortalecedoras.
- Sonhos e visão.
- Ideias, estratégias e planos de ação.

Esse é o poder que temos, o recurso fabuloso do cérebro e da mente que está à nossa disposição para ser utilizado produtiva e eficientemente, em tudo na nossa vida. *Você é uma fantástica máquina de processamento e de criação, um universo de possibilidades.* Conheça o seu funcionamento, saiba utilizá-la corretamente e conquiste todo o sucesso do mundo que você puder e desejar. Afinal, você é uma "USAAAO". O quê???

USAAAO. Unidade Sensorial Autoalimentada e Auto-orientada

Esse é um termo que criei para descrever a máquina que somos, o recurso que temos e o seu modo de processamento. Parece complicado, mas é simples. Tudo acontece no cérebro, na mente, a nossa CPU, o hardware e o software. Para o computador funcionar, ele precisa ser alimentado com os inputs, os dados de entrada. Feita a alimentação de dados, solicitamos o processamento, com o "enter", o comando para a operação. Ato seguinte, o software processa a informação e produz a resposta, o output. Simples, não? Essa é a Teoria Geral dos Sistemas, ou TGS, desenvolvida e proposta pelo biólogo austríaco Ludwig von Bertalanffy (1901-1972). É muito utilizada em TI, a Tecnologia da Informação, para a criação dos sistemas, linguagens, produtos e serviços nessa área. Essa teoria serve para tudo. Tudo existe e funciona em sistemas, o nosso corpo, uma célula, um computador, o universo, uma empresa. Tudo está interligado e é composto de entrada, processamento e saída, ou estímulo, processamento e resposta.

Outra teoria interessante, de mesma arquitetura e teor, é a Teoria do Behaviorismo de B.F. Skinner (1904-1990), inventor, filósofo e psicólogo norte-americano. O Behaviorismo (comportamentalismo) é a teoria e método de investigação psicológica que procura examinar de modo mais objetivo o comportamento humano, com ênfase nos fatos objetivos, os estímulos e as reações, sem fazer recurso à introspecção. Por essa teoria, tudo o que fazemos e a maneira como nos comportamos passam pela operação e sequência de entrada (input), processamento (processing) e saída (output). Recebemos estímulos que são processados e que geram respostas, e as consequências às respostas. As consequências podem ser positivas, reforço positivo, que tendem a manter o comportamento. Podem ser negativas e punitivas, a punição, que tendem a cessar o comportamento. Ou consequências neutras, de não ação, nem positivas nem negativas, em que o comportamento tende a cessar com o tempo. Funciona para tudo o que fazemos. Reforço positivo, punição ou não ação. Uma conversa com a esposa, uma apresentação de vendas, uma reunião de negócios, fazer exercícios, tudo na vida. Vale para crianças, adolescentes, adultos e idosos, todos funcionamos assim, em qualquer lugar do planeta. Em todo momento e situação estamos vivendo esse sistema, a nossa mente processando os inputs e gerando respostas, soluções, os outputs. Recebendo reforço, punição ou não ação. Continuando, parando ou diminuindo o comportamento, a ação. Fantástico. Amo esse assunto. O nosso poder está em entender, compreender e usar sabiamente esse recurso, o sistema de criação e produção de sucesso, de resultados desejados. Por isso, somos um modelo USAAAO, uma "Unidade Sensorial Autoalimentada e Auto-orientada".

1. **Somos uma Unidade.** Um ser singular, único, especial, exclusivo. Não existe ninguém como você em todo o planeta Terra, com o mesmo DNA, a íris dos seus olhos, a sua impressão digital. Você é único, um ser inigualável. Fantástica notícia do dia, certo?

2. **Somos Seres Sensoriais.** Percebemos o mundo pela captação dos estímulos externos por meio dos cinco órgãos sensoriais do tato, olfato, paladar, visão e audição. Um recurso fabuloso de altíssima complexidade, capacidade e recursos. O tato, por exemplo, você sabia que a pele, órgão do sistema tegumentar, é o maior órgão do corpo humano? Ele constitui 16% do peso corporal, o órgão mais pesado do corpo. A pele normal

produz cerca de 1.260 células por dia para cada centímetro quadrado. Pesquisas recentes descobriram que os receptores presentes na ponta dos dedos, na palma das mãos, nos lábios, na língua, nos mamilos, no pênis e no clitóris respondem à pressão mínima de 20 miligramas, o peso de um mosquito. Por tudo isso, o tato é considerado o mais completo entre os cinco órgãos dos sentidos. Curiosidades à parte, os órgãos sensoriais são os nossos captadores de inputs, dos estímulos externos, o sistema de entrada de dados em nosso processador, o cérebro e a mente e todo o corpo. Você está cuidando bem da sua máquina? *Sucesso é viver com saúde.*

3. **Somos Autoalimentados.** O sistema só funciona por alimentação, precisa de energia para se manter, funcionar, operar e produzir. O corpo precisa de energia, de alimentos, de nutrientes, proteínas, fibras, carboidratos, vitaminas etc. Uma boa alimentação orgânica gera saúde, vigor e disposição física. Da mesma maneira funcionam o cérebro e a mente. Boas informações, dados e estímulos de boa qualidade geram boas respostas, atitudes, comportamentos, ideias também positivas, produtivas. Tudo o que vemos, ouvimos e aprendemos passa pelo nosso cérebro e mente e produz pensamentos, sentimentos, ações. Nós escolhemos o que consumimos, os alimentos para o corpo, para a mente, a alma, o espírito, os alimentos orgânicos, mental e emocional que utilizamos e processamos.

4. **Somos Auto-orientados.** Nós fazemos escolhas, dirigimos nossas decisões e ações, escolhemos caminhos e opções, orientamos o nosso destino. É a Autorresponsabilidade. Somos nós mesmos os responsáveis por nossos passos, pelos caminhos que escolhemos e damos e que nos levam ao nosso futuro. O caminho até o lugar onde você está agora foi você que trilhou. Cada um tem a vida que merece, que construiu, que produziu. Simples assim. A saúde, o casamento, as finanças, o trabalho, tudo. E só você pode escolher e mudar, se assim o desejar. *Sucesso é resultado, é escolha.*

Resumindo, você é uma pessoa única e muito especial, com uma capacidade enorme e muito refinada de percepção, responsável pela sua alimentação e orientação. Você colhe os resultados das suas escolhas, atitudes e ações que tomou e fez. O sucesso é, portanto, um resultado do que fazemos, de como pensamos, decidimos, escolhemos e agimos. Ponto!

Li um livro que gostei muito, *Axiomas: máximas da liderança corajosa*, de Bill Hybels. O autor apresenta várias frases e conceitos que ele formulou e que foram extraídos de lições práticas de sua vida profissional. Axioma é isso, uma frase, uma sentença, um pensamento ou premissa que você cria extraído de um aprendizado e experiência pessoal. É como um bordão, uma ideia forte, útil e inspiradora. "A visão é um retrato do futuro que produz paixão nas pessoas!", é um dos axiomas do Hybels que mais gosto. Então, inspirado no Hybels, comecei a escrever os meus axiomas, os meus aprendizados das lições de vida, da minha carreira profissional.

Tudo na vida é educação

A mente é a nossa fantástica máquina de aprendizado. Somos máquinas de aprender. Desde o primeiro dia de vida até o nosso último suspiro. Ela não para nunca, a maravilhosa máquina. "Aprender é fácil, é só observar", disse Ana Rita, minha esposa. Amei a frase e anotei. E agora compartilho essa pérola de aprendizado. Estamos observando e absorvendo tudo e todos sempre, estamos aprendendo e apreendendo tudo o que acontece ao nosso redor. É assim, estamos o tempo todo ligados aos acontecimentos, ao que vemos, ouvimos, percebemos, sentimos. Tudo o que somos é resultado do que aprendemos. O que fazemos, como pensamos, a nossa personalidade, nossos hábitos, manias, padrão de comportamento, tudo. Você é tudo o que você aprendeu ao longo da sua vida, com os seus pais, os seus tios, primos, a turma do bairro, os professores da escola, os chefes e amigos do trabalho, as pessoas e situações que viveu. Todas as suas experiências de vida, todas, marcaram você, produziram processamento e resposta, aprendizados. O modo como pensamos, sentimos, agimos, tudo vem de todo o nosso histórico e repertório de experiências e aprendizados, de entradas, processamentos e saídas de resposta ao longo de nossa vida. Somos o que aprendemos.

Tudo na vida é liderança

Liderar é tomar a frente e agir para mudar algo, é tomar uma decisão e dar um passo em direção a algo. Isso é o que acontece o dia todo, estamos tomando a liderança, pensando, analisando e escolhendo decisões para tudo. Em casa, no trabalho, na escola. O que vamos vestir, comer, que trajeto tomaremos para a escola, o trabalho etc. Na reunião com a equipe, respondendo ao e-mail, enviando o recado pelo WhatsApp, fazendo a avaliação de um colaborador, sendo avaliado pelo chefe. Você está no comando, na liderança da sua vida, dos seus pensamentos, sentimentos, atitudes e ações. *Você é o líder do projeto mais importante do mundo, a sua vida, a sua felicidade, o seu sucesso. Você e mais ninguém!*

Tudo na vida é matemática

São operações, os fatores que levam a um resultado. Adicionamos, subtraímos, dividimos e multiplicamos e geramos um resultado, uma resposta. Todas as nossas decisões e ações geram resultados, às vezes positivas, outras não. Podemos mudar a ação e transformar o resultado não desejado em positivo e favorável. No popular, "transformar o fracasso em sucesso". "Não existe fracasso, existem apenas resultados", é como diz Anthony Robbins, escritor, palestrante motivacional e um dos coaches de maior sucesso do mundo. Que resultados estamos obtendo em nossa vida? No trabalho, na família, nas finanças, na saúde? A gente colhe o que escolhe. Colhemos os resultados das ações que fazemos, da direção que tomamos, da liderança que demos às áreas de nossas vidas.

Tudo na vida é educação. Somos o que aprendemos.
Tudo na vida é liderança. Somos o que fazemos com o que aprendemos.
Tudo na vida é matemática. Somos os resultados das escolhas e ações que fazemos.

Quer mudar o resultado? Quer alcançar o sucesso? Quer ser feliz e prosperar? *Aprenda as lições necessárias, decida e faça as escolhas em direção ao alvo que deseja.* "O que eu não tenho é porque eu ainda não sei. Se eu soubesse, eu já teria!", é outra máxima do Paulo Vieira, presidente da FEBRACIS, que nos ajuda a pensar, aprender e trabalhar, a criar um hábito de sucesso. Aprenda o que você precisa e alcance o resultado que você deseja. Pensando um pouco mais sobre esse axioma, a maneira como vivemos, produzimos e construímos o nosso destino, acrescentei outras ideias e estendi um pouco mais o conceito, chegando à sequência abaixo.

Somos o que aprendemos
Todo o nosso reportório de experiências de toda a vida.

Somos as nossas crenças
O que aprendemos repetidamente e que ficou gravado em nossa mente e emoção se tornou uma "convicção", uma verdade pessoal profunda. "É sempre assim, será sempre assim", é o que pensamos. Crenças são aprendizados em nível profundo, intenso e por um longo tempo, que se tornam o nosso padrão normal operacional, o nosso software. Vivemos segundo as nossas crenças, as nossas convicções, a nossa cosmovisão. Crenças positivas, produtivas e fortalecedoras. Crenças negativas, improdutivas e limitantes. Temos as duas no nosso sistema operacional. A boa do dia, a fantástica notícia e novidade do dia? Podemos mudar, alterar, melhorar as nossas crenças. Show! É a neuroplasticidade, os novos conhecimentos e aprendizados que criam respostas, habilidades e hábitos melhores, superiores, mais produtivos, de maior resultado. Somos os nossos pensamentos e sentimentos, a nossa atitude. A nossa mente não para. Ela vive 24 horas processando pensamentos e sentimentos. Tudo o que pensamos, qualquer pensamento gera emoção e sentimento.

O tempo escurece, nuvens negras se formam e aí pensamos que vai chover. Ato contínuo e imediato, nos aborrecemos porque vamos nos atrasar no trânsito, porque saímos sem guarda-chuva, porque não vamos poder fazer o treino de corrida

Parte 1: Construindo o sucesso pessoal

mais tarde, porque deixamos roupas no varal de casa que vão molhar, porque o estoque da fábrica talvez estrague com as goteiras que não consertamos. Percebe? Foi só aparecer algumas nuvens no céu e a nossa mente, "ligadona", já está trabalhando, criando possibilidades e gerando estado mental, atitudes que mudam o nosso dia, o nosso humor, as nossas ações e os nossos resultados. Exemplo simples, mas é assim para tudo. Cada input (estímulo e situação externa) gera processamento e resposta. O cliente recusou a sua proposta, o filho tirou nota baixa na escola, o chefe devolveu o projeto e pediu mais informações e melhorias, a fechada que levou no trânsito, todas as situações são inputs que geram pensamentos, emoções e sentimentos, e acionam as nossas escolhas e decisões, que geram resultados e assim por diante. O sistema funcionando, produzindo, criando uma vida de plenitude, felicidade, prosperidade e abundância, ou o inverso, de preocupação, de medo, de tristeza, insucessos e escassez. *A escolha é nossa. As crenças estão no comando. Cuidado.*

Somos os nossos pensamentos, emoções e sentimentos

Emoções e sentimentos são o programa operacional da mente mais refinado e avançado. Todo estímulo gera uma emoção, uma reação emocional imediata, que cria um sentimento, um estado mental mais prolongado, duradouro. Já assistiu ao filme de animação *Divertidamente*? O nome original é *Inside Out* ou "De dentro para fora". Tudo acontece na mente. A história se passa na mente de uma menina, Riley Andersen, de 11 anos, onde cinco emoções, Alegria, Tristeza, Medo, Raiva e Nojinho tentam conduzir sua vida quando ela se muda com seus pais para uma nova cidade. Genial. Tudo o que levamos horas para explicar e trabalhar racionalmente com conceitos da psicologia e da neurociência está ali, ludicamente, como brincadeira de criança, o processo de funcionamento da mente. Filmes são excelentes recursos de aprendizado e autodesenvolvimento. Cada estímulo gera um pensamento, que gera uma emoção, que produz um sentimento. E se você tiver o poder de controlar o processo? Usar a inteligência, a consciência, para produzir as emoções mais produtivas e de sucesso? *Inteligência emocional, a habilidade de viver escolhendo, agindo e respondendo com alternativas e saídas assertivas e positivas para resultados melhores, superiores, a consciência para o uso inteligente das emoções e sentimentos.* Que pensamentos, emoções e sentimentos costumam estar em sua mente no seu dia a dia? Positivos, de paz, esperança, confiança, alegria, de abundância? Ou negativos, de medo, incapacidade, desespero, tristeza, escassez? Como você está se sentindo agora? O que está pensando, imaginando? Que expectativa tem para o futuro, daqui a 5 minutos, uma hora, um dia, um mês? Positiva ou negativa? Que emoção está gerando? Como costuma ser o seu estado mental e emocional ao longo do seu dia, no trabalho, em sua casa e outros lugares? *Você tem o maravilhoso dom de poder escolher os pensamentos, emoções e sentimentos*

Felicidade Ilimitada®

que produzem uma vida fantástica de prazer, satisfação, sucesso. Mas tem também o poder de gerar uma vida pobre com sentimentos negativos. Você está no comando. Sempre. Você e eu temos a força! Como o He-Man e os Mestres Jedi, do Star Wars. Que a força esteja contigo, comigo, conosco.

Somos as nossas escolhas e decisões

Tudo acontece em milésimos de segundos. Estímulo, processamento e pah! Decidimos, escolhemos. Toda situação gera resposta, a nossa escolha e decisão. E a vida é a soma desses momentos. O curso que você fez na faculdade, a pessoa com quem se casou, quando quis ter um filho, trabalho que faz, a empresa em que trabalha, o destino das férias. *A vida não é destino ou sorte, é decisão e escolha. Somos as nossas escolhas. Cada um tem a vida que merece. Colhe o resultado das escolhas e decisões que tomou.* O passado já aconteceu, é lição, aprendizado e crescimento. Hoje é o dia de fazermos as melhores e mais promissoras escolhas e decisões, os rumos e o destino que tornarão o nosso futuro fantástico, com os resultados de sucesso que desejamos. *Plenitude, felicidade e prosperidade se plantam. São os frutos das sementes das escolhas e ações que fazemos hoje. Colhemos o que plantamos.*

Somos as nossas ações

Os pensamentos, emoções e sentimentos são internos. Acontecem e são processados na mente, no cérebro, não os vemos. As ações são externas. Os atos, os comportamentos que fazemos e podemos ver, observar, contar, analisar, mudar. Quero emagrecer e ter um corpo saudável, e até ter uma barriga tanquinho, mas não consigo deixar de comer aquela deliciosa sobremesa depois das refeições. Já viu esse filme? Sucesso é resultado, matemática pura. O que fazemos gera consequências, resultados. Mesmas ações, atos e comportamentos, obtemos os mesmos resultados. Novas ações e comportamentos, novos e melhores resultados. Não tem mágica. É consciência, vontade, determinação e disciplina. Ações todos os dias, positivas, frequentes, construtivas, enriquecedoras, de sucesso. Satisfação garantida ou o seu dinheiro de volta, como dizia o slogan antigo de uma empresa do varejo.

Somos os nossos resultados

O que você está produzindo e conquistando em sua vida? São os seus resultados. Saúde, relacionamentos, finanças, profissional, intelectual, quais são os resultados? Está feliz, satisfeito, realizado? Você está vivendo a vida que gostaria de ter? Somos os nossos resultados. Quer mudar, obter novos resultados? Mais uma boa notícia do dia, sim, podemos mudar o nosso programa operacional para obter e alcançar novos e melhores resultados. Na verdade, devemos! É a nossa tarefa e responsabilidade maior, viver a grandeza para a qual fomos desenhados, projetados e destinados.

MS-SOS. Sistema Operacional do Sucesso.
Programa Operacional Mental e Emocional.
1. Somos o que aprendemos.
2. Somos as nossas crenças.
3. Somos os nossos pensamentos, emoções e sentimentos, a nossa atitude.
4. Somos as nossas escolhas e decisões.
5. Somos as nossas ações.
6. Somos os nossos resultados.

E como mudamos o programa operacional que estamos utilizando? Fazendo download, update e upgrade do sistema, como se faz em computação. Computador travando, lento, não dá conta do trabalho? Atualiza a CPU, o processador e o sistema operacional, o hardware e o software de trabalho. Todo programa ou sistema que está abaixo do esperado precisa ser atualizado, ser instalado um novo programa e atualizada a versão. Como fazemos isso mentalmente? Simples. Download é aprender, update é praticar, upgrade é melhorar. Aprender é o caminho para a mudança. Aprender é fácil, é só observar, como diz Ana Rita. "O que eu não tenho é porque eu ainda não sei, se eu soubesse eu já teria", como afirma Paulo Viera. O profissional tem dificuldade de falar em público, tem medo de se apresentar em reuniões, sofre ao ter que ministrar um treinamento, dar uma palestra. Morre de medo de estar à frente das pessoas para se comunicar, tem brancos de memória, esquece tudo. Medo, medo, medo. O medo ó bug do sistema, o vírus que bagunça o sistema operacional, cria confusão e impede que o sistema trabalhe e funcione com sucesso. Quer ser um excelente e habilidoso apresentador em reuniões? Para 5, 50 ou 500 pessoas? Aprenda, treine, treine, treine, repita, repita, repita. A repetição é a mãe da habilidade. Como criar um programa operacional mental emocional? Aprendendo, repetindo, repetindo. Treinando, treinando, treinando. *Quanto mais eu faço, melhor eu fico! Quanto mais eu faço, mais hábil eu me torno!* É assim. Substituindo o programa operacional velho e desatualizado por um novinho, supermoderno. Com o treinamento desenvolvemos habilidade, a capacidade de repetir a mesma ação e comportamento com qualidade, com domínio e excelência. A habilidade repetida e mantida se torna hábito e aqui chegamos ao centro, ao cerne de todo o processo de conquista de sucesso, os Hábitos de Sucesso.

Aprender = Mudar. Se não mudou, não aprendeu.
Download + Update = Upgrade ou Aprender + Repetir = Melhorar.
Fazer de maneira nova, melhor, mais produtiva, com maior resultado.
Aprender + Repetir = Criar Habilidade.
Habilidade Continuada = Hábito (comportamento automático, frequente, consistente).

O que é um hábito?

É a maneira usual de ser, de fazer, pensar, sentir, agir, um modo permanente ou frequente de comportar-se, uma resposta e ação automática do cérebro e da mente, fazer algo sem pensar. Somos o que aprendemos, somos o conjunto dos nossos hábitos, os processos operacionais apreendidos que estão profundamente arraigados em nossa mente.

O que acontece quando surge um problema em seu caminho? O nosso programa operacional instalado na mente, o que aprendemos, responde com medo, pavor, ansiedade, estresse, paralisia ou fuga. O novo é desconhecido, incerto, inseguro. Onde recebemos essa programação? Na infância, quando pequenos. "Não mexe aí menino", "não toque aí", "cuidado", "vai quebrar", "olha o que você fez", "seu idiota", "seu buuurro", "tinha que ser você", "não faça", "não suba", "não, não, não". Essas são algumas das frases de nossos pais e educadores que recebemos aos milhares quando éramos crianças. A psicologia e a neurociência dizem que a personalidade de uma pessoa é formada, em sua grande parte, até os 7 anos de vida, pelos aprendizados e experiências que recebeu e passou nessa fase. O medo vem daí. Tememos o novo, a novidade, o que desconhecemos. E se formos treinados para gostar de problema, de buscar solução para ele, de brincar e se divertir imaginando soluções criativas para a situação? Aprendemos a nossa vida inteira, o nosso programa operacional mental, a ter medo. Medo do novo, da pessoa que não pensa como a gente, que nos confronta, que nos contraria, que não faz o que queremos. Medo da falta de recurso, da mudança, da situação indesejada, do futuro. Medo, medo, medo. E nos paralisamos, e sofremos, e nos retraímos, e perdemos a oportunidade de crescer, aprender o novo e avançar, e vivemos mal a vida e o presente fantástico e maravilhoso que recebemos. Do que você tem medo? O que impede, paralisa, preocupa, rouba o seu sono, esgota e extrai as suas energias? O problema é só uma situação para a qual ainda não temos resposta. Ainda! Todo problema tem solução! Todo! Inclusive o seu grande problema, a sua grande dificuldade, o seu grande medo. Se o problema tem solução, por que se preocupar? A solução existe e ela virá! Acredite! E nós temos todos os recursos e a capacidade para enfrentar, superar e vencer o problema.

Somos os nossos hábitos, um conjunto de respostas aos estímulos, repetidos, padronizados. O nosso temperamento, caráter e personalidade. É o processo operacional que foi instalado pela sua história de vida, os seus aprendizados, as suas crenças, os seus pensamentos, emoções e sentimentos, as suas escolhas e decisões e as suas ações ao longo de sua vida. Todos temos a nossa configuração de máquina, mental e emocional. É muito forte, muito profundo, repete-se inconscientemente, automaticamente, sem a gente perceber. Quais são os seus hábitos? Faça esse

Parte 1: Construindo o sucesso pessoal

curioso exercício. Pare um momento, pegue uma folha de papel e escreva os acontecimentos do seu dia de ontem, tudo o que aconteceu. Cada situação, o seu pensamento, a emoção que sentiu, a escolha e ação que tomou, o resultado que obteve. Observe as suas palavras, o que disse, a sua reação, as suas atitudes, como agiu e respondeu a cada situação durante o dia. Se repetir o exercício no dia seguinte, perceberá que será basicamente o mesmo, é o seu Padrão Normal de Comportamento.

Quer resultados novos e melhores? Mude a sua configuração, o seu programa operacional mental e emocional. Hardware, software, download, update, upgrade. Aprenda, repita, treine, torne-se hábil, crie o hábito. Hábitos de sucesso, de plenitude, felicidade, prosperidade e abundância. Fácil de fazer? Não, dá trabalho. Impossível de alcançar? De maneira alguma, é totalmente possível, realizável. É a nossa grande oportunidade, viver a vida dos sonhos, ser a pessoa que desejamos. "Se fosse fácil, não seria difícil", como dizia o querido amigo Jorcovix, e ríamos bastante com essa e outras pérolas filosóficas.

Sorrir, sorrir bastante. Ação, ato e comportamento da felicidade, observável, mensurável, passível de mudança, de melhoria. Você sorri? Quanto, quantas vezes, em que situações? Quando foi a última vez que sorriu? É comum você sorrir? *Sorrir é um hábito poderoso de sucesso e de construção de felicidade.* Viu? Simples. Descomplicado. Você pode fazer agora, trabalhar e aumentar hoje mesmo esse hábito. Identifique comportamentos, ações e hábitos de sucesso e inicie a reinstalação do seu sistema operacional mental e emocional. Veja a lista a seguir de alguns hábitos de sucesso. Acrescente outros itens à lista que você lembrar.

Hábitos de Sucesso e Felicidade Positivos, saudáveis, produtivos, construtivos	Hábitos de Insucesso e Infelicidade Negativos, doentios, improdutivos, destrutivos
Sorrir	Fazer cara feia, zangar-se
Elogiar	Criticar
Abraçar	Ofender
Ser pontual	Atrasar-se
Dar ideias	Apontar problemas
Agradecer	Reclamar
Ajudar pessoas	Atrapalhar pessoas
Ler livros de autodesenvolvimento	Futilidades em redes sociais
Fazer esportes	Ter vida sedentária
Boa do Dia	Desgraça do Dia
Assistir a palestras do TED	Assistir a noticiários da TV

Felicidade Ilimitada®

Fazer imediatamente	Procrastinar
Ser positivo	Ser negativo
Fazer mais do que o esperado	Fazer menos do que o esperado
Ser resiliente	Desistir facilmente
Ter foco	Distrair-se
Planejar	Fazer sem pensar
Poupar	Gastar
Investir	Desperdiçar
Presentear	Roubar
Ter esperança	Desesperar-se
Cooperar	Competir
Enriquecer	Empobrecer
Dar liberdade	Controlar
Amar-se	Odiar-se
Dizer "eu te amo"	Dizer "você está errado"
Comer alimentos saudáveis	Comer junk food
Dormir bem	Dormir pouco e mal

Pronto. Juntos fazemos mais. Uma lista de ideias para trabalharmos, de hábitos para instalarmos em nossa mente, nosso programa operacional. Hábitos de sucesso consistentes e permanentes são sementes do futuro de felicidade e prosperidade que sonhamos e desejamos. Experimente. Comece agora.

Sugestões para atualizar o seu MS-SOS, o Sistema Operacional de Sucesso

1. **Leia livros.** *A leitura é um dos hábitos mais poderosos de enriquecimento pessoal.* Você e o escritor, um tempo especial de interação. Temos dificuldade em receber orientações e dicas de pessoas próximas, achamos por vezes uma intromissão. O livro é suave, a gente lê e pensa, sai refletindo. Quando vê, já tem outra opinião, outra ótica sobre o assunto. Ler melhora a comunicação, o vocabulário, o raciocínio, as ideias, a criatividade, a atenção e observação, amplia os horizontes, traz novos pontos de vista. A gente viaja lendo. O livro é o alimento da mente e da alma, um sanduíche, filé com fritas ou feijoada para os neurônios, as sinapses. O que você está lendo agora? Quantos livros você lê por ano? Não gosta de ler? Aprenda a gostar de ler

Parte 1: Construindo o sucesso pessoal

livros interessantes e úteis para a sua vida e o seu trabalho. Livros sobre a sua área, a sua profissão, o seu mercado e setor de negócios, a sua paixão, sobre como você pode ser melhor. Livros sobre habilidades novas, como ser melhor pai, esposo, profissional. Livros que ampliem os seus conhecimentos, as suas ideias, os seus horizontes. Livros que inspirem você para a grandeza. *Tempo é dinheiro, livro é investimento, não desperdice nenhum dos dois.* Como já disse, amo as biografias de pessoas e histórias de empresas. Elas me ajudam com ideias, me inspiram a ver, pensar e fazer diferente, a buscar resultados melhores em tudo. Quanto mais se lê, mais se sabe, mais se vale, mais se produz, mais se compartilha. Um livro muda o mundo, das pessoas, das equipes, das organizações. Leu algo bom, interessante? Não guarde para si. Faça uma palestra, um resumo, uma resenha, dê dicas aos amigos. Livro bom é livro riscado, compartilhado, multiplicado. Leia bastante e sempre. Em um dos projetos de trabalho, criamos um Grupo de Leitura. Éramos quinze pessoas na equipe. Comprei quinze livros de temas variados, ricos e interessantes para o desenvolvimento das pessoas. Lançamos e convidamos o time para o projeto, o esforço e o compromisso de ler um livro por mês, fazer o resumo e depois girar o rodízio, trocar o livro com outra pessoa. Aprendi essa ideia com o Jonas Ferreira. *Um livro é uma revolução na mente. Ninguém continua a mesma pessoa após a leitura de um bom, interessante, útil e inspirador livro. Um livro aumenta o brilho e agiganta uma pessoa. Acredite!*

2. **Assista a filmes inspiradores.** Filmes são ferramentas rápidas e poderosas de instrução, educação, capacitação. O drama, uma história contada, é como uma metáfora. Quem não gosta de uma boa história, uma metáfora ilustrativa, que prende a atenção, envolve, faz rir, chorar? O filme alcança e mexe com a emoção e a razão. Faz refletir, pensar, avaliar, decidir. Inspira mudança, crescimento e melhoria. Vi, recentemente, um filme espanhol lindo e muito inspirador, *Campeões*, que recomendo. Inspirado em uma história real, Marco Montes (Javier Gutiérrez) é um técnico profissional de um importante time espanhol de basquete que, após "explodir emocionalmente" em uma discussão durante um jogo, acaba provocando, alcoolizado, um acidente com seu carro e é sentenciado a prestar 90 dias de serviços comunitários. Relutante, ele vira o treinador de um time formado apenas por pessoas com necessidades especiais e cria um forte e inesperado laço com as pessoas de lá. Do início desanimador e, aparentemente, constrangedor, ele vai percebendo e descobrindo um novo mundo, adquirindo novas experiências e aprendizados, e transformando a vida e o futuro dele e de sua equipe para melhor. *Essa é a missão geral de cada um de nós, mudar o jogo para melhor.*

Campeões conta a história de pessoas extraordinárias. Todos somos extraordinários, todos! Você precisa assistir, e precisa compartilhar com os seus amigos, passar para a sua equipe. Com a nossa equipe, chamávamos essa atividade de "Sessão Pipoca", um filme de treinamento. "Sessão Pipoca" é diversão, é educação inteligente e eficiente, aumenta a felicidade, a produtividade, a qualidade, o compromisso, a excelência. Depois, fazíamos o processamento, os aprendizados, como aplicar na vida e no trabalho. Bons e inspiradores filmes enriquecem a nossa vida.

3. **Veja palestras TED.** O TED é um projeto fantástico de educação. É o acrônimo de Technology, Entertainment and Design (Tecnologia, Entretenimento e Planejamento), uma série de conferências realizadas na Europa, na Ásia e nas Américas pela Fundação Sapling, dos Estados Unidos, sem fins lucrativos, destinadas à disseminação de ideias, segundo as palavras da própria organização, *ideias que merecem ser disseminadas.* Fabuloso! *Quando os ventos de mudança sopram, umas pessoas levantam barreiras, outras constroem moinhos de vento* é o pensamento de Erico Veríssimo. É vero, "veríssimo", uma grande verdade. As apresentações do TED são limitadas a 18 minutos, e os vídeos são amplamente divulgados na internet. Temas interessantíssimos, variados, atuais, ricos. A dica do TED foi do meu amigo Paul Olson, outro mestre e mentor precioso, sempre ligado em ótimos conteúdos que compartilha conosco frequente e generosamente. Obrigado Paul, você enriquece a minha vida e a de muitas pessoas. O grupo TED foi fundado em 1984, e a primeira conferência aconteceu em 1990. Originalmente influenciada pelo Vale do Silício, sua ênfase era tecnologia e design, mas com o aumento da popularidade os temas abordados passaram a ser mais amplos, abrangendo quase todos os aspectos de ciência e cultura. Entre os palestrantes das conferências, estão Bill Clinton, Al Gore, Gordon Brown, Richard Dawkins, Bill Gates, os fundadores do Google, Billy Graham e diversos ganhadores do Prêmio Nobel. Confira lá. Rápido, objetivo, poderoso. Informação de alto nível para turbinar o seu dia, a sua mente, o seu espírito, o seu trabalho, a sua vida.

4. **Aprenda com os outros.** Tenha mentores, observe pessoas de sucesso, converse com pessoas interessantes, que sabem mais, que estão exatamente no lugar e posição que você sonha alcançar. Chamamos esse processo de modelagem. A modelagem é um processo que tem como base o pressuposto básico da PNL (Programação Neurolinguística),

que defende a ideia de que se uma pessoa pode fazer algo, todos podem aprender a fazê-lo. O que você deseja? Descubra quem faz bem e observe, aprenda, descubra o processo executado e utilizado, e replique em sua vida. Aprender é fácil, é só observar. Simples assim. Aprender e praticar, repetir, treinar, tornar uma habilidade, um hábito.

5. **Benchmarking.** Parecido com a modelagem. Benchmarking consiste no processo de busca das melhores práticas numa determinada indústria e que conduzem ao desempenho superior. É visto como um processo positivo, por meio do qual uma empresa examina como outra realiza uma função específica para ter ideias e melhorar uma função semelhante. O que você precisa aprender? Procure quem faz bem e solicite uma visita, uma entrevista. Nos anos 80, um empresário que estava fazendo muito sucesso no Brasil era Ricardo Semler, com o seu livro *Virando a própria mesa: Uma história de sucesso empresarial made in Brazil*. Como estavam bem famosos, Semler, sua empresa e seu livro, ele já havia criado um programa especial de visita semanal para receber profissionais interessados em conhecer a sua empresa, as suas ideias, o processo desenvolvido. Show, o Semler! Fui e gostei muito. Aprendi demais e usei ideias do Semler. *Copiar é errado? Não, nunca. Errado é não mudar para melhor, ficar no mesmo lugar, não prosperar.* Sempre que precisava de uma ideia, um entendimento e visão maior sobre um tema, pesquisava um "caso de sucesso", um modelo positivo e de sucesso, alguém que fazia muito bem aquilo, e solicitava uma visita e entrevista. Quanta informação boa, quantos aprendizados, quanta economia de tempo. Yeeeesssss!!!

6. **Contágio social.** Escolha as pessoas com quem você se relaciona. Esse era um dos conselhos mais importantes que minha mãe me dava na infância. "Dize-me com quem andas e eu te direi quem és!". É uma expressão que indica que se pode saber as qualidades de uma pessoa pelas companhias e amizades que ela mantém. É da natureza humana observar, se adaptar e reproduzir a realidade do ambiente, da situação em que estamos inseridos. Nós nos tornamos aquilo que ouvimos, vemos, percebemos. Somos o que aprendemos. Se o líder é agressivo, a equipe tende a ser agressiva. Se a empresa é criativa e inovadora, os colaboradores tendem a ser criativos e inovadores. Se os pais são amorosos e respeitosos, os filhos tendem a ser amorosos e respeitosos. É a criação da cultura. Em biologia, os meios de cultura são aqueles potinhos, as preparações sólidas, líquidas ou semissólidas que contêm todos os nutrientes necessários para o crescimento de microrganismos. São utilizados com a finalidade de cultivar e manter microrganismos viáveis no laboratório,

Felicidade Ilimitada®

sob a forma de culturas puras. Da mesma maneira são os ambientes sociais, uma família, uma equipe, uma empresa. *A gente vive e reproduz o que aprende no ambiente em que vive.* Assim é a cultura da empresa. Repete-se, multiplica--se, expande-se os saberes, os atos, as práticas. Escolha bem as pessoas com quem você se relaciona. Observe bem se reclamam, se são negativas, improdutivas, pessimistas, desrespeitosas. Ou se são alegres, divertidas, criativas, sábias, empreendedoras, positivas, otimistas, de valor. É isso!

7. **Radar ligado.** Mantenha o seu radar ligado. Desenvolva a capacidade e o hábito de prestar atenção. É como um imã. Fique ligado. No que ouve, vê, experimenta. No outdoor da rua, nas pessoas da padaria enquanto toma um café, na manchete do jornal, na apresentação do diretor na reunião, nos detalhes da sala do cliente, no que a esposa e os filhos estão dizendo, em tudo. Chamou a atenção, achou interessante? Pergunte, investigue, procure saber mais, descubra. *A curiosidade é o princípio da criação, da invenção, da inovação.* Esteja atento, radar ligado. Sempre. Pode ajudar, melhorar, apoiar, contribuir? Faça! Tornar e deixar melhor tudo o que encontrou. Iluminar o mundo e as pessoas onde estiver. E haja luz!

Esses são alguns aprendizados e práticas que, tenho certeza, o ajudarão a criar e construir sucesso pessoal e profissional. É o que observei e aprendi com os meus professores mentores, as mentes iluminadas que encontrei em minha jornada. É o que tenho utilizado em toda a minha vida profissional com excelentes resultados, há bastante tempo. No começo da minha carreira, como contei no início deste capítulo, o Alahmar iluminou o meu caminho com aquela pergunta: "O que você está fazendo para valer mais?". Os mentores são assim, iluminam o nosso caminho. Aquele aprendizado mudou a minha mente, a minha atitude, a minha maneira de pensar e ver o trabalho, de produzir e contribuir. Não faço mais somente a lista de funções da descrição funcional, ou da lista de metas da avaliação de desempenho. *A diversão, aprendi, estava em ir além, fazer mais do que o esperado.* Sábio Alahmar. Criar, desenvolver e fortalecer o hábito de sucesso, de trabalhar produtivamente, inteligentemente, criativamente, de realizar e aumentar o potencial, de viver a grandeza para a qual fomos destinados, planejados, criados. *Viver todos os dias os hábitos de sucesso.*

Parte 1: Construindo o sucesso pessoal

8. PLANO DE SUCESSO PESSOAL

Acredito que cada ser humano tem um número limitado de batimentos cardíacos. Não pretendo desperdiçar nenhum deles!

(Neil Armstrong)

Mais uma dica excelente de filme para inspirar a sua vida pessoal e profissional, *Desafiando os limites*, com o brilhante Anthony Hopkins. Burt Munro (Hopkins) é um grande exemplo de vida, de sucesso. Ele nasceu em 25 de março de 1899 e partiu em 6 de janeiro de 1978, aos 78 anos de idade. Desfrutou de uma vida intensa, apaixonada, e foi um homem que não deixou os seus sonhos para trás. Herbert James "Burt" Munro escreveu seu nome na história por diversas vezes, a primeira e mais marcante pelo fato de ter batido um recorde de velocidade em uma competição nos Estados Unidos. Ele morava em Invercargill, uma pequena e modesta cidade da Nova Zelândia. Desde jovem, era apaixonado por motos e por velocidade. Seu maior tesouro era possuir uma moto Indian Scout 1920, comprada nesse mesmo ano. Em sua própria oficina, que também era a sua casa, Burt trabalhou por 20 anos incrementando a sua máquina, ajustando, modificando e adaptando as peças para aumentar a sua velocidade. Originalmente, a moto chegava a 87 km por hora. No recorde estabelecido por Burt, com a Indian, de mais de 45 anos, ele ultrapassou 320 km por hora, marca que permanece até hoje. Aos 68 anos de idade, no final dos anos 60, Burt toma a decisão mais corajosa e importante de sua vida. Ele vai atrás de seu sonho, junta suas economias e as contribuições dos amigos e vizinhos e parte para os Estados Unidos, a fim de competir e participar da mais importante prova de velocidade daquele país. "Qual é o objetivo de sua viagem?", pergunta-lhe o agente da imigração, ao chegar àquele país. "Quebrar um recorde com minha motocicleta Indian", diz Munro. O evento se passa no noroeste do Estado de Utah, em Bonnerville Salt Flats, uma região de terreno plano, de sal compactado, excelente e perfeita para testes de carros e motos de velocidade. Burt fez uma viagem longa, enfrentando muitas dificuldades, mas nada o deteve. *"Esperei 25 anos por esse dia"*, disse Burt, minutos antes de se colocar em sua moto para correr e tentar bater o recorde, fazer o seu melhor, dar o seu máximo. Fantástico. Uma paixão, um sonho, um destino e objetivo, uma realização, o nome na história. O recorde mundial de 1967 de Burt Munro nunca foi batido e sua lenda permanece viva atualmente. *Quem sabe para onde vai, vive e conta lindas histórias. Que histórias estamos criando, vivendo, guardando e contando. Qual é a sua história?*

Para onde você está indo? Qual é o seu grande sonho? O que você deseja fazer e ser lá no futuro? O que você vê quando olha para a sua bola de cristal, o seu futuro? Temos esse poder maravilhoso, o da antevisão, da previsão, de imaginar e criar o futuro. É um momento e um dom divino, a criação. E haja luz!

Felicidade Ilimitada®

Temos esse poder, esse dever, essa responsabilidade. *Se não criarmos a nossa vida dos sonhos, viveremos a vida que os outros criarão para nós.* Esse é o grande pecado. Não viver e realizar o sonho, a missão, o potencial. Não criar e viver a grandeza para a qual fomos destinados.

O que você quer ser quando crescer? Essa era uma pergunta que fazíamos quando éramos crianças. Bombeiro, jogador de futebol, astronauta, atriz de novela, famoso, rico. As respostas e os desejos eram os mais variados. Cada um com o seu sonho, a sua motivação. Motivação. Somos orientados por ela, a vida inteira. A motivação tem a ver com a essência, com a história de vida, com o momento e a realidade que se vive. Mais uma vez, as perguntas orientadoras de crescimento: Quem você é? De onde você veio? O que você tem nas mãos? Onde você está? Aonde você deseja chegar? Como vai chegar lá?

O que você quer para a sua vida, o seu futuro? Onde você quer estar daqui a algum tempo? Essa é uma tarefa fundamental e primordial para alcançarmos o sucesso. Precisamos pensar, avaliar, analisar e definir o que desejamos para a nossa vida ali na frente. No início de minha carreira, costumava viajar com frequência para São Paulo. Uma das providências para a viagem e o trabalho era pesquisar o trajeto até o destino. Naquele tempo, a solução era consultar as Páginas Amarelas, a lista de telefones e endereços da época. Fantástico. Encontrava o nome da empresa, o endereço e o mapa do trajeto onde estava a informação. Olhava o mapa, linha e coluna indicada e encontrávamos o ponto do destino. Depois, víamos o caminho a ser percorrido. Quanto trabalho, quanta dificuldade. Se errávamos a entrada certa, mais sofrimento, era um sufoco. Hoje a vida está super fácil. O GPS (Global Positioning System), os aplicativos de localização, nos levam ao destino e nos informam muitos dados úteis e complementares. Sem o mapa do trajeto era impossível chegar aonde se queria. A menos que já se soubesse o caminho. O mesmo acontece no trabalho, com a carreira profissional. Precisamos de um mapa, um roteiro com as informações que nos levarão ao destino que desejamos. Aonde você quer chegar? Qual é o seu sonho? Podemos contar com a sorte, com o acaso, ou podemos pesquisar e desenhar o melhor caminho para chegar lá.

Essa é a vantagem e o benefício de se preparar um Plano de Sucesso Pessoal. Como dissemos, são dois documentos indispensáveis para o sucesso. O Mapa de Identidade Pessoal e Direcionadores de Crescimento e o Plano de Sucesso Pessoal. Mais um tempo e exercício de reflexão, análise, imaginação e definição de questões de sua vida pessoal e profissional. O Plano de Sucesso Pessoal é simples, prático, e muito gostoso de fazer. Faz a gente pensar, imaginar, sonhar. Infelizmente, fazemos muito pouco esse exercício. Vivemos muito ocupados atendendo às demandas, trabalhando muito, mas produzindo pouco o sucesso que desejamos.

Para fazer essa tarefa, você precisa pensar e responder a três perguntas: Onde e como você está? Aonde você deseja chegar? Como você chegará lá, o que precisará fazer? Comece o exercício trabalhando a sua área profissional. Use a ferramenta do 5W2H, fazendo diversas perguntas exploratórias sobre a sua situação atual. E depois utilize o Brainstorm, a tempestade de ideias. Para enriquecer o exercício, leia livros, veja filmes, assista a palestras TED, converse com mentores, faça benchmarking, selecione pessoas para o contágio social e fique de radar superligado. Viu? Usamos as dicas que tratamos ali atrás. Superrútil e produtivo. As respostas criativas virão. Eu garanto!

1. **Onde você está?** O seu cargo, as suas funções, as condições de trabalho, a remuneração, os relacionamentos, os pontos positivos, os negativos etc. Coloque todas as informações que descobrir e que descrevam o seu momento atual profissional, as características e dados do trabalho agora.

2. **Aonde você deseja chegar?** Pensando no futuro, daqui a 1 ano, 2 anos, 5 anos, o tempo que você definir, imagine-se como gostaria de estar. Que posição, área, funções, condições, remuneração etc. O que você deseja profissionalmente para o seu futuro? Descreva com detalhes tudo que você imaginar. Lembre-se! A mente é a nossa máquina de criação. Tudo o que a mente imaginar é semente de futuro, com grande possibilidade de realização.

3. **Como chegará lá?** Aqui devem ser descritos os meios, as atividades e os recursos necessários para a realização da meta. Use a sua criatividade. Pesquise casos similares ao seu. Quanto mais informação, melhor a solução, as respostas que encontrará. Liste, passo a passo, todas as tarefas e providências que deverá tomar e cuidar para chegar ao seu destino.

Onde e como eu estou?	Aonde e como desejo chegar?	Como chegarei lá?
1.	1.	1.
2.	2.	2.
3.	3.	3.

Veja este exemplo ilustrativo.

- **Situação atual:** Profissional de marketing, 3 anos de carreira, empresa do ramo alimentício, remuneração de "X", com nível baixo de decisão e gerenciamento, potencial subutilizado, sem brilho no trabalho etc.

- **Objetivo:** Conquistar posição na área de Gerência de Produtos, empresa líder de mercado, produtos de varejo, multinacional, remuneração "Y", com mobilidade internacional, gerenciar equipes etc.

Felicidade Ilimitada®

- **Plano de Ação:** Pesquisa e follow-up de empresas no perfil, fazer MBA internacional, prospectar oportunidade de trabalho no exterior etc. Um exemplo simples para ajudar a compreensão.

O mesmo exercício pode ser utilizado para as demais áreas de vida, a financeira, a saúde, social, conjugal, familiar, intelectual, emocional, espiritual etc. Um plano completo e abrangente de todas as áreas e fontes de sucesso pessoal e profissional. "Dá trabalho!", você deve estar pensando. Esse é o trabalho mais inteligente, produtivo e recompensador que você fará. Na verdade, é investimento, terá retorno, resultados de crescimento. Quando estiver pronto, o seu Plano de Sucesso Pessoal será o seu manual, o seu guia, a sua bússola para caminhar, avançar, progredir, prosperar. Você vai alcançar tudo o que deseja na vida, se definir o seu sonho e o que fará para chegar lá, como Burt Munro. Depois de pronto, tire cópias em formato A4 e A5. Guarde junto com o outro exercício de Identidade Pessoal e Direcionadores de Crescimento. Na agenda, carteira, no livro que estiver lendo etc. Mantenha os seus mapas com você. Veja-os regularmente, revise-os frequentemente. Escreva em sua mente e no seu coração, na sua razão e na sua emoção, cada linha escrita ali. Você se surpreenderá positivamente com as realizações e a velocidade das conquistas que fará.

Observo aqui a minha bola de cristal e vejo um profissional muito bem-sucedido, pleno, próspero e feliz. Ele é você. *O futuro é um lugar que estamos construindo hoje. E o seu será fantástico, grandioso.*

A felicidade está na jornada, e não no destino.

Ufa! Estamos terminando esta primeira parte de nossa jornada de reflexão. Espero que tenha sido útil, benéfico e inspirador para você. Este é o nosso desejo e objetivo. E a boa do dia? A fantástica notícia do dia é que o melhor ainda está por vir. Sempre! A felicidade está na jornada, e não no destino. A felicidade não é o prêmio final, é o que precisamos e podemos descobrir, encontrar e sentir enquanto caminhamos. Esse é o grande segredo do sucesso, o fantástico prêmio, ser feliz hoje, não perder nunca a chama.

Finalmente, eu estou olhando aqui para a minha bola de cristal e procurando ver o seu, o meu, o nosso futuro. Todos nós desejamos saber como ele será, não é verdade? E esperamos que ele seja ótimo, positivo. O futuro é um lugar que estamos construindo. E quer saber da maior? O futuro será fantástico! E ele começa agora. Respire. Seja grato. Você é muito especial, um grande milagre deste gigante universo. E o seu futuro será repleto de paz, de alegria, de bênçãos e prosperidade. Uma vida de plenitude e abundância. É o que lhe desejo, imensa e profundamente. Um grande e forte abraço. Continue brilhando!

Parte 2
Construindo o sucesso de equipes

Waldyr Bevilacqua Jr.

Parte 2: Construindo o sucesso de equipes

FELICIDADE ILIMITADA® - CASO #2

Era um sábado e já passava das 11h da noite. Estávamos em um hotel, no interior de São Paulo, revisando os últimos detalhes para o nosso encontro de vendas que começaria no domingo à noite e seguiria semana adentro. Os vendedores e representantes de vendas começariam a chegar já no domingo e tudo deveria estar perfeito. Cada detalhe importava. Naquele ano, o encontro teria, pela primeira vez, uma participação especial. Nosso vice-presidente internacional. Aquela visita nunca havia acontecido antes em um evento desse tipo no Brasil.

O ano anterior havia sido uma coleção de recordes. Vendas, lucros, ganhos de market share e vários lançamentos de sucesso. A nossa divisão de negócios havia saído de uma posição praticamente inexpressiva há alguns anos para se transformar em uma das principais áreas da companhia, acumulando bons resultados, fruto de uma equipe altamente comprometida e motivada. Tínhamos muitos excelentes motivos para comemorar e, ao mesmo tempo, a responsabilidade de manter o alto nível de entrega para o ano que estava apenas começando. Assim funciona o mundo corporativo. Nossos encontros de vendas eram sempre muito aguardados. Era a chance de reunir um time de campeões, compartilhar as "boas do dia", rever amigos, colocar "mais lenha na fogueira", como costumávamos dizer. A energia que envolvia nossos encontros era diferente. Meio que mágica. Tudo era feito para motivar as pessoas, e cada "momento mágico" era minuciosamente pensado. Um funcionário seria promovido? Algum aniversário por tempo de casa? Recorde batido em alguma linha de produto? *Nosso lema era "reconhecer e celebrar".*

Tradicionalmente havia a noite de gala. Era nossa versão da "Cerimônia do Oscar" para homenagear aqueles que tiveram a melhor performance durante o ano. Também era padrão fazer uma homenagem "surpresa" a algum funcionário com uma longa história junto à empresa. Um tipo de "Esta é a sua Vida". E tudo aquilo já estava devidamente programado. Mas e o nosso vice-presidente?

Qual seria a reação de um "estrangeiro" diante de uma agenda um tanto quanto "diferente" para os padrões de uma multinacional? Era chegada a tão esperada noite de gala. Eu já havia instruído nosso visitante ilustre sobre alguns detalhes (não todos!) de como tudo funcionaria e pude sentir que, de certa forma, aquilo fazia sentido para ele. Ufa!!! Começamos a cerimônia premiando os melhores vendedores em cada uma de nossas principais linhas de produtos. O clima era o melhor possível. Aplausos, gritos de guerra, uma vibração positiva no ar. Antes de passar para a homenagem especial, eis que nosso vice-presidente se levanta e pede a palavra. Fez-se um silêncio. Como não falava bem o português, subi ao palco para fazer a tradução simultânea.

Depois de um breve agradecimento, disse que tinha uma mensagem muito importante para dar a todo o time, e inclusive aquela mensagem era uma das razões pela qual ele estava no Brasil. Sem muito se alongar, disse que o Brasil havia conquistado o primeiro lugar no ranking como o país com a maior penetração de produtos entre todas as subsidiárias do mundo. Lembro-me que foi difícil traduzir tamanha emoção ao nosso time. *A felicidade era contagiante.* Pura emoção, lágrimas, abraços calorosos. Uma parte das pessoas presentes naquele dia havia participado do projeto desde o seu início, quando sequer éramos reconhecidos no mercado. Quando tudo era ainda um sonho, um projeto. Compraram a ideia de fazer diferente, de encantar clientes, de trabalhar por um propósito e, agora, estávamos ali celebrando o resultado de tudo aquilo.

Parte 2: Construindo o sucesso de equipes

1. CONHEÇA SUA EQUIPE!

**Talento ganha jogos, mas somente o trabalho
em equipe ganha campeonatos.**
(Michael Jordan)

Tampa, Flórida, grande evento internacional de negócios. Praticamente todos os países onde nossa empresa tinha negócios expressivos estavam representados, sendo que a maior parte das pessoas fazia parte da divisão americana. Aproximadamente 400 participantes no total. O evento acontecia todo ano, sempre nos Estados Unidos, e era muito aguardado. Além da integração e troca de informações, o foco era apresentar o plano estratégico de curto e médio prazos, os principais lançamentos de produtos, além dos concorridos workshops com temas variados à disposição dos participantes.

O cliente vem sempre em primeiro lugar!

A abertura era sempre grandiosa. E aquele evento não foi diferente. O auditório estava lotado e, de repente, todas as luzes se apagam. Um foco de luz aponta para o palco. Roncos de motores começam a ecoar pelos alto-falantes do auditório, ao mesmo tempo que um carro da Nascar, uma das categorias automobilísticas mais famosas nos Estados Unidos, vai tomando espaço no palco. Ao volante, um dos nossos clientes. Por questões de segurança, o carro estava sendo empurrado por uma equipe de apoio. O cliente homenageado teve direito ao traje oficial de piloto com capacete e tudo mais. Foi uma forma que a empresa encontrou para agradecer pela longa parceria e fidelidade com a nossa marca. Durante o breve discurso e homenagens, foi revelado algo surpreendente. Aquele cliente era consumidor dos nossos produtos há mais de 50 anos. Imagine a reação do público. Que maneira fantástica para começar um evento de negócios. Para mim, foi uma grande demonstração de valorização e respeito. *O cliente vem sempre em primeiro lugar!*

Depois da abertura oficial, sempre tínhamos uma palestra com algum guru da área de negócios, mas naquele ano a empresa decidiu inovar e trouxe um famoso treinador de futebol americano. O pessoal foi ao delírio, principalmente os americanos. Como eu não conhecia muito bem as regras desse esporte, confesso que fiquei um pouco perdido. Boa parte da apresentação foi para explicar as grandes jogadas que levaram às várias conquistas do Super Bowl[1]. Mas o maior ensinamento veio por meio da explicação sobre a metodologia que

---

1 Super Bowl é o jogo anual final da NFL, a National Football League, de futebol norte-americano, disputado entre os campeões da National Football Conference e da American Football Conference.

ele utilizava para garantir que as jogadas fossem assimiladas por todos os seus jogadores. Segundo o treinador, as pessoas aprendem as coisas de formas diferentes, enquanto o sistema tradicional ensina por meio de uma forma única e padronizada. Isso acontece com os pais em casa, nas escolas e também com o esporte. O resultado desse sistema, explicava o treinador, é cruel, pois somente uma parte do público aprende. O restante é forçado a se virar para conseguir absorver e reter as informações, e são frequentemente chamados de "alunos fracos ou lentos". O treinador disse que as pessoas, nesse caso se referindo aos seus jogadores, possuem três maneiras diferentes de assimilar um conteúdo: verbal, visual e prático. Cada um aprende por meio da combinação desses três modelos, mas sempre existe um modelo dominante para cada indivíduo.

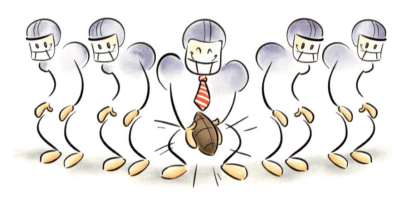

Verbal

Jogadores com predominância de aprendizado "verbal" eram aqueles que, ao "ouvir" a explicação do treinador sobre como a jogada seria realizada, conseguiam automaticamente entender todo o processo, do início ao fim. Normalmente, pessoas verbais têm excelente memória, gostam de jogos com palavras e possuem facilidade em aprender novos idiomas. Em suas análises, ele constatou que apenas 20% dos jogadores possuem a predominância do aprendizado verbal.

Visual

Jogadores com predominância de aprendizado "visual" simplesmente não conseguiam entender o que o treinador estava querendo dizer quando ele falava sobre as táticas e jogadas que queria que o time fizesse. Por isso, para esse grupo, o treinador precisava de um "apoio visual", ou seja, de uma lousa em que, literalmente, desenhava onde cada um do time deveria estar, onde os oponentes estariam e quais as movimentações que precisavam ser feitas. Passo a passo, desenho a desenho. Pessoas com aprendizado visual são boas em ler gráficos e mapas, além de serem muito criativas. Elas gostam de "pensar fora da caixa". Segundo ele, 30% dos jogadores têm dominância de aprendizado visual.

Prático

Esse último grupo não conseguia entender a explicação verbal nem a explicação visual, por mais cuidadoso e detalhado que o treinador fosse. Nesse caso, o recurso era ir até o campo de jogo, colocar os jogadores nos locais determinados e, "passo a passo", ir simulando as jogadas e suas variações. A repetição era feita diversas vezes, até que tudo fosse absorvido. Os indivíduos com aprendizagem "prática" têm muita facilidade para atividades manuais, gostam muito de esporte e têm uma tendência em focar no presente em vez do passado ou do futuro. Segundo ele, 50% dos jogadores têm dominância de aprendizado prático.

Para esse treinador, os títulos somente vieram depois que ele percebeu a diversidade de seus jogadores e passou a aplicar um estilo de treinamento totalmente diferente, que englobasse os três modelos de aprendizado. Na área de gestão de pessoas, esse foi um dos maiores aprendizados que tive e que levo comigo aonde quer que eu vá.

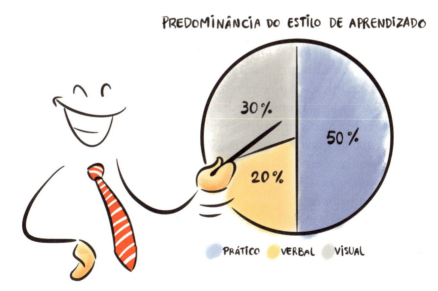

Depois daquela "aula", comecei a analisar como nossa empresa se comportava diante dos vários treinamentos que passávamos às nossas equipes comercial, técnica e de marketing. Agora eu conseguia entender por que alguns assimilavam os conteúdos mais rapidamente que outros.

Felicidade Ilimitada®

Nosso destino não é escrito para nós, é escrito por nós.
(Barack Obama)

Quando voltei ao Brasil, reuni minha equipe e começamos a entrar mais a fundo nesse tema, até então novo para todos. Reavaliamos todos os nossos treinamentos, todos os materiais utilizados. Precisávamos utilizar os três modelos de aprendizado. E assim foi feito. Com muito empenho dos times de marketing e departamento técnico, todos os treinamentos foram remodelados para o novo sistema. Apesar da carga verbal ainda ser predominante, agora os novos módulos contavam com muitos recursos visuais, tais como vídeos, fotos e gráficos, que complementavam tudo o que havia sido explicado verbalmente. Ao final, havia o fechamento com a parte prática. Aqui, o diferencial foi dar mais tempo para que a equipe pudesse colocar a "mão na massa" e não simplesmente assistir ao técnico fazer a demonstração. Até porque, segundo aquele treinador de futebol americano, 50% das pessoas têm dominância de aprendizado prático! Essa última etapa era feita em nosso centro de treinamento, que simulava situações reais. O processo era finalizado com o treinamento em campo, onde os times de marketing e técnico ajudavam os vendedores nas demonstrações junto aos clientes, fazendo assim os ajustes mais finos. A fórmula foi um grande sucesso!

Atenção para o básico

O sucesso de qualquer organização depende de pessoas entusiasmadas. Por mais tecnologia que seu produto ou serviço possa ter, ainda assim *a relação humana é fator decisivo para propiciar uma experiência de compra positiva, transformando potenciais clientes em grandes embaixadores de sua marca.* O líder, portanto, precisa conhecer a fundo cada membro de seu time, suas habilidades, suas fraquezas e suas motivações. Somente dessa forma conseguirá tirar o melhor de cada um. Um líder atento tem condições de perceber funcionários que valorizam mais um horário flexível, os que preferem uma ajuda para um curso de idiomas, ou até mesmo uma viagem internacional para conhecer a matriz da empresa. A partir dessas informações, o líder pode criar um sistema de recompensa que vai além dos bônus por atingimento de metas, que normalmente as empresas têm como regra geral. Pode parecer uma tarefa fácil, mas a maioria falha nesse quesito. Acham que o processo acontece de forma natural, por meio da simples convivência no dia a dia do trabalho, quando na verdade requer uma boa dose de empenho e dedicação.

O sucesso de qualquer organização depende de pessoas entusiasmadas

Acabei aprendendo muito sobre este tema na prática. Lembro-me de um caso interessante. Eu atuava como diretor de negócios numa grande multinacional e tinha um time com gerentes, supervisores e vendedores, da área comercial, e um

Parte 2: Construindo o sucesso de equipes

time de especialistas de marketing sob minha responsabilidade. A carreira de vendas era bem definida. Havia cinco níveis que proporcionavam ótima oportunidade de progressão, sendo o cargo de gerente de vendas o mais alto. Para muitos, chegar até a posição de gerente significava a coroação da uma carreira comercial de sucesso, e uma mudança para São Paulo, onde ficava a matriz da empresa. Pois bem. Naquela época havia um supervisor de vendas que estava fazendo um trabalho excepcional há um bom tempo e, por isso mesmo, decidimos que seria a hora de promovê-lo para gerente de vendas. Fui pessoalmente até a sua região para lhe dar a boa notícia e alinhar os desafios da nova função. Aproveitei que estávamos reunidos num jantar, após um dia intenso de visitas a clientes e revendedores, e dei a notícia de uma forma muito entusiasmada. Minha surpresa veio por meio de um longo silêncio. Senti que alguma coisa não havia caído bem. Passado o susto, ele agradeceu imensamente pela indicação e disse com todo o cuidado possível que não poderia aceitar.

Explicou que construiu todo o seu projeto de vida focado na região em que vivia. Os parentes moravam num raio de 300 quilômetros e se reuniam regularmente em churrascos e confraternizações. Ele comentou que possuía um sítio, com uma bela casa de campo, que construiu ao longo de sua carreira profissional e era o principal ponto de encontro de toda a família. Os filhos estudavam em boas escolas naquela área e não tinham pretensão de sair. No final das contas, aquela promoção, para ele, definitivamente, não era uma notícia boa. Ele ficou muito preocupado, querendo saber como seria a minha reação e a posição da empresa pela decisão que ele acabara de tomar. É claro que entendemos e o mantivemos na posição. Ele seguiu sua trajetória de sucesso com muita dedicação e profissionalismo. Eu, pessoalmente, aprendi uma importante lição: *investir mais tempo para conhecer melhor os membros do meu time, o que valorizam e, principalmente, o que almejam na carreira profissional, assim como no lado pessoal.* Dedique tempo "produtivo" com seus liderados. Quanto maior for a interação, melhor.

Felicidade Ilimitada®

Doze ações que dependem apenas da iniciativa de uma boa liderança

1. **Política de Portas Abertas.** Manter uma política de portas abertas é fundamental para melhorar a percepção que o time tem sobre o líder. Além disso, cria uma atmosfera informal, garantindo que a informação possa fluir naturalmente assim como rapidez na tomada de decisões. Muitas empresas já perceberam isso e criaram ambientes onde não existem mais salas individuais, mesmo para gerentes ou diretores. Parece simples, mas ainda percebo que prevalece, em algumas empresas, uma cultura que valoriza esses "mimos", como salas, estacionamento privativo ou restaurante diferenciado. Felizmente esses casos estão se tornando exceção.

2. **Defina uma porcentagem do seu tempo para *coaching* direto com seus funcionários.** Dedique pelo menos 20% do seu tempo para estar junto com seu time. Bloqueie sua agenda para evitar que outras reuniões ou eventos atrapalhem essa programação. Ao longo do tempo, eu pude perceber que essa é a ação mais efetiva para conhecer melhor a sua equipe. E quando estiver com eles, esteja realmente "presente". Dê preferência para um trabalho de campo, fora do escritório. Garanta tempo suficiente para discutir assuntos profissionais, pessoais, ver como cada pessoa está se sentindo diante dos desafios que são impostos e o futuro da carreira. *Ter o líder por perto faz toda a diferença.*

3. **Almoços individuais.** Outra oportunidade é agendar almoços individuais com os membros de seu time. Pode ser no próprio refeitório da empresa ou num local fora do ambiente de trabalho. É uma forma de conseguir conciliar uma agenda cheia de compromissos com seu objetivo de

Parte 2: Construindo o sucesso de equipes

20% de coaching direto que explicamos no item 2. Percebi que os funcionários valorizam tanto esse tipo de ação que acabei criando uma agenda mensal com os "almoços individuais", para garantir que estava cobrindo toda a equipe em intervalos regulares de tempo.

4. **Caminhada após o almoço.** Começamos a caminhar pela fábrica logo após o almoço, com o objetivo de melhorar nossa saúde. A caminhada levava cerca de 20 minutos e, com o tempo, percebemos que era uma oportunidade de ouro para alinhar assuntos diversos que a agenda diária não permitia. Muitas discussões, novas ideias e até decisões importantes aconteciam nessas caminhadas. Era a união do útil ao agradável.

5. **Preste atenção ao ambiente de trabalho.** Estar atento às necessidades de seu time é papel do líder e contribui com o processo de aprofundar o conhecimento sobre sua equipe, principalmente no ambiente de trabalho. Seu time tem todas as ferramentas necessárias para realizar o trabalho de forma exemplar? O ambiente de trabalho reflete tudo aquilo que a empresa valoriza? Cuide bem de seus funcionários, que com certeza eles cuidarão bem dos seus clientes!

6. **Gerenciar como um mentor.** Mentor é aquela pessoa que usa a própria experiência para dar apoio e motivação para que a outra pessoa gerencie seu próprio aprendizado. Para desenvolver suas habilidades e tornar-se uma pessoa melhor. Um líder que gerencia sua equipe tendo como base um processo de mentoria, direciona, estimula e desafia. Isso impacta diretamente na produtividade, na autoestima e na felicidade. Foi por meio de um processo de mentoria que descobri que um de nossos gerentes estava passando por um grave problema financeiro decorrente de uma situação de saúde familiar. A empresa possuía uma área específica para tratar desses casos e nós conseguimos dar apoio financeiro e suporte psicológico. O problema foi resolvido. Como você acha que está o nível de motivação desse gerente? Não poderia estar mais feliz!

7. **Crie momentos de contato fora do ambiente de trabalho.** Sempre que possível, procure incentivar encontros entre você e seu time, fora do ambiente de trabalho. Pode ser um happy hour mensal, uma noite da pizza ou qualquer outro tema que possa unir o time. Use esse momento com sabedoria. Invista na troca de informações, no fortalecimento das relações. Quando liderava uma divisão focada em tecnologia biométrica, havia duas pessoas do meu time que seriam promovidas. Elas tiveram um ano fantástico e o resultado da avaliação de desempenho endossou nossos votos para a promoção.

Eu estava conversando com o vice-presidente sobre esses dois casos, dizendo que gostaria de fazer algo diferente. Ele sugeriu um jantar na casa dele. Era tudo que eu precisava. Nosso time principal era composto de oito pessoas. Logo, o convite foi para todos com direito a levar um acompanhante para o jantar. Para disfarçar, demos a desculpa de que o evento seria para comemorar o belo resultado de vendas que tivemos durante aquele ano. Antes do jantar, eu chamei discretamente a esposa de um dos funcionários que seria promovido e o marido da outra funcionária. Os futuros promovidos não podiam desconfiar de nada. Quando eu desse o sinal, a única coisa que eles deveriam fazer era ler as cartas que eu havia entregue. E assim foi feito. Durante o jantar, pedi a palavra e solicitei aos meus "cúmplices" que dessem a mensagem. As cartas falavam sobre o perfil daquelas pessoas, dos desafios que tiveram e principalmente das conquistas. No final, anunciava a promoção, nas palavras de seus respectivos parceiros. Funcionou melhor do que imaginávamos, com direito a muita, mas muita emoção.

8. **Invista tempo em reunião sobre objetivos profissionais e pessoais.** Pratique o "saber ouvir": Como já comentamos, pessoas tem objetivos diferentes umas das outras, seja na parte pessoal quanto na profissional. A maior frustração dos membros de qualquer equipe é perceber que o líder não demonstra estar interessado no futuro profissional de seus liderados. Muitas vezes, isso não acontece por mal. O líder até pode estar constantemente pensando em maneiras para agradar e recompensar seu time, mas falha por não conseguir entender as reais motivações individuais. É papel do líder buscar esse diálogo e trazer para discussão os assuntos referentes às expectativas individuais de seus liderados. Nesse processo, é importante "saber ouvir", mais que falar. Usar perguntas abertas e deixar que o profissional possa contar um pouco sobre seus sonhos pessoais e profissionais.

9. **Reconheça. O poder do reforço positivo.** Uma das coisas que mais impacta o nível de motivação de qualquer pessoa é o reconhecimento feito pela empresa, principalmente pela liderança. Um líder atento e preocupado com seu time sabe o quanto cada membro está se dedicando e o resultado que ele está trazendo para a organização. Ele deve reconhecer esses esforços por meio de pequenas ações que, ao longo do tempo, vão fortalecendo a relação

Parte 2: Construindo o sucesso de equipes

entre líder e liderado. Desde um simples "bom trabalho", quando um relatório é feito com perfeição e entregue dentro do prazo, até um reconhecimento público em frente aos pares destacando uma tarefa bem-feita. Nós costumávamos dar de presente um jantar, com direito a levar a família, aos membros do time que mais se destacavam. Eles tinham um determinado valor para gastar que, depois, era reembolsado pela empresa. Além de valorizar o trabalho do funcionário, o jantar também servia para que ele celebrasse junto com sua família a sua conquista.

10. **Esteja lá pelo time. Assuma responsabilidades.** "Eu ganhei, nós empatamos, vocês perderam!". Nós costumávamos brincar com essas frases que, na verdade, exemplifica um estilo de liderança altamente tóxico, onde o líder toma para si todos os méritos das conquistas de seu time. Se a ideia é boa, foi ele quem teve. Quando aparece algum problema, sai em busca dos culpados. *A verdadeira liderança passa por assumir responsabilidades.* O líder tem autonomia e junto com essa autonomia vem a responsabilidade. Quando o líder tem essa postura, passa ao seu time uma sensação de segurança. Eles sabem que ele estará lá por eles, para defendê-los independentemente do que acontecer.

11. **Delegue com sabedoria.** Antes que o líder comece simplesmente a delegar as tarefas, ele precisa conhecer seu time, um a um. Ele precisa identificar as capacidades e habilidades individuais, garantindo que, quando uma tarefa for delegada, aquele profissional tenha plena condições de executá-la com louvor. Um caso exemplifica bem esse tema. Em um de nossos programas para nos aproximar mais dos clientes, foi desenvolvido um seminário sobre produtividade. O foco era abordar os proprietários das empresas que consumiam nossos produtos, falando sobre o mercado, inovação, produtos, custo, benefício, organização, entre outras questões. Pois bem. O material foi desenvolvido e começou a ser apresentado por um grupo reduzido e bem preparado de pessoas. Essas pessoas viajavam pelo país e iam até as regiões de vendas, para realizar os seminários que eram organizados (convites, salas, coffee breaks etc.) pelos vendedores das respectivas regiões. Eventos podiam ter entre 30 e 300 pessoas, conforme o caso. Era um sucesso! Nosso objetivo era que os vendedores, no futuro, fossem os multiplicadores desse seminário. Mas sabíamos que nem todos ficavam confortáveis em falar em público. Logo, não adiantava simplesmente "delegar" a tarefa e cobrar por isso. Nosso processo foi gradativo, olhando caso a caso. Havia aqueles vendedores que adoraram a ideia e, após o primeiro evento, já conduziam por eles mesmos as outras sessões. Se divertiam muito fazendo aquilo.

Em outros casos, deixávamos que o vendedor fizesse somente a abertura, para ir se acostumando. Com o passar do tempo, o medo de falar em público deixou de incomodar a maior parte do nosso time de vendas.

12. **Seja autêntico.** Mostre ao seu time que, além de líder, você é acima de tudo, humano. Isso significa que você também tem seus pontos fracos e não possui respostas para todas as questões do mundo. *Um líder autêntico demonstra habilidade para estabelecer relações honestas e claras junto a seu time, ao mesmo tempo que busca compartilhar suas preocupações.* Ele está sempre aberto para sugestões. Líderes autênticos mantêm sua palavra sempre baseada em convicções éticas. São bons ouvintes, transparentes. As pessoas valorizam muito uma liderança autêntica e, depois de estabelecida essa relação de confiança, tendem a seguir o líder para onde quer que ele vá.

Competências

Ser competente em alguma área significa que você possui aptidão, conhecimento e capacidade para cumprir determinada tarefa ou função. Algumas competências já fazem parte do indivíduo. São as "habilidades inatas". Outras necessitam ser adquiridas, aprendidas. Isso pode ser feito por meio de diversas formas, sendo a mais comum o treinamento. A competência envolve o "conhecimento", conhecer sobre o assunto, estar qualificado a realizá-lo; a "habilidade", saber fazer, saber executar a ação proposta; e a "atitude", saber agir quando a situação exigir.

Para um líder, é necessário saber exatamente quais são as competências mínimas que seu time precisa ter, independentemente da função ou tempo de casa, e quais são as competências específicas, muito associadas à função que o indivíduo exerce.

Quando o Matheus, meu filho mais velho, estava terminando o ensino médio, uma das opções que estávamos avaliando era cursar o ensino superior em uma universidade nos Estados Unidos. Participei de várias apresentações de universidades americanas na escola onde ele estudava, a Escola Americana de Campinas, para entender como funcionava todo o sistema, desde o detalhamento dos cursos, a vida no campus e todos os custos envolvidos. O que mais me chamou a atenção foi o sistema de seleção de carreira que essas universidades utilizam. Os primeiros dois anos são dedicados a uma formação geral básica, voltada a sua área de conhecimento, previamente selecionada, como humanas, exatas ou biológicas. Isso dá ao aluno a oportunidade de experimentar e conhecer diversas disciplinas para, somente no terceiro ano, decidir a carreira definitiva. Ideia simples e ao mesmo tempo fantástica. Lembrei dos meus tempos de Unicamp e de alguns amigos que levaram muito tempo para se formar, pois, depois de alguns anos, perceberam que o curso em que estavam não era exatamente o que gostariam de fazer e tiveram que começar praticamente quase tudo do zero.

Aposte na diversidade

Quanto mais heterogêneo for um time, maior a probabilidade de se obter melhores resultados. Principalmente no que diz respeito aos lucros. Quem diz isso é uma pesquisa[2] realizada pela DDI, empresa de análise e pesquisa, e a Ernst & Young, que analisou dados de 2,4 mil empresas de 54 países. Com relação à liderança, empresas com maior índice de diversidade têm duas vezes mais chances de os líderes trabalharem de forma colaborativa, mais voltados ao desenvolvimento pessoal de seus funcionários. A diversidade nunca teve tanto destaque como atualmente. Desde a discussão sobre a presença de mulheres em cargos de liderança e igualdade de salários, passando pelos grupos de pessoas com algum tipo de deficiência, diferentes etnias e orientações sexuais. Fato é que, quanto mais diversificado for o time, melhor para o líder e melhor para a empresa. Outra vantagem de um time heterogêneo é com relação à criatividade. Em um grupo repleto de diferenças, a quantidade de ideias é maior e, consequentemente, a empresa terá em mãos um maior número de possibilidades para solucionar um determinado problema. Um estudo da revista Forbes[3] diz que a diversidade nas empresas é um dos principais impulsionadores da criação de um ambiente inovador.

Oxigenação. Promovendo a rotatividade

Eu tive uma experiência bastante enriquecedora trabalhando numa empresa fora do Brasil. Um dos pontos que me chamaram a atenção foi o processo de progressão de carreira na área de marketing. A posição de marketing sempre foi muito prestigiada dentro daquela empresa. Cada líder de marketing era responsável por uma linha de produtos, trabalhando muito próximo do time de pesquisa e desenvolvimento e participando ativamente dos projetos de novos produtos. Estes líderes também eram responsáveis pelas estratégias de lançamento globais dos produtos, ou seja, tinham que ter em mente como funcionavam os diferentes mercados pelo mundo para ajustar o pacote de lançamento conforme a região. Isso fazia com que viajassem para fora do país com relativa frequência, o que era desejo profissional de muitos. Mas o interessante foi entender como a divisão via a progressão de carreira para a área. Um funcionário que quisesse pleitear uma posição em marketing deveria antes, obrigatoriamente, passar pela área de vendas. Pessoalmente, achei a abordagem inovadora e inteligente. Estar em vendas dava oportunidade ao futuro marqueteiro de adquirir a experiência e a vivência necessárias para ter em mente como os programas de lançamento seriam recebidos pelos vendedores, clientes e canais.

---

2 https://epocanegocios.globo.com/Carreira/noticia/2018/02/quando-diversidade-ultrapassa-30-empresa-lucra-mais-diz-estudo.html

3 https://images.forbes.com/forbesinsights/StudyPDFs/Innovation_Through_Diversity.pdf

No Brasil, eu já havia notado vendedores reclamando de campanhas de vendas que não faziam sentido, preços desalinhados ou embalagens pouco amigáveis.

Saia da zona de conforto

Deixar que as pessoas fiquem muito tempo fazendo a mesma coisa é um erro grave. A acomodação leva à rotina, que leva à desmotivação. Mesmo carreiras técnicas necessitam de coisas novas, de um "fazer diferente". É preciso oxigenar, garantir que as pessoas tenham novas experiências, pois isso afeta diretamente o entusiasmo. Além disso, nos tira de nossa zona de conforto e faz com que possamos usar mais e melhor a nossa mente. Eu sempre cito em minhas palestras que existem três coisas que mantêm um funcionário fiel a uma empresa. Primeira, estar em constante aprendizado; segunda, ser reconhecido pelo bom trabalho; terceira, estar se divertindo.

2. Propósito: liderando para além dos seus limites

A pessoa sem propósito é como um navio sem leme.
(Thomas Carlyle)

O poder do propósito.
A fórmula mágica para liderança de equipes

Era o dia da minha reunião mensal com todo o time. Eu costumava chegar mais cedo, por volta das 7 horas da manhã, para poder aproveitar e colocar os e-mails em dia e programar a lista de atividades, aproveitando o silêncio do ambiente já que, a partir das 8 horas, tinha início a entrada da maior parte dos funcionários. Nessa época, eu tinha oito anos de empresa e, apesar de ter iniciado minha carreira dentro da área técnica como engenheiro, agora atuava como gerente de negócios de uma das principais divisões. Sob minha responsabilidade direta ficavam as áreas de marketing, vendas e o próprio departamento técnico, onde comecei, num total de aproximadamente 50 pessoas.

Ficávamos num grande edifício e nossa área ocupava uma das esquinas, no segundo andar, bem ao lado de uma rua que dividia a área administrativa da área de produção. O andar todo era dividido por divisórias baixas que, de certa forma, buscavam delimitar as diferentes áreas de negócios que a empresa tinha, as quais buscavam decorar seus espaços para dar uma certa identidade, conforme os mercados que atendiam e as linhas de produtos que gerenciavam. Apesar de nossa reunião estar agendada para as 8h30, por volta das 8 horas começavam a chegar, pouco a pouco, os integrantes de nosso time. À medida que o pessoal de marketing e departamento técnico, mais acostumados ao dia a dia do escritório, iam chegando e se organizando em suas baias, chegava também o nosso time de vendas. Eram convidados os vendedores das regiões mais próximas à nossa matriz, inclusive a Grande São Paulo e o interior do Estado. Como eles trabalhavam no sistema de home office, não possuíam estações de trabalho fixas junto a nossa área. Os minutos avançavam e nosso espaço se transformava numa sequência de calorosos abraços, saudações e muitos risos. Havia uma atmosfera positiva que envolvia aquele grupo de pessoas que era difícil de explicar. Uma vibração superpositiva motivava aquelas pessoas. *Uma felicidade, uma energia que ia muito além do mero aspecto profissional.*

Aquele momento de total integração, de certa forma, causava "incômodo" em alguns de nossos vizinhos mais próximos que, quase em uníssono coro orquestrado, tratavam de emitir um "shhhh" em sinal claro de desaprovação por aquele comportamento. Obviamente que, como líder, meu papel era colocar "ordem na casa", mas a sensação que eu tinha era que aquele momento era muito "especial" e que as pessoas daquele time estavam ali num estado emocional completamente diferente de todos os outros. Percebi, com o tempo, que o que realmente incomodava as pessoas, mais do que qualquer excesso de ruído, era a alegria daquele grupo. Por que aquelas pessoas demonstravam tamanha felicidade? Afinal, era um dia normal de trabalho. Por que tantos abraços, tanta energia, tantos sorrisos, e ainda por cima, às 8 da manhã??? Naquela época, talvez não nos déssemos conta do que já havíamos conquistado ao longo dos anos, mas com toda a certeza do mundo aquelas pessoas não estavam ali somente pelo salário. *Naquele instante percebi o "poder do Pro-pó-si-to".*

Se você quiser definir um negócio, precisa começar pelo propósito. E o propósito não deve olhar somente o negócio, mas, sim, a sociedade onde está inserido.

(Peter Drucker)

Se buscarmos o significado de propósito no dicionário, vamos encontrar algo como "intenção de fazer ou deixar de fazer alguma coisa", "objeto que se tem em vista; meta, mira", "bom senso, juízo, prudência, tino". No mundo corporativo, o propósito gira em torno de valores em que sua empresa e você acreditam e valorizam. *Um senso de propósito tem potencial para gerar energia. Que gera motivação, que gera satisfação.* Peter Drucker (1909-2005), considerado o pai da Teoria da Administração moderna, cita em seu livro *O diário de Drucker: ensinamentos e mensagens de inspiração para os 365 dias do ano* a seguinte frase sobre propósito: *"Se você quiser definir um negócio, precisa começar pelo propósito. E o propósito não deve olhar somente o negócio, mas, sim, a sociedade onde está inserido."*

Voltando à nossa história, passei a investigar as razões por trás daquele excesso de felicidade, motivação e comprometimento que havia em nosso time e que claramente nos diferenciava dos demais. Voltei alguns anos no tempo, para o início de minha carreira como engenheiro, quando recebi meu primeiro grande desafio. Meu diretor explicava que, na Europa, nossa divisão atendia a um específico segmento de mercado, com uma linha de produtos composta de mais de 100 diferentes itens, todos com relevante participação nas vendas. No Brasil, nossa linha era composta de no máximo cinco itens. Naquela época a nossa divisão, lá fora, já se posicionava como uma das principais divisões da companhia, tanto em vendas como em lucro, e nós, aqui no Brasil, não estávamos nem entre as "Top 10". Com esse desafio em mente, viajei para visitar os principais países da Europa, com o objetivo de entender como tudo funcionava para depois tentar replicar a fórmula no Brasil. Era a primeira viagem internacional que eu fazia pela empresa e as expectativas eram altas.

Cheguei na sede da nossa matriz e, depois de uma recepção bastante calorosa,

Parte 2: Construindo o sucesso de equipes

fomos até um dos auditórios para repassar a agenda daquela semana. A primeira coisa que me surpreendeu foi ver que 70% do meu tempo seria investido em visitas de campo junto com o time de vendas e somente 30% seria dedicado ao treinamento técnico nos produtos que eu ainda não conhecia. Percebi que aquilo já era uma demonstração de como funcionava o modelo estratégico que fazia com que a divisão fosse uma das mais importantes dentro da organização.

Propósito: ser o líder de mercado através da inovação constante, levada diretamente aos clientes finais através de uma equipe de vendas técnica e capacitada.

Depois de uma semana intensa de visitas a clientes e treinamentos sobre os produtos e suas aplicações, comecei a organizar minhas anotações, já estruturando a forma de mostrar tudo aquilo para o pessoal no Brasil. Aquela imersão havia modificado minha visão sobre vendas, marketing e principalmente sobre "foco no cliente". Uma das coisas que mais me chamaram a atenção foi a forma como as pessoas trabalhavam. Era fácil perceber que lá toda equipe seguia um propósito claro: ser líder de mercado por meio da inovação constante, levada diretamente aos clientes finais por meio de uma equipe de vendas técnica e capacitada. O propósito era claro e fazia sentido.

Ser líder de mercado servia como uma meta maior, mais nobre do que qualquer meta quantitativa, e que alimentava desejos e ambições que iam além dos resultados de vendas. A inovação era a maneira pela qual os clientes deveriam reconhecer a empresa. Uma visita do vendedor significava que um novo produto acabara de sair do forno e estava ali, pronto para ser demonstrado. E tudo isso somente era possível porque o time era capacitado tecnicamente. Não somente nos produtos que demonstrava, mas sabia com detalhes como o negócio do cliente funcionava. Era como se eu fosse apresentado a uma "fórmula mágica de sucesso". Voltei ao Brasil com muitas ideias. Trouxe comigo as novidades, vários rolos de filmes fotográficos para serem revelados (talvez os mais novos nem saibam do que eu estou falando) e experiências fantásticas adquiridas com as inúmeras visitas de campo que fiz com diferentes vendedores em inúmeros contatos com clientes. Além de toda essa experiência, levava comigo algo que era infinitamente mais valioso: a importância do propósito! Um propósito relevante e contagiante. Um propósito compartilhado por todos. Ele seria a chave do sucesso da nossa nova fase e precisava ser implementado aqui no Brasil.

Toda a mudança de direcionamento da divisão começou ali. E eu não via a hora de começar! Por meses testamos todos os produtos em nosso laboratório. Aquele espaço foi especialmente desenhado visando simular uma parte do processo de nossos clientes. Precisávamos identificar quais seriam os principais benefícios e como eles se traduziriam em ganhos para os clientes. Foi um período intenso, de muito trabalho, demonstrações, avaliações, treinamentos, ajustes, relatórios. No final, tínhamos nosso cronograma de introdução dos novos produtos no mercado, suportados pelo time de marketing. Foi o começo da grande mudança. A definição do propósito, na forma de "senso de propósito", ou objetivo maior, surgiu somente mais tarde. Primeiramente porque aquela fórmula de sucesso, ou fórmula mágica dos europeus, parecia que não funcionava tão bem aqui em terras latinas como imaginávamos. Mesmo seguindo à risca, tudo o que os europeus estavam fazendo não geravam os mesmos resultados aqui. O que deixamos escapar? Era preciso rever nossa estratégia.

> **Quando você está com pessoas que compartilham a mesma paixão em torno de um propósito único, tudo é possível.**
> **(Howard Schultz)**

Como nossa linha de produtos era fornecida por meio de canais de revenda (não havia venda direta, pois nossos clientes finais eram em sua maioria empresas de pequeno porte), o dia a dia de nossos vendedores se resumia a visitar os canais de distribuição. Eles realizavam as visitas, normalmente trajando camisa social e gravata, levando sempre uma bela pasta tipo 007, talão de pedidos e muita disposição para aguardar ser atendido pelos proprietários em meio a tantos outros vendedores. Era o modelo utilizado até aquele momento. Mas havia algo novo. O catálogo de produtos que o vendedor levava agora estava repleto de inovações e era muito diferente da versão anterior, que tinha poucos itens. Ao apresentar essas inovações para os proprietários da distribuição, eles simplesmente não compravam! A principal desculpa era que eles não estavam dispostos a investir capital em um estoque de produtos que não tinham certeza se iria girar ou não. Apesar da insistência dos vendedores, pouco a pouco a conversa voltava para os produtos commodities, os tradicionais e básicos, que a empresa já tinha. Os famosos cinco itens. Ali, o vendedor estava dentro da sua zona de conforto e o proprietário sabia que não corria nenhum risco. A fórmula de sucesso não estava funcionando.

> **Esforços e coragem não são suficientes sem propósito e direção.**
> **(John F. Kennedy)**

O que havia dado errado? Depois de muitas reflexões, percebemos que não havíamos considerado pontos importantes. Concluímos que a estratégia básica, dos europeus, fazia sentido e deveria ser mantida. O "pulo do gato" estaria na maneira de implementar. Um detalhe que faria toda a diferença: foco no cliente! Esse ajuste foi incorporado a nossa versão de propósito e, a partir daquele momento, muita coisa iria mudar. Os eventos que se seguiram alteraram drasticamente muitas vidas.

Criando o senso de propósito em sua equipe

Ajustamos nossa definição de propósito com base nos erros que cometemos e principalmente pela conclusão sobre a importância do contato com os clientes finais, que havíamos ignorado. Se os clientes que testaram nossos novos produtos estavam satisfeitos e continuavam a comprar, aquilo era prova de que havíamos encontrado "parte" da solução. Agora era o time de vendas que precisaria trabalhar de forma diferente.

Ajustando as velas

O novo foco deveria ser as visitas aos clientes finais, e não aos canais de venda. Se os usuários conhecessem nossos produtos, vissem neles vantagens e o valor da relação custo-benefício, então estariam dispostos a comprar. Se você gera demanda na ponta, então os distribuidores e revendedores "precisariam" ter os produtos em estoque para atender aos clientes e, dessa forma, a roda iria girar. Os vendedores deveriam conhecer tecnicamente os produtos, saber como eram aplicados, realizar demonstrações, fazer comparações com os concorrentes, vendas na ponta do lápis (Pencil Selling), conhecer o mercado, como o cliente gerenciava seu negócio, como ganhava dinheiro, quais eram suas preocupações etc. Tudo isso ainda não era uma realidade em nosso time. *Os clientes precisariam ficar encantados com a nossa visita. Nossa equipe deveria fazer sempre mais do que era esperado.* Nós passamos a chamar esse algo mais de "momentos mágicos!". Para nós, cada contato com o cliente deveria ser uma oportunidade de fazer a diferença, de encantar, de aproximar, de divertir. E assim aconteceu. *A emoção foi o detalhe que faltava em nosso propósito!*

Propósito = Valores + Emoções.

Você somente conseguirá tirar vantagem do seu senso de propósito se ele "fizer sentido" para o seu time. *As pessoas precisam se identificar com o propósito.* Precisa ser relevante. Dessa forma, elas irão trabalhar sustentadas por esse fantástico *componente emocional positivo*, se destacando de qualquer outra equipe. Além disso, se você conseguir *misturar valores com emoções*, você terá uma combinação perfeita. Por último vem a comunicação. Se você conseguir comunicar tudo isso a ponto de transformar a maneira como as pessoas pensam e agem, então você tem o verdadeiro propósito. No nosso caso, quando começamos a trabalhar fortemente no processo de comunicação do novo propósito da divisão, descobrimos que nem todos as pessoas estavam preparadas ou compartilhavam da mesma visão, e tivemos que aprender rápido. Acontece que pelo novo modelo, vendedores focando no usuário final e não no canal de venda, alguns ajustes precisaram ser feitos. Os vendedores não deveriam mais usar camisas de manga longa, gravatas de seda nem carregar suas pastas modelo 007. Agora o novo uniforme incluía jalecos e baús com produtos, óculos de proteção, protetores auditivos e máscaras de segurança, equipamentos, amostras e tudo mais que fosse necessário para realizar uma demonstração real dentro do ambiente de produção do cliente.

Nasce um novo modelo

A dinâmica era simples. Cada vendedor teria uma carteira com uma quantidade de clientes, usuários finais, espalhados em sua região de atuação. Deveria fazer um determinado número de visitas por dia, permitindo que todos os clientes fossem visitados pelo menos uma vez dentro do mês. Depois da demonstração, o vendedor deveria "tirar o pedido" que simbolicamente representava que toda aquela estratégia estava funcionando. Os pedidos eram indiretos, ou seja, o vendedor tirava o pedido no cliente, mas o produto seria entregue pelo canal de venda da preferência do cliente. No final de um dia de trabalho, os pedidos indiretos eram todos levados para os distribuidores. A grande diferença é que, agora, como os produtos já estavam "vendidos", o distribuidor não tinha argumentos ou objeções para não colocar o produto no estoque. Eis a importância do seu time estar alinhado com o propósito. Tínhamos finalmente ajustado a fórmula de sucesso para o nosso ambiente de negócios e estávamos ansiosos para colher os frutos. "Mas nem tudo são flores". Acontece que vários vendedores não se viam utilizando aventais, fazendo demonstrações, muitas vezes em ambientes sujos e quentes. Tampouco se alinhavam aos conceitos de "momentos mágicos" e programas de fidelização de usuários, que de certa forma demandavam um perfil específico – você precisa gostar de gente! Nesse momento é fundamental que a liderança esteja presente para garantir que o planejamento seja seguido à risca. Diante dessa constatação, mais de 50% da equipe de vendas teve que ser trocada, substituída.

Foi uma decisão difícil, mas, ao mesmo tempo, necessária para que a nossa nova fórmula mágica pudesse funcionar.

> **A busca pelo significado na vida de alguém é a força motivacional primária do homem.**
> **(Viktor Frankl)**

O que eu pude ver dentro de vários ambientes corporativos por onde passei, seja como líder, colaborador, consultor ou mesmo cliente, foi uma constante *falta de engajamento por parte dos funcionários.* E a razão não era porque eles eram profissionais ruins nem porque eles estavam deliberadamente jogando contra a própria empresa. O motivo é que eles não viam, ou pelo menos não compreendiam, qual era o propósito pelo qual a empresa existia. Consequentemente não viam sentido em suas tarefas. De certa forma, as próprias empresas são responsáveis por esse tipo de comportamento quando não definem de forma clara qual é seu propósito. Outra possibilidade é quando o propósito que defendem caminha em direção oposta aos valores das pessoas. Além disso, a empresa precisa acreditar e dar exemplos de que o seu propósito é o que define sua maneira de fazer negócios. *Não basta apenas falar. É preciso ter ações que suportem o discurso.*

O caminho do propósito: definir, comunicar, engajar

Definir um propósito, como vimos na história que vivi, não é uma tarefa tão simples assim, mas é necessária para o sucesso de qualquer equipe. Dependendo do tipo de negócio, a definição de propósito pode gerar dúvidas e ambiguidades. Seguem alguns pontos que considero importantes para aqueles que buscam o caminho do propósito e pretendem implementar o conceito em suas empresas, suas equipes ou em seus negócios.

A sua empresa já possui um propósito?

Quando as empresas são genuinamente comprometidas com um propósito, isso deve se refletir em toda a sua estrutura de governança. É a partir da liderança que o processo começa, ganha corpo e depois penetra por todas as partes da organização. Muitas organizações já têm esse tema bem definido e buscam constantemente engajar seus funcionários por meio de ações e comportamentos que exemplifiquem seus valores. O propósito define a razão pela qual a empresa existe! É uma "bússola" que irá guiá-lo ao longo da jornada.

> **Ajudar pessoas a gerenciar os riscos e se recuperar de dificuldades em caso de perdas inesperadas.**
> **(Propósito da Seguradora IAG)**

Para a empresa aérea Southwest Airlines, propósito significa: "Conectar pessoas às coisas que são importantes em suas vidas, por meio de viagens amigáveis, confiáveis e de baixo custo". Em uma das passagens do livro *Nuts! As soluções criativas da Southwest Airlines para o sucesso pessoal e nos negócios* (Kevin Freiberg e Jackie Freiberg), é citado como o jeito de ser da tripulação influencia os passageiros (vem do propósito de "viagens amigáveis") e a importância em se manter um espírito descontraído, uma vez que viajar de avião, para muitos, ainda é sinônimo de pânico. Para exemplificar isso, o livro conta que, durante um processo de seleção de novos pilotos, havia oito candidatos, todos devidamente bem trajados com seus ternos escuros, camisas claras e sapatos pretos. O entrevistador começou a entrevista com o grupo dizendo que o ambiente estava muito formal e solicitou que eles retirassem o paletó e trocassem a calça por uma bermuda colorida, mantendo a camisa, gravata, sapatos e meias. Dois candidatos acharam aquela ideia maluca, se recusaram e desistiram do processo. Os outros seis toparam a brincadeira e foram até o final. Todos os seis foram contratados.

A voz do cliente. Propósito de valor percebido

O ponto focal de qualquer propósito deve levar em consideração o cliente. *Nada faz sentido se não tiver como objetivo principal a satisfação do cliente.* É preciso entender como ele prefere ser atendido, quais são os pontos da relação que ele mais valoriza. Quando criamos o nosso propósito para o Brasil, nos preocupamos com os detalhes da visita de vendas. Uma pessoa com um jaleco ou avental dentro de uma área de produção era mais bem recebida do que uma usando gravata. Colocar a "mão na massa" demonstrava que o vendedor sabia do que estava vendendo e passava "credibilidade". *Não vendemos produtos, vendemos confiança!* Conhecer o processo mostrava que ele se importava com os negócios do cliente e não apenas com a venda de seus produtos. *Encantar o cliente com momentos mágicos era algo além do esperado que fidelizava.*

O propósito faz sentido para o seu time?

Ter um propósito coerente não significa que o seu time está pronto para embarcar na nova jornada. O líder precisa estar muito atento para que o propósito definido seja praticado para não virar um slogan que pouco a pouco vai perdendo seu valor. Como exemplifiquei, tivemos que trocar boa parte do time de vendas pelo fato de os integrantes não estarem alinhados ao novo propósito da divisão. Não fazia sentido para eles. Se ficassem, por certo que não demonstrariam os princípios de motivação que estávamos esperando de cada um deles, e seriam expelidos automaticamente pelas métricas estabelecidas e não cumpridas.

Parte 2: Construindo o sucesso de equipes

Comunique seu propósito. Cada membro do time conta.

Depois de definido o propósito, a segunda etapa consiste na comunicação para a equipe. Todos precisam estar cientes do propósito e todos devem ter oportunidade para tirar dúvidas. O líder precisa "inspirar" o time por meio do propósito! Quando terminamos de fazer o ajuste da equipe em função das necessidades de troca de algumas peças, começamos a ajustar nosso material de comunicação, focando mais nos clientes e usuários finais.

> **Nós enxergamos nossos clientes como se fossem nossos convidados para uma festa. É nosso trabalho, todos os dias, fazer com que cada aspecto da experiência do cliente seja um pouco melhor.**
> **(Jeff Bezos, fundador da Amazon)**

Nessa época, surgiu a ideia de criar um pequeno folheto técnico, dobrável, no tamanho que coubesse no bolso de uma camisa. O folheto trazia importantes informações aos clientes sobre como melhorar seu negócio. Não tinha o objetivo de informar sobre nossos produtos, mas, sim, de compartilhar boas práticas. Um dos primeiros que fizemos abordou as opções de layout para melhorar a produtividade. Utilizamos vários conceitos que aprendemos em visitas a clientes fora do Brasil. O sucesso foi tão grande que o material virou uma série e vários novos folhetos foram criados, com assuntos solicitados pelos próprios clientes. *Ouvir o cliente faz toda a diferença!*

A voz dos clientes

As ações que davam suporte ao novo propósito estavam em andamento e sabíamos que seguiam no rumo certo, mas era necessário mostrar para a empresa que aquela estratégia era vencedora. A ideia surgiu numa caminhada que costumávamos fazer logo após o almoço. Por que não gravar depoimentos das pessoas sobre o novo modelo? Como se sente um vendedor atuando dessa forma? Qual a visão do usuário diante desse novo modelo de negócios? Qual o impacto dessa estratégia no canal de vendas? Ideia aprovada, mãos à obra! O bom em ter um time que "vibra na mesma frequência" é essa rapidez com que as novas ideias são compradas e rapidamente implementadas, ainda que algumas não tragam o resultado esperado, até porque é impossível acertar sempre. Fomos então em busca de depoimentos de clientes, de canais de venda e de alguns vendedores e técnicos, que prontamente aceitaram participar do projeto. O grande momento aconteceu numa convenção de vendas.

Foi diante de um grande grupo que o vídeo foi apresentado. O resultado foi acima de qualquer expectativa. Foi direto. Foi impactante. Ver um cliente expressar sua satisfação em receber nosso vendedor em sua empresa, falando como aquilo agregava valor ao seu negócio, da empatia com os colaboradores, não tinha preço. Em um dos depoimentos, um dos clientes disse que o vendedor era recepcionado com a frase: "Chegou o Sr. Novidade". Que show! Da mesma forma, tivemos depoimentos marcantes dos canais de venda que, segundo eles, haviam mudado completamente o jeito de fazer negócios, estando agora mais próximos e atentos às demandas e necessidades de seus clientes.

Engajar. Faça o que eu faço

Engajamento é sinônimo de comprometimento. Pessoas engajadas numa causa vão muito além do que se espera delas e o fazem por motivos baseados em valores mais que qualquer outra coisa. A liderança tem um papel crucial no processo de engajamento de sua equipe para o propósito que se está buscando. O ponto principal está na atitude. *E tudo começa pelo líder!* É interessante ver como o líder está 100% do tempo sendo observado. As pessoas irão sempre avaliar se o comportamento adotado pelo líder condiz com os valores que ele mesmo está responsável por cuidar.

As pessoas não compram o que você faz,
elas compram porque você faz!
(Simon Sinek)

Quando começamos a dar mais importância às visitas aos clientes do que aos canais de venda, decidimos aplicar uma regra de "Tempo no Campo" para todos que não eram de vendas. O time de marketing, por exemplo, deveria ter 60% de seu tempo dedicado ao campo, acompanhando os vendedores em suas visitas aos clientes e garantindo que os programas estavam funcionando perfeitamente. Mais que isso, era a demonstração clara de que o propósito estava embutido em cada uma das funções dentro da empresa. Fizemos a definição do tempo no campo não somente para marketing, mas também para a área técnica e toda a gerência. Cada uma com um percentual específico. Tudo devidamente monitorado. Não se consegue melhorar o que não se mede. A McKinsey[4] realizou uma pesquisa no Brasil em 2017 com mais de 160 mil pessoas em diferentes posições hierárquicas de 70 empresas representando 18 segmentos de mercado. A conclusão mostrou que *as pessoas que veem um sentido maior no que fazem todos os dias*, comparadas às que não veem, *são cinco vezes mais engajadas no trabalho.*

A liderança baseada em propósito. Principais benefícios

Um outro estudo conduzido pela consultoria EY2[5], realizado em 2017, em 42 países com funcionários, acionistas e consumidores, envolveu uma comparação entre empresas com e sem um propósito claro. Os resultados foram bastante expressivos, reforçando os aspectos positivos de liderar com senso de propósito. Por exemplo, funcionários das empresas com propósito têm três vezes mais disposição de permanecer na empresa e 1,7 vez mais satisfação com o próprio trabalho. Para as empresas, identificou-se um retorno financeiro dez vezes superior para os acionistas e um desempenho de suas marcas 120% maior. E o impacto acabou por atingir também os consumidores. Foi identificado que 89% dos consumidores acreditam que empresas com propósito entregam produtos melhores e 72% recomendariam essas empresas em seus grupos de amigos. Começamos a notar os benefícios que aquela nova Cultura de Propósito trazia para nosso time. *É muito mais fácil liderar um time de pessoas entusiasmadas e motivadas.*

Outro ponto positivo foi a clara redução no turnover dentro da empresa, nas mais diversas áreas, principalmente na de vendas. O novo grupo que se formou e abraçou nosso propósito trabalhava junto, compartilhando os casos de sucesso, trocando informações sobre produtos, sobre as dificuldades dos clientes e como solucioná-las. Se divertiam! Eram felizes! Por fim, com o passar do tempo, sua área

---

4 Estudo realizado pela primeira vez no Brasil em 2017, com 167.391 pessoas em diferentes posições hierárquicas de 70 empresas, em 18 setores. Revista Exame Edição 1.184, 1o/5/2019.

5 Estudo realizado pela consultoria EY em 2017, em 42 países. Revista Exame Edição 1.184, 1o/5/2019.

começa a ser exemplo para as outras e isso é outro ponto bem interessante. Dentro da empresa, nota-se que as pessoas que se identificam com aquele modelo de liderança se aproximam para aproveitar qualquer oportunidade de se unir ao time. Fora da empresa, observamos vendedores de outras empresas falando com nossos vendedores para saber o que fazer para ter oportunidade de trabalhar conosco.

Novas gerações, Millenials e propósito

Se você ainda não está seguro sobre o poder do senso de propósito no mundo dos negócios, apresento mais um motivo: as novas gerações. Como a geração Z ainda não chegou ao mercado de trabalho, pelo menos em sua totalidade, você provavelmente está diante de uma grande quantidade de profissionais que pertencem à geração dos millennials. Eles compõem a maioria dos candidatos que seu departamento de recursos humanos está entrevistando no dia de hoje. De acordo com o artigo da London Business School intitulado *Most millennials will only work for purpose-driven firms*, de março de 2018 (A maioria dos millennials somente trabalharão para empresas com senso de propósito), os profissionais mais talentosos do mercado são atraídos pelas empresas cujos valores façam sentido para eles. Esses profissionais buscam empresas que tenham um propósito definido e cujos valores sejam compatíveis aos deles. Essa afirmação é reforçada por uma pesquisa conduzida pela PwC chamada de *Workforce of the future* (A força de trabalho do futuro) que identificou que 88% dos millennials querem trabalhar para empresas com valores que façam sentido. E atenção: em 2025 eles representarão 75% da força de trabalho mundial!

> Todas as graças da mente e do coração se escapam
> quando o propósito não é firme.
> **(William Shakespeare)**

Um grande exemplo de propósito é a empresa Greyston Bakery. Provavelmente você não deve ter ouvido falar dessa empresa, mas deve conhecer os sorvetes "Ben & Jerry's Chocolate Fudge Brownie". Pois bem, a Greyston é a fornecedora exclusiva dos brownies utilizados por essa famosa marca de sorvetes.

Em março de 2019, a história dessa empresa saiu numa matéria do New York Times com o título *No Background Check, Drug Test or Credit Check. You're Hired!* (Não checamos antecedentes, não exigimos testes de drogas ou consultas ao banco. Você está contratado!). A empresa nasceu com o propósito de criar comunidades prósperas por meio da prática da "contratação aberta", ou seja, para trabalhar na Greyston você não precisa enviar seu currículo, passar por uma entrevista ou ter uma profissão específica. Basta apenas ir até a empresa e colocar seu nome numa lista. Quando uma vaga aparecer e seu nome for o primeiro da lista, você começa a trabalhar. Simples assim!

Os principais valores que sustentam esse propósito vão em direção à enorme discriminação que existe para certos grupos de pessoas, principalmente quando estão em busca de um emprego. Por exemplo, ex-presidiários ou pessoas que tiveram problemas com drogas. A empresa foi criada em 1982 por Bernie Glassman, um mestre budista que vivia no Brooklyn e que desde o início se baseou em princípios que valorizam o não julgamento e o amor. Atualmente, todos os 71 trabalhadores da área de produção dos brownies foram contratados por meio da "contratação aberta". Em 2018, a Greyston fundou o "Center for Hiring Open", com o objetivo de ajudar outras empresas a adotar esse método de contratação. A Greyston Bakery tem um ditado favorito: "Não contratamos pessoas para fazer brownies, nós fazemos brownies para contratar pessoas.

3. Reconhecimento e celebração. O poder do entusiasmo

As grandes conquistas somente foram
possíveis através do entusiasmo.
(Ralph Waldo Emerson)

Quanto vale uma pessoa? Era assim que eu começava minhas palestras sobre Reconhecimento e Celebração para os grupos de novos gerentes, dentro de um conceito interessante de Mentoring que o time de recursos humanos desenvolveu para preparar os novos líderes da empresa. A escolha pelo tema? Valorização por meio do reconhecimento. Minhas experiências com projetos voltados ao reconhecimento e celebração acabaram ficando conhecidas em nossa comunidade e, portanto, decidimos compartilhar.

No ambiente de negócios, nós podemos comprar muitas coisas. O tempo das pessoas é uma delas. Também podemos comprar a presença e o trabalho. É assim que o modelo funciona. Você é pago para produzir. Mas nem todas as coisas podem ser compradas. Entusiasmo, iniciativa e lealdade são fundamentais e essas virtudes precisam ser conquistadas. Mas é importante dizer que essa conquista não é um processo simples. Ela acontece por meio de uma série de fatores que fazem parte do DNA da empresa. Logo, podemos concluir que não está disponível a todos, infelizmente! *Não há nada melhor do que trabalhar com pessoas entusiasmadas pelo que fazem, pessoas que se entregam de coração ao trabalho e que contagiam todas as outras ao seu redor.*

A palavra entusiasmo vem do grego "enthousiasmó" e significa ter um deus dentro de si. Os gregos eram conhecidamente politeístas, isto é, acreditavam em vários deuses. A pessoa entusiasmada era aquela possuída por um desses deuses e, por essa razão, poderia transformar a natureza e fazer as coisas acontecerem.

Na minha visão, uma pessoa entusiasmada é aquela que acredita na sua capacidade de transformar o ambiente ao seu redor, contagiando as pessoas e esbanjando felicidade de forma natural. Celebração vem do Latim, "Celebrare", e significa "realizar, festejar, comemorar com solenidade, enaltecer, elogiar publicamente, exaltar". Celebrar é uma forma de "entusiasmar sua equipe!". *É impressionante ver o efeito do reconhecimento na vida das pessoas.* Ao longo de meus anos dentro do ambiente corporativo, pude analisar os impactos positivos, assim como os negativos, na carreira e na vida das pessoas. Hoje posso dizer, por experiência própria, que muitas empresas estão abrindo mão dessa fantástica ferramenta.

Pessoas trabalham por dinheiro, mas irão além por
reconhecimento, elogios e recompensas.
(Dale Carnegie)

Parte 2: Construindo o sucesso de equipes

Para muitos gestores, o principal fator de retenção está ligado única e exclusivamente ao salário e aos benefícios ligados ao cargo. Tive várias experiências em que funcionários diretos, e indiretos, como os vendedores ligados aos gerentes de vendas, foram assediados pela concorrência com salários melhores, melhores carros, melhores benefícios e posições mas, ainda assim, decidiram ficar. Também vi outros funcionários saindo da empresa por propostas melhores e, pouco tempo depois, solicitarem uma oportunidade de voltar, pois haviam concluído que a decisão havia sido um erro. Salário não é tudo! Mas se salário e benefícios não são fatores que mantêm um funcionário fiel à sua empresa, o que mais seria? Existem várias coisas. Entre elas, podemos citar a boa reputação da empresa, um propósito que faça sentido aos colaboradores, a preocupação contínua em se adaptar aos novos modelos de comportamento das gerações, horários flexíveis, opção para trabalhar no modelo de home office, uma liderança com real capacidade de gestão, planos de carreira em Y, desafios constantes, para citar as que mais aparecem nas pesquisas. Mas uma das minhas preferidas está relacionada com "Reconhecimento e Celebração".

Todo ano realizávamos nosso tão esperado Encontro de Vendas. O evento acontecia normalmente no começo do ano, no final do mês de janeiro. Durava em média uma semana e nele participavam toda a nossa equipe de vendas, marketing e serviço técnico, além dos convidados especiais que vinham em um único dia para dar seu recado. Os vendedores vinham de todos os Estados e nós aproveitávamos a oportunidade para rever os resultados do ano anterior, apresentar os lançamentos dos novos produtos e alinhar a estratégia de trabalho para aquele ano. Em uma das reuniões de preparação do Encontro de Vendas de um determinado ano, decidimos fazer algo diferente. Aproveitamos o fato de um dos vendedores mais antigos ter sido recomendado a uma promoção, ao cargo de supervisor de vendas. Sim, uma importante conquista, sinônimo de uma carreira de muito sucesso. Não poderia passar em branco. Aconteceu mais ou menos assim.

Nossa sala de reuniões para o evento era relativamente grande, portanto, nós usávamos microfones de lapela, que permitem mais liberdade para a comunicação. A sala estava lotada com toda a nossa equipe. Eu estava apresentando um determinado assunto quando, de repente, entra o som de uma chamada telefônica pelo sistema de alto-falantes. Fez-se um silêncio e as pessoas se entreolharam para tentar entender o que estava acontecendo. Interrompi minha fala e com uma cara de aborrecido pedi a ajuda do time de suporte, que ficava responsável pelo sistema de som. Tudo dava a entender que alguma interferência estava atrapalhando nosso trabalho. Mesmo com a ajuda dos técnicos, o tom da chamada continuava. Para diminuir o constrangimento, eu simplesmente disse: "Se não tem alternativa, vamos atender, ver quem é e resolver logo esse problema". "Alô!", perguntei para ver se alguém respondia do outro lado da linha. Uma voz feminina respondeu com um "bom dia", muito delicadamente. Eu disse que deveria ser algum engano, porque nós estávamos no meio de um encontro de vendas, e precisávamos seguir com o trabalho, pois havia um enorme grupo de pessoas aguardando. "Mas eu preciso dar um recado a uma dessas pessoas que está aí com você, e é muito importante", disse a voz da chamada. Nesse momento, o silêncio que havia na sala se fez mais presente ainda. Somente uma pessoa sabia quem estava do outro lado da linha. Eu pedi que ela continuasse, que podia passar o recado e foi quando ela se identificou como sendo a esposa da nossa "vítima", digo, nosso vendedor candidato à promoção. Ela começou falando como haviam se conhecido, dos filhos e do amor que sentia por ele. Obviamente, nosso vendedor não se conteve em lágrimas, assim como muitos outros na sala. No final, ela disse que estava muito contente em poder dar a notícia de que ele estava sendo promovido ao tão sonhado cargo de supervisor de vendas. Aplausos, aplausos e mais aplausos. Agradeci a ela e desligamos. Imagine o impacto! Tivemos que fazer um longo intervalo de café para que nosso amigo pudesse se recuperar e receber os parabéns dos demais companheiros da equipe.

Eu realmente não tinha ideia de como aquela ação impactaria todos naquele dia. Poderíamos simplesmente tê-lo chamado ao palco, dado a notícia e solicitado uma grande salva de palmas, num modelo mais tradicional. *Mas decidimos inovar e fazer diferente.* O único "trabalho", se podemos dizer assim, foi entrar em contato com a esposa, combinar o momento e garantir o sigilo. O resto fluiu totalmente de improviso. Transformar uma promoção em um momento especial como esse é exatamente o que eu quero mostrar quando falo sobre o poder do *Entusiasmo através da Celebração e Reconhecimento.*

Avalie a performance. Métricas claras

Depois que se cria o hábito, as expectativas sobem. O processo de reconhecer e celebrar precisa fazer parte da sua cultura, deve ser natural, feito com carinho e cuidado. Independentemente da empresa, é o líder que tem a responsabilidade de proporcionar essas experiências a sua equipe. E para não correr nenhum risco, é fundamental que o reconhecimento seja feito baseado em métricas claras e desafiadoras. Aqui apresento mais um exemplo.

Todo ano acontecia uma feira internacional, que era a mais importante para o nosso segmento. Devido aos bons resultados da área, nosso diretor internacional disse que, naquele ano, poderíamos levar o melhor vendedor do Brasil para o evento. Mais uma joia, uma oportunidade de ouro, assim chamávamos tudo o que poderia contribuir para nosso "Reconhecer, Celebrar, Entusiasmar". A tarefa mais difícil seria encontrar a melhor forma de selecionar "O Vendedor do Ano". Precisaríamos de métricas claras, mas não queríamos que fossem unicamente atreladas à cobertura de cota. Começamos, então, a pensar em quais deveriam ser as características de um vendedor ideal. Como tais características poderiam ser medidas? Como ter a voz do cliente influenciando nessa decisão? Chegamos num consenso sobre a lista de características e começamos a colocar a mão na massa.

Esse conjunto de indicadores cobria tudo aquilo que acreditávamos ser importante para um vendedor. Envolvia obviamente os volumes de venda, a cobertura de cota, mas também levava em consideração o engajamento e comprometimento com os programas de marketing, o percentual de novos produtos, a organização, a relação com seus pares e a "Voz do Cliente", feita por meio de pesquisas. No encontro de vendas do ano seguinte, nossa ideia foi dar a esse anúncio a importância que ele merecia, até porque seria a primeira vez que um vendedor iria ao exterior para participar dessa feira. Mais uma vez, unem-se as mentes para criar algo totalmente diferente e único. Decidimos que tudo começaria num "jantar de gala" em uma das noites de nosso encontro de vendas. Para esse jantar, todo o time deveria estar devidamente alinhado, ternos para os homens e vestidos para as mulheres. A noite pedia que tudo fosse muito especial. Além de um cardápio diferenciado, o auditório estava todo decorado, cada pessoa tinha seu respectivo local à mesa e tudo mais. Nosso mestre de cerimônias, uma pessoa da área de marketing com grande habilidade de comunicação, ditava o tom do evento.

O entusiasmo é contagioso!

Durante o jantar, colocamos um ranking com os três melhores vendedores em cada um dos quesitos, e os principais motivos que os levaram a estar entre os "Top 3" de cada categoria. Funcionou quase como uma indicação ao Oscar, avaliando primeiramente os melhores roteiros, trilha sonora, fotografia etc. Isso já dava a dica ao time sobre os principais

candidatos ao título de "melhor filme". Eu sempre agradeço pelas pessoas com que trabalhei naquela época. Não é tão simples assim ter um alinhamento sobre essas maluquices e fazer que sejam implementadas de forma a encantar e surpreender. Felizmente, todos compartilhavam dessa loucura. O entusiasmo é contagioso! O ganhador foi anunciado num clima de extrema euforia. Foi para a maior feira mundial do segmento, visitou clientes, fez demonstrações de produtos, sem falar uma única palavra em inglês, e voltou com uma empolgação e energia difícil de serem contidas. Imagino que as fotos e filmagens ainda façam a alegria dos filhos e netos desse "menino". A atenção aos detalhes é muito importante nesses casos. *Quando se faz as coisas com carinho, é impressionante o resultado e o impacto nas pessoas.* Além disso, o jantar de gala se transformou num evento oficial de todos os encontros de vendas posteriores.

Incentive e reconheça. Garanta uma jornada estimulante

Quando colocar em prática suas fórmulas para "Reconhecer e Celebrar", pense com cuidado sobre as metas. Elas precisam fazer sentido para a organização e devem garantir que o funcionário ganhador realmente tenha merecido, com uma dedicação acima do normal. Digo isso porque é necessário encontrar um balanço entre "esforço e reconhecimento", garantindo que o processo como um todo seja sinônimo de credibilidade. Outra preocupação é com a jornada até a meta. Explico melhor. Digamos que você esteja pensando numa fantástica campanha para seu time, com objetivos desafiadores e que tem potencial para causar um grande impacto nos resultados. A campanha vai de janeiro a dezembro. Logo, é fundamental que seja estabelecido um processo de reconhecimento ao longo do ano, talvez com reconhecimentos trimestrais. Dessa forma, você mantém o tema da campanha sempre em destaque e garante uma competição sadia. Às vezes, boas ideias se perdem por simples falta de atenção e acompanhamento por parte da liderança.

Todo o cuidado é pouco. Em uma das empresas em que trabalhei, foi lançada uma campanha trimestral para a equipe de vendas com um objetivo bastante agressivo. A premiação seria feita com base em pontos, conforme os produtos vendidos. O resultado seria pago em forma de "pontos prêmios" que poderiam ser trocados por produtos em um website de uma empresa parceira. Tudo foi feito com muito cuidado. A comunicação foi feita, os vendedores compraram a ideia e foram aos clientes, aumentando o número de visitas, introduzindo novos produtos, mais demonstrações, abrindo novas frentes. Os pedidos começaram a chegar e, para a surpresa de todos, bem acima das melhores das expectativas da liderança. Acontece que a empresa não estava preparada para atender àquele volume de vendas e não havia tempo de reação. Muitos pedidos não puderam ser atendidos. Diante do impasse, a liderança se reuniu e decidiu que a premiação seria paga somente sobre o que havia sido efetivamente faturado, e não pelos pedidos colocados dentro de casa pela equipe de vendas. Resultado: a campanha trouxe um impacto extremamente negativo à equipe de vendas, afetando a moral de todo o time.

Fortalecendo o espírito de equipe

O objetivo de todo sistema de reconhecimento é *fortalecer o espírito de equipe e transformar seus colaboradores em grandes entusiastas, fãs de clientes e apaixonados pelos seus trabalhos.* Por isso, é importante levar em consideração qual sistema de reconhecimento você aplicará. Houve um outro episódio que me afetou diretamente. Havia um programa internacional para os melhores projetos de marketing e vendas da empresa. Participavam funcionários de todas as subsidiárias, todos os países onde a empresa possuía operações. O programa era bem desenhado, tinha ampla visibilidade e, portanto, era muito disputado por todos. Na primeira fase, era eleito o melhor programa dentro de cada país, com uma premiação

Parte 2: Construindo o sucesso de equipes

e reconhecimento local. Na sequência, todos os programas eram enviados para uma banca avaliadora na matriz, fora do Brasil, e somente então os ganhadores globais eram anunciados. Além do destaque por ter seu projeto considerado como um dos melhores projetos globais na área de marketing e vendas, havia uma série de detalhes que faziam com que a disputa fosse acirrada. A premiação consistia em uma viagem para a sede da empresa, com direito à visita especial aos laboratórios, centros de treinamento e até a um café da manhã com o CEO. Além disso, a cerimônia de premiação era feita em meio a um jantar especial onde os projetos eram apresentados num telão e o troféu entregue em mãos pelo CEO, diante de muitos altos executivos. Não bastasse isso, depois o time de ganhadores se deslocaria em jato privado até um resort para treinamento sobre Teamwork e Liderança. Quem não ficaria superanimado em levar um prêmio desse nível?

Pois bem, fui anunciado como vencedor com direito a muita comemoração aqui no Brasil. O prêmio foi anunciado em setembro, e a viagem, agendada para fevereiro. Minha surpresa veio quando, devido a uma combinação de fatores naquele ano, a premiação foi cancelada. Pelo menos recebi o troféu pelo correio. Às vezes, entusiasmar por meio do reconhecimento não necessariamente precisa ser algo complexo. Num bate-papo com o gerente do Centro de Relacionamento com o Cliente, responsável pelas áreas de suporte ao cliente, 0800 e Televendas, ele me perguntou o que poderia fazer para engajar mais seus funcionários. Esse gerente já havia implementado vários sistemas de premiação e, segundo ele, funcionavam bem para alguns, mas nem tanto para outros. Nesse bate-papo, saímos com a seguinte ideia. Que ele colocasse algum tipo de "objetivo do mês", relacionado a alguma linha de produtos específica, ou à reativação de contas, contas novas ou qualquer outra métrica que ele considerasse relevante e importante para a empresa. O melhor colaborador seria então convidado para um almoço especial (minha posição naquele momento era de diretor executivo) com o restante do time da alta liderança da empresa. Isso seria feito no próprio refeitório da empresa, sem custos extras ou qualquer necessidade maior de investimento ou complicações logísticas. Garantiríamos o momento de destaque e reconhecimento da pessoa, com direito a um certificado, fotos e um belo discurso de gratidão por minha parte. Esse sistema simples provocou um enorme alvoroço no time do CRC e, segundo nosso gerente, um impacto positivo maior que qualquer aumento de salário ou premiação alcançada que eles pudessem ter. Não precisa ser complicado.

Agindo de forma inteligente. Extraindo o melhor de cada situação

Lembro-me de um caso em que nossa divisão estava mapeando um novo segmento de mercado e esse trabalho seria apresentado ao vice-presidente mundial, que estaria pessoalmente no Brasil. Nós levantamos todos os potenciais clientes, com todos os seus dados, tamanho, número de funcionários, produção, faturamento, localização dos sites, consumo de produtos etc. Estávamos preparando o material, quando surgiu a ideia de produzir um slide na forma de um mapa do Brasil, com todos os clientes ali devidamente plotados. Seria uma forma rápida de visualizar o trabalho que foi realizado e ver a concentração dos clientes por região. Naquela época, nossa empresa possuía um programa para inclusão de adolescentes e jovens, moços e moças, menores de 18 anos, também conhecido como menores aprendizes, a maioria estudantes do ensino médio, os quais chamávamos carinhosamente de patrulheiros. Passavam meio período na empresa (o outro meio período, obrigatoriamente, necessitavam estar na escola) e o objetivo principal era fazer um processo de inclusão social, garantindo a eles contato com o ambiente de uma empresa, um suporte financeiro e todo um cuidado com a parte psicológica e de desenvolvimento realizado pelo time de assistência social. O conjunto de tarefas desenvolvidas por esse time de aprendizes incluía desde atendimento telefônico, organização de agendas e tarefas, suporte na preparação de materiais que seriam enviados ao time de campo, pesquisas na internet etc.

Na época, tínhamos uma patrulheira, a Fernanda. Essa menina, desde o primeiro dia conosco, se mostrou extremamente dedicada, interessada, proativa e muito eficiente. Pensei, por que não passar a tarefa da produção desse slide em Powerpoint para ela como um desafio, enquanto nos preocupávamos com o restante do material que ainda precisava de bastante foco e dedicação de nossa parte? Eu havia enviado a ela uma planilha em Excel com os dados dos clientes. Expliquei qual era a nossa necessidade e disse que estaria à disposição para tirar qualquer dúvida. Passados três dias, a Fernanda me chamou e disse que havia enviado um e-mail para mim com um link e que gostaria de apresentar o trabalho já finalizado. De certa forma, não me surpreendi com o prazo, pois já conhecia sua eficiência e dedicação. A surpresa veio, sim, pela forma como ela montou todo o material. Na verdade, Fernanda havia me enviado um link, e não um arquivo de Powerpoint como eu esperava. Ao clicar sobre o link, um programa na internet abriu um mapa do Brasil, algo muito parecido com o Google Earth, onde se podia visualizar todos os clientes em formato de pequenos pontos vermelhos. Ela me explicou, então, que eu poderia fazer um zoom no mapa e aproximar a região, até chegar ao endereço do cliente. Além disso, ao clicar em um cliente específico, abria-se uma janela e todas as informações apareciam na tela principal. E tudo isso utilizando um software gratuito na internet. Um show! Totalmente acima das nossas expectativas. Tempos mais tarde, acabamos por adquirir a versão paga do software, que trazia maior quantidade de recursos. Aquele trabalho era algo totalmente fora da curva. Nosso time chegou à conclusão de que aquilo merecia um belo reconhecimento.

Eis que vem aquela dose de criatividade misturada com um pouco da nossa

Parte 2: Construindo o sucesso de equipes

própria cultura de como fazer as coisas. *Precisava ser diferente! Precisava ser inovador!* Por que não deixar que a própria Fernanda apresentasse aquele projeto ao nosso vice-presidente? Loucura? Negociamos internamente e conseguimos uma brecha na agenda. Tudo dependeria se ela aceitaria o desafio ou não. Imagine você, numa empresa multinacional, com um organograma complexo, poucas pessoas têm oportunidade de acesso a um vice-presidente executivo, normalmente restrito aos diretores, gerentes e alguns membros da equipe. Conversei antes com a Fernanda, expliquei o tamanho do "enrosco" e deixei que a decisão fosse tomada por ela, sem nenhuma pressão, visto a complexidade da proposta que eu acabara de fazer. O aceite foi imediato. Fizemos alguns ensaios para garantir que tudo sairia perfeito. No dia da apresentação, ela aguardou na sala anexa ao auditório e quando foi chamada, deu um show. Foram apenas 5 minutos, suficientes para passar a mensagem. Nosso vice-presidente adorou não só a maneira com que os dados foram apresentados, mas valorizou muito toda a iniciativa. No final, aquela notícia virou matéria do jornal da empresa e nossa guerreira teve um momento glorioso, que marcou provavelmente sua carreira e, por que não dizer, sua vida. E tudo isso está lá, apenas esperando que você, líder de sua equipe, seja o catalisador que dará início à reação. As ações mais impactantes são aquelas feitas por meio das mentes inovadoras de pessoas que sabem o quanto significa *deixar uma marca positiva na vida de um colaborador.*

Por que celebrar é preciso? Mais lenha na fogueira

As visitas aos clientes sempre foram importantes para nós. Valorizávamos cada interação, cada contato, e colocávamos sempre uma pitada da nossa alegria em cada ação, fosse uma reunião de negócios, uma demonstração de produto ou um seminário. E tudo fluía de forma natural. Isso, aliás, era o que na minha opinião validava aquele jeito de ser. Nada era forçado, nada parecia falso. Em um dos trabalhos de campo que realizávamos com um vendedor, passamos na frente de um revendedor que eu não conhecia. Pela sua estrutura, parecia ter um bom potencial. Questionei o vendedor se ele já havia feito uma visita e se havia oportunidade de negócio para nossa linha de produtos. Com uma certa dose de desconforto e decepção, o vendedor contou que já havia feito diversas visitas, mas que, por algum motivo ainda desconhecido, o proprietário não dava nenhuma oportunidade ou abertura. Pedi então que fizéssemos "mais uma visita", agora usando a desculpa de minha presença na região, e assim entramos, sem agendamento prévio.

Felicidade Ilimitada®

A felicidade leva ao sucesso e não o contrário.
(Shawn Achor, extraído do livro O jeito Harvard de Ser Feliz)

O proprietário nos recebeu educadamente, já adiantando que estava bastante ocupado e que a visita precisaria ser rápida. Fomos quebrando o gelo, com aquele nosso jeito de ser, mas sabendo que o foco era entender o porquê de as portas estarem fechadas à nossa linha de produtos. Naquela região em especial, nossos produtos eram muito bem avaliados e consumidos nos principais clientes finais. Depois de alguns cafés, o proprietário finalmente se abriu. Disse que sabia que nossos produtos eram bons, inclusive confessou que os clientes solicitavam constantemente nossos materiais, mas... havia sim um "mas"! Contou uma história antiga sobre um vendedor da nossa empresa que lhe virou as costas quando sua loja ainda era pequena e ele queria muito fazer parte da nossa rede de parceiros. Como teve sua proposta recusada naquele momento, ele se sentiu totalmente desprestigiado e, a partir daquele dia, adotou uma postura negativa com relação a nossa empresa. Apesar de todos os nossos pedidos de desculpas e mesmo sabendo que aquele vendedor não fazia mais parte da nossa estrutura, não tivemos sucesso em mudar sua opinião. Agradecemos a visita e deixamos o local. Nossa conclusão: *Precisamos fazer algo diferente!* Se realmente quiséssemos mudar aquele jogo, precisaríamos do nosso "algo a mais", algo que fosse além do trivial. De volta a nossa matriz, o time colocou a cabeça para trabalhar. Em pouco tempo, o plano estava desenhado.

O dia "D"

Era um dia normal e logo pela manhã todo o nosso time já estava devidamente preparado para o combate. Estávamos todos próximos à entrada da loja, escondidos, apenas esperando o horário exato. A loja estava cheia como de costume. O local possuía um grande balcão ao fundo e os clientes se deslocavam até ele, passando por uma série de ilhas de produtos em promoção. Parte das vendas acontecia ali, no balcão, normalmente para clientes menores, e outra era feita via telefone com entregas programadas aos clientes maiores. Era chegado então o momento de colocar o plano em prática. Num dado momento, sem qualquer aviso, a loja é invadida por uma banda! Sim, uma banda composta de alinhados senhores trajando uniformes vermelhos, chapéus pretos, com seus instrumentos e tocando um estrondoso "parabéns para você". Todos na loja pararam imediatamente para ver, e de certa forma tentar entender o que estava acontecendo. Logo atrás da banda, seguiam os pais de nosso amigo proprietário. A banda, então, fez uma pausa. O pai, um senhor já com idade avançada, levava uma placa que era uma homenagem pelos 35 anos de fundação daquela empresa, que inclusive havia sido fundada por ele. Como isso é possível? Sim,

Parte 2: Construindo o sucesso de equipes

nosso time descobriu a data da fundação daquela empresa e, por um alinhamento dos astros, ela estava completando a histórica marca de 35 anos naquele exato dia, sem que os próprios donos se dessem conta disso. A mãe leu uma carta bastante emocionante sobre como tudo começou, como a empresa ajudou toda a família na criação e sustento dos filhos e tudo acabou em lágrimas de alegria. Pais, filho, clientes e nossa equipe, a responsável pelo evento, todos ficamos muito emocionados. Nos despedimos do pessoal, parabenizando toda a família de empreendedores e deixando que a vida voltasse ao normal. Quer saber o final dessa história? No dia seguinte, nosso vendedor recebeu a ligação desse proprietário, pedindo que ele fosse até sua movimentada loja. Visita agendada. Assim que chegou, o proprietário o levou para seu escritório, ofereceu um café e começou uma conversa bastante agradável. Disse que nunca havia tido uma experiência tão emocionante e marcante em toda a sua vida. Algo que nem ele nem seus pais jamais iriam esquecer. Hoje é um dos principais parceiros da região de São Paulo. Fazer as coisas diferentes. Pensar de forma diferente. Ser proativo e menos reativo. Fazer com entusiasmo, com o brilho nos olhos. Desafiar, inovar, arriscar. Essa foi uma grande prova de que tudo o que valorizávamos efetivamente trazia resultados, desde que fosse feito com amor.

A única forma de se fazer um ótimo trabalho é amar o que você faz. Se você ainda não encontrou o que é, não sossegue.
(Steve Jobs)

Diversão a todo vapor

Escolha um trabalho em que você se divirta e não terá que trabalhar um único dia de sua vida. Você já deve ter ouvido essa frase, ou algo parecido. Pois bem, fazer o que gosta é um diferencial na vida de qualquer pessoa. Mas é cada vez mais comum ver pessoas exercendo funções que não gostam ou que não estão alinhadas com suas expectativas e ainda assim continuam lá. Por que será? Steve Jobs dizia que toda pessoa deve buscar incessantemente um trabalho que lhe proporcione prazer, dentro da mesma empresa, numa outra função ou área e, caso isso não fosse possível, então que mudasse de empresa. Esta afirmação ganha ainda mais destaque se o ambiente não for "saudável". Culturas autoritárias, falta de valores, liderança nociva, comportamento ético questionável, falta de perspectiva de crescimento são, entre outras coisas, elementos que devemos manter distância. *O importante é garantir que a diversão faça parte do seu dia a dia,* e ainda mais, quando você consegue colocar uma boa dose de alegria nas coisas que você faz, inevitavelmente você será *uma pessoa mais feliz, mais entusiasmada e irá contagiar todos aqueles ao seu redor, desde colaboradores até seus clientes. Uma felicidade Ilimitada!*

Felicidade Ilimitada®

As empresas já perceberam que ambientes mais descontraídos e divertidos são uma fonte de atração de talentos. Tomemos como exemplo o Google. À medida que a empresa ganhava maior participação e visibilidade no mercado, as pessoas começaram a prestar mais atenção na forma como o Google funcionava. Ambientes coloridos, descontraídos, com escorregadores, videogames, restaurantes com acesso 24 horas, e tudo gratuito, permissão de uso de roupas "informais" como tênis e bermudas, patinetes e modelo de liderança supercolaborativo, tudo começou a chamar muito a atenção. Era uma quebra de paradigma. Aquilo virou o sonho de muitas pessoas, principalmente atraindo a atenção das gerações mais novas. Com o passar do tempo, grande parte das startups passaram a copiar esse modelo e essa cultura começou a extrapolar o Vale do Silício. Para muitos profissionais, aquilo passou a ser o modelo "ideal" de trabalho. Atualmente, as empresas vêm buscando trazer esse conceito para dentro de casa, cada uma com seu jeito, como forma de não só atrair, mas também de reter os talentos. O problema é que é muito mais fácil nascer "descolado" do que se tornar "descolado", e por isso mesmo muitas iniciativas, dentro de empresas mais tradicionais, fracassam.

> As pessoas raramente têm sucesso,
> a menos que se divirtam no que estão fazendo.
> **(Dale Carnegie)**

Li um caso de uma empresa onde o pessoal de recursos humanos decidiu criar uma área para a famosa "descompressão", ou seja, um local onde os funcionários pudessem relaxar e recarregar as baterias. O local era muito bem decorado com TV, máquina de café e vários puffs para que os colaboradores pudessem usá-los para momentos de descontração, bate-papo e até mesmo para reuniões mais informais. A área foi desativada em menos de um mês. A razão? As pessoas simplesmente não iam até lá, pois temiam ser rotuladas como "relaxadas" ou "preguiçosas". Quando a diversão não faz parte da cultura, é muito mais complexo fazer movimentos desse tipo.

Parte 2: Construindo o sucesso de equipes

4. O melhor modelo de liderança. Todos! A importância do líder na construção de equipes de sucesso.

A um chefe você obedece, um líder você segue, procura e admira.
(Mario Sergio Cortella)

É indiscutível a importância de um bom líder para o sucesso de qualquer equipe. *Poderia dizer que liderança é o maior diferencial competitivo no ambiente de negócios atual.* Quando comecei a pensar sobre a melhor forma de abordar esse assunto, a maneira mais produtiva que encontrei foi visitar minhas memórias e analisar as situações que vivi com bons e maus exemplos de liderança que tive em minha carreira. Tirei muitos ensinamentos daquelas experiências.

Nesse processo, precisamos entender que as relações que envolvem a liderança começam muito antes do que você possa imaginar. A liderança começa lá atrás, desde nossa infância, com nossos pais, a escola, os professores, grupo de jovens, clubes esportivos, cursinhos e universidade. As experiências deixam marcas em nossa personalidade e contribuem com a "modelagem" do nosso próprio estilo de liderança. Meu primeiro modelo de líder inspirador foi Dona Ivone. Aconteceu quando eu ainda estava no jardim de infância, com 5 anos. Eu estudava em uma escola pública em Santo André, no que hoje chamamos de pré-escola. Naquela época, ainda não se falava em início de alfabetização na pré-escola, logo a maior parte do tempo era investido em atividades físicas, pintura, jogos e demais tarefas que pudessem agregar valor ao desenvolvimento físico e intelectual das crianças. Eu sempre fui uma criança bastante inquieta (palavra mais leve para bagunceira).

Sempre terminava as atividades que a Dona Ivone passava, antes do restante da classe, para depois ficar conversando com as outras crianças, ou seja, tumultuando a aula. A Dona Ivone, analisando meu perfil, decidiu que era hora de agir. Chamou-me num canto e me ofereceu um desafio: toda vez que eu terminasse uma tarefa antes que o restante da classe, ela me ensinaria um jogo novo. Uau! Imagine isso para uma criança de 5 anos. E assim foi feito. A cada dia, tarefa cumprida antes de todos, íamos para um canto da sala e ali foi onde dei meus primeiros passos no jogo de xadrez. Gostei tanto que aos 7 anos ganhei meu primeiro campeonato, competindo com crianças de toda a região do Grande ABC. Somente mais tarde me dei conta do impacto que a atitude da Dona Ivone causou em minha vida. Ela entendeu que dentro de um time, entre seus alunos, sempre vão existir perfis diferentes e que isso não é necessariamente ruim. Viu que existem maneiras de aproveitar os talentos individuais e tirar o melhor proveito deles. Em vez de colocar o aluno hiperativo de castigo, por que não lhe dar um desafio maior e resolver o "problema" de outra forma? Como um líder inspirador, Dona Ivone investiu seu tempo no desenvolvimento dos membros de seu time. Fez diferente. Foi além do que se espera dentro da sua função. Quantas saudades...

Diferença entre líder e chefe

Com o passar do tempo, vai ficando mais fácil perceber as diferenças entre um líder e um chefe e como isso tem relação direta com a formação de equipes de sucesso. Essas diferenças estão baseadas num conjunto visível de atitudes e posturas demonstradas por esses indivíduos, que, por consequência, são influenciadas pela cultura da empresa. Antes de entrar mais a fundo nesses comportamentos que definem a liderança, é importante olhar para a questão da cultura. Algumas empresas já têm bem definidos os estilos de liderança que valorizam e inclusive fazem questão de que sejam amplamente conhecidos por seus funcionários, líderes e futuros postulantes às vagas de liderança dentro da organização.

> **Grandes líderes mudam de estilo para levantar a autoestima de suas equipes. Se as pessoas acreditam nelas mesmas, é impressionante o que elas conseguem realizar.**
> **(Sam Walton, fundador do Walmart)**

Faça uma pausa e procure visualizar os diferentes indivíduos para os quais você se reportou. Tente categorizá-los entre líderes ou chefes. Para facilitar esse trabalho, veja a seguir alguns comportamentos ou características que separam um líder de um chefe.

Comportamento	Chefe	Líder
Espírito de equipe	Normalmente inicia as frases com "eu"	Normalmente inicia as frases com "nós"
Mentoria	Trabalha com as pessoas	Desenvolve as pessoas
Caráter	Inspira medo	Obtém respeito
Ego	Assume o crédito pelas conquistas	Reconhece as conquistas do seu time
Gestão de tarefas	Faz microgerenciamento	Delega
Dar o exemplo	Diz "vá"	Diz "vamos"

Visão	Visão de curto prazo	Visão de longo prazo
Gestão de pessoas	Focado em processos	Focado em pessoas
Desenvolvimento do time	Dá respostas	Ajuda a encontrar a solução
Gestão de pessoas	Focado em controle	Focado na confiança
Gestão da informação	Cria dependência	Cria líderes
Humildade	Já sabe tudo	Sempre aprendendo
Saber ouvir	Fala mais	Escuta mais
Feedback	Critica	Incentiva
Como lida com os insucessos	Busca culpados	Assume responsabilidade
Percepção do time	Tem funcionários	Tem seguidores
Hands On	Diz o que fazer	Ensina como fazer

Papel e características de um bom líder

Ler biografias de empresas é um hobby que tenho. É apaixonante ver como algumas das maiores empresas de hoje se desenvolveram, suas estratégias, seus desafios, conquistas, obstáculos e filosofia. Por trás de muitas delas, existe a presença marcante de um líder responsável por transformar um sonho em realidade. Seja Bill Gates na Microsoft, Steve Jobs na Apple, Herb Kelleher na Southwest Airlines, Howard Schultz na Starbucks, Jeff Bezos na Amazon, em todos esses casos, o papel do líder e o estilo da liderança fez a diferença para o sucesso dessas empresas. Um dos pontos que todos esses líderes tiveram, e ainda têm, em comum é uma "visão clara" de onde pretendiam chegar e a forma de fazer com que essa visão fosse compartilhada e internalizada por todos os seus funcionários. Quando Bill Gates declarou que "em toda casa haveria um computador pessoal", há mais de 30 anos, ele simplesmente definiu a maneira como a Microsoft deveria trabalhar. Howard Schultz imaginou como seria ter uma rede de cafeterias onde as pessoas pudessem não somente apreciar diferentes tipos de café, mas também fosse um ambiente para se encontrar, ouvir música, trabalhar no seu laptop, conversar, ou seja, uma experiência agradável.

Felicidade Ilimitada®

Liderança é o processo de encorajar os outros a trabalhar entusiasticamente na direção de objetivos.
(Davis e Newstrom Bergamini)

Por isso acredito que, quando um líder realmente abraça sua causa, ele tem o poder de contagiar toda a sua equipe. E uma equipe entusiasmada pode realizar coisas incríveis. O líder tem seu próprio universo onde as coisas acontecem. E nesse universo, ele tem autonomia para fazer com que sua causa, ou sua visão, se transforme em realidade, seja ela qual for. O que quero dizer é que é papel do líder abraçar sua visão, garantir que ela seja compartilhada com todo o seu time e ter perseverança na sua execução. Fazendo isso, você vai se surpreender em ver como os indivíduos ao seu redor irão junto com você nessa jornada, tornando-se seus grandes embaixadores.

Quando um líder realmente abraça a sua causa, ele tem o poder de contagiar toda a sua equipe. E uma equipe entusiasmada pode realizar coisas incríveis.

Lembro-me de um caso. Estava à frente de uma divisão onde uma das linhas principais era um abrasivo utilizado para a reparação de veículos em oficinas de funilaria e pintura. Bem, essa lixa era comercializada no formato de folhas e os profissionais a usavam de forma manual, necessitando para isso ter próximo a eles um balde com água. A água era necessária para que o lixamento pudesse ser feito, uma vez que, ao lixar, o resíduo que estava depositado na peça do veículo ficava grudado à lixa. Logo, a água servia como um lubrificante que limpava esse resíduo e garantia que o lixamento pudesse continuar com eficiência. O processo era lento, gerava bastante sujeira, mas era a única forma disponível para se reparar um carro até então. Eis que decidimos inovar e introduzimos no mercado uma nova lixa. O grande diferencial desse produto era que ele não precisava mais da água. Uma lixa que podia ser utilizada totalmente a seco. Isso só foi possível a partir de um novo material desenvolvido e adicionado à folha da lixa. Nosso time de vendas foi devidamente treinado e, como líder, estabeleci a visão de que não mais haveria lixamentos com água nas oficinas. Isso melhoraria o ambiente de trabalho e a saúde dos trabalhadores.

Parte 2: Construindo o sucesso de equipes

Clientes começaram a ser visitados, produtos demonstrados, e conversões se seguiam. Mais e mais clientes, agora fãs do novo sistema de lixamento a seco. Mas ainda havia usuários que não abriam mão de seus baldes com água e se recusavam a mudar para o novo modelo. Era como se algo os atraísse para aqueles baldes velhos. Mudanças tiram as pessoas de sua zona de conforto. Foi então que o Jair, um de nossos vendedores mais experientes, teve uma ideia " fora da caixa". Ele comentou que aquele apego dos trabalhadores aos seus baldes era algo psicológico. Dessa forma, os argumentos teóricos não estavam fazendo efeito sobre aqueles profissionais. Era necessário fazer uma abordagem diferente, que tivesse um impacto forte na mente daquelas pessoas. Com o Jair nasceu a "Cerimônia do Adeus".

Nos treinamentos que ele fazia sobre o novo sistema a seco, no final, Jair solicitava a todos que trouxessem seus baldes. Reunia os profissionais em torno deles, como numa grande roda. Ele então comentava sobre como aqueles baldes foram importantes para a vida daqueles profissionais, mas que tudo na vida evolui. Reforçava que não mais teriam que ter as mãos molhadas, o ambiente sujo, seriam profissionais mais qualificados, como os dos Estados Unidos. E, no final, pedia que cada um, como forma de desapego, furasse seu balde e entregasse imediatamente para o proprietário. Por mais absurdo que possa parecer, aquilo tudo funcionava, e a partir dali nada mais de água nos lixamentos. A "Cerimônia do Adeus" foi uma demonstração de como a visão clara e bem compartilhada pode impactar nas atitudes do seu time. A iniciativa foi replicada por todos os nossos vendedores Brasil afora. Aliás, hoje o nosso grande amigo Jair, idealizador desta ação, se transformou num empresário de sucesso que continua encantando seus clientes.

Tipos de liderança. Forças e fraquezas de cada perfil

Existem diferentes estilos de liderança, cada qual pautado por um conjunto de características que define a forma como o líder se comporta quando exposto

Felicidade Ilimitada®

às mais variadas questões. Quando analisamos o perfil das pessoas que possuem cargos de liderança, é natural fazer uma análise das características mais marcantes que, de certa forma, dependendo do grau de relacionamento que temos com elas, podem impactar em nosso próprio estilo de liderança. A maior parte das pessoas tem um estilo que lhe é mais "natural". Um estilo em que elas se sentem mais confortáveis para exercer suas funções e fazer com que os objetivos de seu time sejam mais facilmente atingidos. No começo de minha carreira, participei de uma reunião com um time de vendas da região do interior do Estado de São Paulo. Eram todos vendedores, de diversos departamentos. Eu acompanhava um gerente regional de vendas que faria a revisão dos resultados do último trimestre e minha função, como engenheiro técnico, era ficar ali para tirar qualquer dúvida sobre o uso dos produtos, caso surgisse. A sala era grande e, ao todo, estávamos em torno de trinta pessoas.

Era minha primeira reunião desse tipo e minha expectativa era poder ajudar o maior número de vendedores possíveis e assim contribuir com minha parte para melhorar o resultado de vendas da região. Nosso gerente abriu a reunião em um tom pouco amistoso, uma vez que os resultados não eram os melhores. Disse que não atingir as metas não seria admitido e que aqueles com desempenho abaixo do esperado seriam convidados a deixar a companhia. O silêncio se fez presente e eu pude sentir o medo no rosto daqueles vendedores, que não pronunciaram uma palavra sequer. Para mim, aquilo foi um tanto quanto desconfortável e algo inesperado. Quando a palavra foi passada ao primeiro vendedor (todos tinham que fazer uma breve apresentação dos resultados), antes mesmo que ele terminasse a primeira frase, nosso gerente literalmente esmurrou a mesa, interrompendo a apresentação, voltando ao seu estilo agressivo de liderança. E assim a reunião foi conduzida até que todos tivessem sua vez nesse processo "curioso" de motivação. Na viagem de volta, ele comentou comigo que eu não deveria me assustar, pois aquela era a única maneira de fazer com que os vendedores entendessem o recado e corressem atrás dos resultados. Felizmente, não levei o conselho adiante. Estudos sobre estilos de liderança vêm de longa data. Em 1939, um grupo de pesquisadores, liderados pelo psicólogo Kurt Lewin, iniciou um projeto para identificar os principais estilos de liderança e como os times reagiam a cada um desses estilos.

Você é tão bom quanto a equipe que constrói.
(Barack Obama)

Vários outros investiram em pesquisas na área de liderança, entre eles Max Weber, Fred Fiedler, Rensis Likert, Dr. Paul Hersey e Dr. Ken Blanchard, para citar apenas alguns, e até hoje os estudos voltados aos aspectos da liderança seguem produzindo grande quantidade de material, basicamente explorando as subdivisões de estilos e seu impacto na sociedade. Baseados nesses estudos,

Parte 2: Construindo o sucesso de equipes

vamos citar os estilos de liderança que eu considero mais importantes e suas principais características.

Liderança Autocrática (foco no chefe)

A Liderança Autocrática, também conhecida por liderança autoritária, é aquela cujo foco é sempre o "chefe". Um líder autocrático normalmente toma as decisões sozinho ou com ajuda de um grupo pequeno de pessoas. Define exatamente quais tarefas necessitam ser feitas, quando e como, sempre do seu jeito, quase agindo como se fosse um general, ditando ordem a seus comandados. O foco principal é o resultado do negócio, o atingimento das metas, não importando as consequências para se chegar lá. Líderes autocráticos gostam de deixar claro quem está no comando e não admitem qualquer tipo de ação que vá contra suas regras. Sua postura tende mais a fazer críticas do que elogios, pois considera que isso faz com que as pessoas produzam mais (cultura do medo).

É curioso ver como uma empresa pode chegar a ficar totalmente paralisada na ausência de um líder autocrático, uma vez que os membros do time praticamente não têm nenhum empowerment, nenhuma autonomia para tomar decisões. Se olharmos os aspectos estratégicos, esse tipo de liderança tende a focar somente no curto prazo, onde as ações são mais claras e fáceis de serem gerenciadas, deixando descobertos os planos de médio e longo prazo. Colocando dessa forma, parece ser um tipo de liderança demasiadamente ruim e prejudicial a qualquer empresa, mas pode haver casos em que haja a necessidade de um líder autocrático. Mercados pautados por muita regulação, onde qualquer deslize pode tirar a empresa do jogo, são um exemplo. Também em situações nas quais a empresa se encontra num "beco sem saída", pressionada pelos investidores, perdendo mercado para a concorrência, às vezes a única saída é um líder com um perfil autocrático, para que ações rápidas sejam tomadas. Isso é mais comum do que imaginamos. Conselhos de administração têm uma tendência em buscar esse perfil quando grandes viradas estratégicas precisam ser feitas na empresa. Vão ao mercado para trazer então um novo CEO que possa, em pouco tempo, colocar o trem de volta aos trilhos, o que em muitos casos resulta numa ação de sucesso. O problema é que uma liderança autocrática não deixa nenhum espaço para a criatividade e produz um efeito de sufocamento nos membros da equipe, caso ela perdure por muito tempo.

A diferença entre o remédio e o veneno é a dose.
(ditado popular)

Às vezes, independentemente do estilo da liderança, ações associadas a uma liderança autocrática precisam ser tomadas para que o sistema funcione melhor. Compartilho aqui uma experiência pessoal. Quando assumi a área comercial em uma das empresas por onde passei, me deparei com uma situação um tanto quanto curiosa, para não dizer preocupante. Os números de vendas há um bom tempo não vinham sendo atingidos e a equipe não tinha, além da cota de vendas, nenhum outro indicador de desempenho estabelecido. Os vendedores trabalhavam isolados em suas regiões sem nenhum tipo de acompanhamento e cada um utilizava o método que achava ser o melhor para abordar seus clientes. Muitos vendedores eram antigos de casa e tudo o que eles traziam para as reuniões de venda era considerado verdadeiro e muito pouco era questionado. Comecei então a agendar visitas a clientes com alguns deles (para a surpresa de muitos) e pude ver que o modelo realmente não estava funcionando. Não havia padronização alguma e faltava treinamento em habilidades de vendas. Tivemos que fazer um ajuste drástico.

O plano de ação incluiu, além de ajustes na cota de vendas, novos indicadores de desempenho, todos com impacto no salário variável da equipe. Entre eles, objetivos para a quantidade de visitas que deveriam ser realizadas por dia, número de demonstrações de novos produtos e número de treinamentos por semana. Os vendedores receberam um software que foi instalado nos smartphones, para que as visitas, demonstrações e treinamentos pudessem ser registrados praticamente em tempo real, ou seja, no final do dia a empresa já tinha esses dados e podia agir rápido com ações corretivas. Tudo feito de forma "autocrática". Não havia nenhum espaço para "mas não seria melhor?". O modelo funcionou e ajudou a colocar ordem na casa. Alguns membros da equipe não se adaptaram e acabaram deixando a empresa.

Liderança Democrática (foco no líder e na equipe)

A liderança democrática, também conhecida por liderança participativa, é aquela em que o líder considera a opinião dos membros de seu time para a tomada de decisões. Normalmente, produz alto nível de engajamento nos colaboradores, que se sentem importantes e valorizados, resultando assim num maior nível de satisfação. Como a liderança democrática preza por ouvir a opinião das pessoas, é ideal para empresas onde a criatividade e a inovação são a base da estratégia. Os líderes são verdadeiros mentores de seus subordinados, incentivando a participação nas discussões em busca de um consenso. Outra característica do líder democrático é sempre buscar explicar por que cada decisão é tomada, garantindo assim o maior comprometimento e engajamento do time. Além de estimular a discussão entre os membros do time, o líder democrático é responsável por manter a ordem, atuando como um regulador. Isso garante que os prazos sejam cumpridos e o foco seja mantido. Por outro lado, esses líderes mantêm alta expectativa com relação a seus subordinados. Normalmente, não admitem a falta de conhecimento na função ou no assunto ao qual são responsáveis, e quando delegam, confiam que as ações serão cumpridas conforme as expectativas.

Parte 2: Construindo o sucesso de equipes

É interessante analisar que, geralmente, as decisões tomadas sob esse tipo de liderança tendem a ser mais eficazes do que as tomadas de forma autoritária, uma vez que houve maior tempo de discussão para análise das alternativas e possíveis impactos na organização. Outro benefício é que os times são constantemente desafiados com projetos, o que resulta num alto grau de satisfação. Equipes sob uma liderança democrática tem a sensação de estar realmente fazendo a diferença na organização. O cuidado que uma liderança democrática tem que ter é com relação ao processo de decisão. Existem situações em que não há tempo suficiente para discussão devido à urgência do problema. Nesses casos, levar a busca da melhor solução para o modelo participativo de discussão pode acarretar grandes prejuízos para a empresa. Da mesma forma, o fato de o líder estar dedicando mais tempo ao seu time pode fazer com que ele perca de vista as métricas principais do negócio e as correções pontuais que precisam ser feitas de forma mais rápida.

> **A maior habilidade de um líder é desenvolver habilidades extraordinárias em pessoas comuns.**
> **(Abraham Lincoln)**

Tivemos certa vez a vinda de um novo CEO para a operação no Brasil. Os resultados não eram os melhores. O plano do ano anterior havia sido atingido em reais, mas, devido à taxa de câmbio que oscilou durante o ano todo, o resultado em dólares ficou abaixo da meta, ou seja, nosso novo CEO já chegou com uma missão desafiadora pela frente. Passada a fase inicial de algumas semanas de adaptação, a primeira ação dele foi reunir toda a liderança da empresa. Começou seu discurso dizendo que ninguém melhor do que as pessoas reunidas naquela sala sabia dos desafios que a empresa tinha pela frente, conheciam o mercado, os clientes, os concorrentes e, portanto, ele estava depositando todas as suas fichas naquele time. Mas o discurso não era somente para elevar a moral da equipe e buscar melhorar o relacionamento. Ele dividiu o grupo em times, e para cada time passou um assunto. Crescimento, redução de custo, aumento do percentual de novos produtos nas vendas, redução de estoque e assim por diante. O papel de cada grupo era discutir o tema e apresentar as soluções, como se eles fossem o próprio CEO. Durante a apresentação de cada time, os outros times tinham o papel de questionar e dar sugestões para tornar o plano de ação o mais robusto possível. Tudo feito sob a supervisão direta desse novo CEO, que fazia questão de estar presente em todos os grupos, acompanhando as discussões e demonstrando assim seu comprometimento com aquela tarefa. A saída daquele processo foi incorporada ao plano estratégico do Brasil. Um fantástico exemplo de liderança democrática.

Liderança Liberal ou Transformacional (foco na equipe)

O estilo de Liderança Liberal ou Transformacional é centrado na comunicação e motivação da equipe. O líder atua na forma de um coach, cujo foco é a equipe. Ele possui a característica de inspirar seus funcionários em busca da superação dos objetivos da empresa. É considerado o mais eficiente estilo de liderança, com a ressalva de que funciona melhor em equipes maduras, já acostumadas a um processo de delegação e que têm autonomia e facilidade para tomar decisões sem a necessidade de muita supervisão. Esse estilo foi identificado no final da década de 1970 pelo pesquisador Bernard M. Bass. Ele descreveu em sua análise que líderes transformacionais são emocionalmente inteligentes, demonstram enorme energia na condução de suas equipes e são apaixonados pelo que fazem. São comprometidos não somente no atingimento dos resultados, mas também em fazer com que cada membro de seu time atinja seu potencial máximo. Como resultado, seus times apresentam resultados acima da média e os colaboradores mantêm um alto nível de engajamento e motivação quando comparados com outros estilos de liderança.

Sistemas ficam obsoletos. Prédios deterioram-se. Máquinas desgastam-se. Mas as pessoas podem crescer, desenvolver-se e tornar-se mais eficientes, se tiverem um líder que compreenda seu potencial.
(John Maxwell)

Em sua essência, a liderança liberal ou transformacional tem o objetivo de promover a busca pela visão ou por um propósito, com valores que façam sentido para a empresa, para os membros do time e para a sociedade. As pessoas são tratadas de forma mais humana e justa, uma vez que o estilo foca na busca da solução do problema e não na identificação de culpados. Vários autores se referem à figura de Barack Obama como sendo um exemplo desse estilo de liderança. É a liderança por meio do exemplo. Esses líderes sabem que não precisam ser experts em todos os assuntos, mas sim estar próximos a pessoas que saibam dos assuntos importantes e garantir que elas tenham autonomia e direcionamento para fazer o que precisa ser feito. Os líderes transformacionais conseguem encontrar um bom balanço entre metas de curto e longo prazos, as quais são normalmente atingidas visto o comprometimento do time.

Eu acho que liderança é, mais do que qualquer coisa, definir um rumo e descrever uma visão para as pessoas.
(Barack Obama)

Mas alguns cuidados precisam ser observados com relação a esse estilo de liderança. Grande parte do sucesso da liderança transformacional vem da construção de uma "cultura de confiança". Por essa razão, ela pode no início parecer ineficiente, pois é necessário um bom tempo para que o líder construa sua base de confiança e deixe claro o que é esperado de cada um dos membros de sua equipe com relação ao comportamento e à autonomia. É fundamental que o líder tenha construído essa ponte. Caso as equipes estejam acostumadas a um microgerenciamento, o novo foco no empowerment que o líder busca em seus liderados pode gerar uma paralisação e frustração na equipe. Normalmente uma liderança liberal ou transformacional tem maior probabilidade de sucesso quando o líder conquista sua reputação dentro da organização ao longo do tempo, ou seja, é uma pessoa "da casa", que cresceu dentro da empresa. Mas se a necessidade da empresa é por resultados de curto prazo, com base numa mudança drástica na estratégia, definitivamente não é o modelo a ser adotado.

Liderança Laissez-Faire ou Hands-off (deixar fazer e equipe autogerenciada)

O estilo de Liderança Laissez-Faire é oposto ao autocrático, uma vez que foca principalmente na delegação das tarefas. Além disso, também é um estilo com uma característica interessante, que é o fato de o líder estar mais distante, atuando mais como um consultor quando algo sai do controle, o que dá aos membros da equipe maior liberdade e, consequentemente, mais tempo de dedicação às suas tarefas. Como o próprio nome diz, equipe autogerenciada, esse estilo somente funciona quando os membros da equipe são altamente experientes, tecnicamente capazes e acostumados a trabalhar sob baixo nível de supervisão. Na área da tecnologia da informação (IT), é muito comum ver esse estilo de liderança como sendo o modelo ideal para grandes projetos. Muitas vezes, os membros do time estão separados geograficamente por vários continentes, com diferentes fuso-horários e línguas, mas com o mesmo objetivo em comum. São especialistas em suas áreas, com alta capacidade de autogerenciamento e que têm os próprios recursos para buscar as soluções aos problemas que são apresentados. Para quem vê de fora, esse estilo de liderança parece confuso, uma vez que o líder pouco participa no dia a dia da operação. Normalmente é o próprio time que define os objetivos, a maneira como os problemas devem ser resolvidos e efetivamente toma as decisões.

Mas, então, qual é o papel do líder nesse caso? Os líderes Laissez-Faire são focados em garantir que a visão e os objetivos de longo prazo estejam alinhados e que as ações estejam caminhando naquela direção. São capazes de observar quando algo está fora dos eixos e trabalham focados principalmente em remover as barreiras que possam atrapalhar o bom andamento do projeto e reforçar a importância do sonho que se quer realizar. Pode parecer interessante trabalhar para um líder com estilo Laissez-Faire, mas, na verdade, os membros de uma equipe têm uma enorme responsabilidade, uma vez que suas ações têm impacto direto no resultado final. Quando algo sai do controle, essas equipes precisam se reorganizar e encontrar caminhos alternativos para corrigir o curso, na maioria das vezes de forma autônoma, sem a necessidade de consultar a liderança e isso é um fator positivo para muitas pessoas, elevando o nível de retenção dos funcionários.

> **É melhor conviver com pessoas melhores que você.**
> **Escolha parceiros cujo comportamento seja melhor que**
> **o seu e você será atraído para aquela direção.**
> **(Warren Buffett)**

Como qualquer outro estilo de liderança, o Laissez-Faire também requer cuidados. Quando as coisas não saem conforme o esperado, o processo de ajuste é mais complexo, visto que as pessoas compartilham as decisões e responsabilidades e não é tão simples identificar onde está o elo mais fraco da corrente. O reconhecimento individual sofre do mesmo problema e o líder vai precisar encontrar um modelo que consiga valorizar a contribuição individual num ambiente onde tudo gira em torno do trabalho em grupo. O líder e a empresa precisam garantir que os membros dessas equipes sejam realmente capazes para executar suas tarefas na mesma velocidade, caso contrário podem haver conflitos e estresse.

Liderança Situacional. Em busca da perfeição

Imagino que entre os quatro estilos de liderança que foram apresentados, você deve ter se lembrado de gestores ou situações em que aquelas características específicas ficaram mais evidentes. Algumas lembranças devem ter sido muito positivas e outras nem tanto. Na minha trajetória corporativa, passaram vários

líderes que deixaram marcas que serviram de base para a composição do meu próprio estilo de liderança. Curiosamente, as situações mais marcantes foram todas em momentos de crise, quando era exigido dos líderes o máximo em termos de habilidades de liderança pois, como diz o velho ditado, "mar calmo não faz bons marinheiros". Outro ponto que me chamou a atenção, com relação aos exemplos de liderança que tive, foi o fato de que nenhuma dessas pessoas com quem trabalhei, por melhores gestores que fossem, conseguiu manter excelentes resultados por um longo período de tempo. Sempre havia momentos de crise ou "fases de maior turbulência" em que parecia que toda aquela experiência em trabalhar com equipes e desafios simplesmente não fazia efeito. Por mais que se esforçassem, os resultados não aconteciam. Por que o modelo de sucesso desses líderes não era suficientemente bom para superar essas turbulências? Antes de mergulhar mais a fundo nesta questão, vamos resumir os estilos de liderança apresentados, neste gráfico que combina o foco em pessoas e o foco em tarefas.

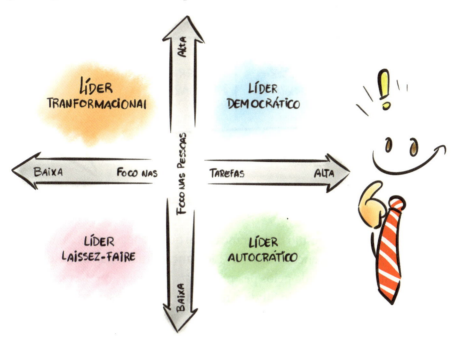

Pelo diagrama anterior, podemos ver onde cada estilo de liderança se posiciona. Líderes autocráticos são focados nas tarefas que precisam ser feitas e muito pouco nas pessoas. Já os líderes democráticos conseguem navegar muito bem nas duas áreas. Os transformacionais não focam nas tarefas, mas são excelentes na gestão de pessoas e, finalmente, os líderes da categoria Laissez-Faire são igualmente fracos tanto no quesito "tarefas" quanto "pessoas". Apesar desse gráfico ter o intuito de classificar os estilos, o processo é muito mais complexo e é necessário levar em consideração o nível da equipe, pois sem isso podemos ter uma leitura errada. Por exemplo, se o nível de uma equipe é baixo, tanto tecnicamente quanto com relação a habilidades em trabalhar em grupo ou dificuldades com processos de delegação, com certeza o melhor estilo de liderança seria o autocrático, caso contrário nenhuma tarefa seria finalizada a contento. No outro extremo, equipes altamente especializadas, acostumadas a desafios, trabalhos em grupo e autonomia para tomada de decisões, funcionam bem com o estilo Laissez-Faire, pois outros estilos poderiam criar conflitos. Dessa forma, ordenando as equipes pela sua expertise, podemos dizer que os estilos de liderança seguem essa ordem.

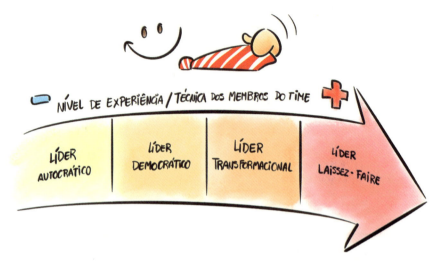

Foco nas situações e no nível de maturidade dos profissionais

Mas se não existe um estilo de liderança ideal que atenda a todas as situações, o que fazer? A resposta encontra-se na "Liderança Situacional". Essa teoria foi primeiramente desenvolvida pelos pesquisadores Paul Hersey e Kenneth Blanchard, do Center of Leadership Studies, na Califórnia, e apresentada no livro intitulado *Management of Organizational Behavior*, lançado em 1969. A teoria foi inicialmente chamada de "Ciclo de Vida da Teoria da Liderança", que estudou a eficácia dos diferentes estilos de liderança. Somente em meados de 1970 foi renomeada para Teoria da Liderança Situacional. Segundo eles, uma liderança eficaz se baseia em três variáveis:

1. O estilo do líder;
2. A maturidade da equipe;
3. A situação.

Ou seja, um líder de sucesso precisa se adaptar a esse conjunto de variáveis quase que constantemente, da mesma forma que um camaleão se adapta a cada novo ambiente. Primeiramente, ele precisa olhar com muito cuidado para o que tem nas mãos, a sua equipe. Analisar cada membro do time, tanto tecnicamente quanto emocionalmente. Depois é necessário olhar para a situação na qual está inserido. O momento requer ações rápidas? Crise? Ou uma meta extremamente agressiva? Somente depois é que um líder situacional deve estabelecer a forma como irá se posicionar junto ao time e junto à empresa. Esse estilo é, sem sombra de dúvidas, o mais eficiente entre todos os estilos de liderança.

Parte 2: Construindo o sucesso de equipes

No passado o líder era um chefe. Atualmente os líderes não podem depender apenas da sua posição de poder.
(Ken Blanchard)

Esse processo de adaptação passa por quatro fases que direcionam o trabalho do líder.

1. **Diagnóstico.** A fase de diagnóstico envolve basicamente entender o cenário onde o líder está inserido, ou seja, identificar o tamanho do desafio, a cultura da empresa e o nível da equipe. Para um líder diante de um novo desafio, é recomendado investir boa parte do tempo colhendo informações, antes de tomar qualquer decisão. Muitas coisas não são visíveis a olho nu e o líder precisa mergulhar para ver além da superfície, identificando cada detalhe.

2. **Adaptação.** A segunda fase é a adaptação. Nela o líder irá definir qual o melhor modelo de liderança a ser adotado para aquele momento específico. Aqui vem o maior desafio de um líder situacional. É necessário que o modelo escolhido seja executado com excelência, tendo sempre em mente que o estilo escolhido é o melhor para a situação em questão e que dificilmente as ações vão agradar a 100% da equipe. Dependendo da cultura da empresa, é saudável que o líder tenha o suporte da alta direção, evitando ruídos que não agregam valor ao processo.

3. **Comunicação.** Na sequência, vem a terceira fase, que é a comunicação. Nela, o líder precisa deixar claro como será a forma que o time vai trabalhar, dando detalhes de como as tarefas devem ser feitas, modelos de cobrança dos resultados, feedback e até mesmo as recompensas. Nessa fase se estabelecem as regras do jogo. É preciso explicar à equipe que a situação envolve medidas específicas e o sucesso dependerá da união de todos, foco e alinhamento.

4. **Avançar.** Finalmente vem a última fase, avançar. Ela consiste em gerenciar todo o processo, fazendo com que cada feedback da equipe sirva para retroalimentar o ciclo. O líder dá a luz verde para que o sistema entre em funcionamento e precisa estar atento a cada detalhe para garantir que as coisas fiquem dentro dos parâmetros estabelecidos. É comum que as pessoas aceitem os termos no início, mas esperam na verdade é que as coisas voltem a ser como antes.

5. O segredo para conquistar e fidelizar clientes. Gestão pela alegria e diversão

Faça o que você sabe fazer, da melhor forma possível, que os clientes voltarão e trarão os amigos.
(Walt Disney)

"Precisamos aumentar nossa base de clientes!". Quantas vezes você se deparou com uma situação como essa? De tempos em tempos, parece que aumentar o número de clientes é a única saída para resolver os problemas das empresas. Não estou dizendo que não seja relevante. Conquistar novos clientes deve fazer parte da estratégia de toda empresa que busca aumentar seu market share, tomando espaço da concorrência ou entrando em novos mercados.

Conquistar um novo cliente tem um custo e não é pequeno. Em inglês, a sigla "CAC – Customer Acquisition Cost" ou Custo de Aquisição de Cliente, representa o custo total utilizado pela empresa para convencer um cliente a adquirir seu produto ou seu serviço. Inclui desde campanhas de marketing, visitas de vendedores, técnicos, demonstrações de produtos, feiras e eventos, seminários até anúncios off-line e on-line. Somando o custo de todas essas ferramentas, dividido pelo número de clientes novos adquiridos durante determinado período, dá a dimensão de quanto custa trazer um novo cliente para dentro da empresa.

A coisa mais importante para se lembrar sobre qualquer empresa é que os resultados não são produzidos dentro de suas paredes. O resultado de um negócio é um cliente satisfeito.
(Peter Drucker)

Mas acontece que muitas empresas colocam foco na aquisição de novos clientes e deixam descoberta a base atual de clientes. E isso é muito perigoso. Recentemente, me deparei com uma promoção veiculada pela internet, da minha operadora de TV a cabo. Era um anúncio de um combo para um determinado pacote de filmes, do qual eu, cliente antigo e fiel dessa mesma operadora, já tinha no meu pacote atual. Vi surpreso que a promoção anunciava um valor inferior ao que eu estava pagando. Logo, fiz o que qualquer cliente faria, liguei para a central de relacionamento com o cliente, solicitando que aquele valor mais baixo fosse aplicado a minha fatura. A atendente, da maneira mais natural do mundo, disse: "Senhor, infelizmente esse pacote é somente para clientes novos!". De acordo com Philip Kotler, conquistar um novo cliente custa entre 5 a 7 vezes mais que manter um cliente atual. Sem falar no custo em trazer de volta um cliente que abandonou a marca. Dessa forma, a empresa precisa encontrar um balanço entre a aquisição de novos clientes e a manutenção dos atuais.

Abordagem com critério.

Como vimos, custa mais conquistar um novo cliente do que manter um antigo. Por essa razão, precisamos utilizar as ferramentas corretas para que possamos ser os mais assertivos possíveis no processo de aquisição. Esse, aliás, é um dos grandes desafios dos times de marketing neste novo cenário composto de clientes cada vez mais conectados. Segundo Kotler em seu livro *Marketing 4.0: do tradicional ao digital*, o conceito dos 4Ps do Marketing Mix já não atende a um mercado onde o ambiente digital é quem passa a ditar as regras. A força da marca, que até então era suficiente para definir a decisão de compra do cliente, está agora submissa à percepção que os clientes fazem dela e de seus produtos, e ganha ainda mais força quando essas percepções são compartilhadas entre comunidades digitais. Tome como exemplo uma viagem que você pretende fazer para qualquer destino, seja a negócios ou férias. No passado, para evitar aborrecimentos com hotéis, dávamos preferência para as grandes redes, pois as marcas eram sinônimo de segurança e qualidade. Logo o papel dos times de marketing dessas redes, tais como Sheraton, Blue Tree, Hyatt, entre outras, era basicamente divulgar e promover suas marcas, buscando fixar na mente dos clientes os benefícios de se hospedar em uma de suas unidades.

Mas os tempos mudaram. Atualmente a escolha pelo produto ou serviço se dá muito mais pela recomendação e endosso de outros clientes. No caso de hotéis, isso se tornou possível por meio do poder da internet e de websites como o TripAdvisor. Neles, o consumidor pode comparar produtos e serviços, no conforto de sua casa, e tomar sua decisão baseado nas experiências de outros clientes. Um serviço mal prestado pode viralizar e comprometer a imagem da sua marca ou do seu estabelecimento. São novos tempos.

Analisando o estilo pessoal de cada cliente

Rapport é uma palavra de origem francesa que significa "trazer de volta" ou "criar uma relação". O conceito vem da psicologia e é utilizado para designar a técnica de criar uma ligação de empatia com outra pessoa, reduzindo a resistência. No mundo corporativo, o rapport é muito utilizado em processos de negociação envolvendo cliente e fornecedor. Nos estudos relacionados à Programação Neurolinguística (PNL), onde se busca investigar a mente humana para ajustar comportamentos indesejados, o rapport é uma das técnicas mais citadas. Quando seu time consegue estabelecer esse tipo de ligação, a probabilidade de que a visita tenha um desfecho positivo é muito maior. A técnica envolve uma série de habilidades que ajudam a analisar desde aspectos gestuais, contato visual, expressão facial, postura corporal, tom de voz, gestos até posturas emocionais. Baseados neste conceito, nós começamos a identificar o perfil comportamental de nosso time de vendas e marketing. Com o suporte da área de recursos humanos, foi possível mapear o indivíduo em quatro perfis: Dominância, Influência, Estabilidade e Cautela.

Atualmente existem diversas outras metodologias com propósitos parecidos. O sucesso que tivemos usando esse mapeamento com toda a nossa equipe interna, entendendo melhor como se comportavam diante dos desafios, nos permitiu aprimorar nossos métodos de treinamento e feedback. E, por isso, decidimos iniciar um processo de identificação do perfil comportamental dos nossos principais clientes. Esse procedimento foi feito por meio de um processo bem mais simples, com o uso de técnicas de observação e perguntas que idealizamos. Assim, já na primeira visita a um cliente, o nosso time conseguia "estimar" qual era o seu perfil comportamental e a partir daí o modelo de atendimento era personalizado. De maneira prática, isso evitava, por exemplo, que um cliente focado em produtividade e controle de custos não fosse abordado com uma conversa sobre o resultado da rodada do Brasileirão do final de semana. A abordagem deveria ser direta ao ponto, com relatórios comparativos em mãos. Era uma inovação na forma de fazer negócios que acabou por nos diferenciar ainda mais.

Ficha dos Clientes. O início de nosso CRM

Muito antes dos atuais softwares de CRM que se popularizaram a partir do ano 2000, nosso time já trabalhava forte com esse conceito. A equipe de vendas realizava visitas e cada vendedor possuía aproximadamente entre 100 a 150 contas. O papel do vendedor era realizar a visita, levando as inovações, realizando demonstrações e tirando pedidos. Como o número de usuários era alto, assim como a diversidade de produtos e sistemas de nossa linha, era necessário um modelo que pudesse gerenciar todo esse processo e que fosse ao mesmo tempo simples e prático. Foi o nascimento da Ficha do Cliente. A equipe de marketing padronizou um modelo onde, já no cabeçalho, o vendedor podia colocar todos os dados do cliente, como razão social, nome fantasia, endereço, telefone, entre outras informações, e dados sobre a operação, como o número de funcionários, produção mensal, quais produtos utilizavam etc. Na sequência, existia uma área onde se lançavam as informações da visita propriamente dita, como data, quais produtos foram demonstrados, treinamentos realizados, pedidos e qualquer outra informação que fosse considerada importante.

As fichas eram consideradas verdadeiros "tesouros", uma vez que traziam todo o histórico de relacionamento com o cliente. Muitos vendedores, inclusive, começaram a inovar na gestão dessas fichas, colocando informações adicionais que consideravam relevantes, tais como as datas de fundação dessas empresas, datas de aniversário das pessoas chaves, quais times de futebol torciam e assim por diante. Tudo isso visava proporcionar um atendimento baseado na excelência ou um "momento mágico" ao cliente. Era comum ver o impacto positivo do uso dessa nossa versão de CRM junto aos clientes. Ver a reação de encantamento e surpresa dos clientes quando o vendedor dava pessoalmente os parabéns pelo aniversário de alguém com expressões do tipo "como você se lembrou?" era maravilhoso. Ou quando nosso time chegava de surpresa na empresa com refrigerantes e salgadinhos para realizar uma festa de aniversário para comemorar a data de fundação da empresa. Sabemos que as pessoas, de forma geral, têm uma grande resistência ao uso adequado do CRM. Consideram uma tarefa burocrática e improdutiva. Mas com todas essas vantagens percebidas, nunca tivemos dificuldades na implementação dessa ferramenta.

Outro ponto positivo das Fichas de Clientes era com relação ao planejamento de tempo e território. Os vendedores preparavam todas as visitas que iriam realizar durante a semana seguinte, simplesmente separando as fichas por dia, segunda, terça etc. Essa tarefa permitia estudar com antecedência os trajetos, para otimizar o tempo e garantir o maior número de visitas possíveis. As fichas tiveram cada vez mais importância no dia a dia dos negócios, a ponto de não conseguirmos trabalhar sem elas. Em nossos encontros de venda, os vendedores traziam suas fichas dentro de caixas de madeira, parecidas com fichários. Quanto mais organizadas, mais sucesso faziam. Verdadeiros exemplos de organização. Nesses encontros, nós aproveitávamos para fazer cópias dessas fichas, que ajudavam a compor nosso banco de dados, além de formar uma espécie de backup caso o vendedor perdesse as fichas, tivesse o carro roubado, por exemplo, ou deixasse a empresa.

Valor agregado versus valor percebido

Uma das empresas em que trabalhei era mundialmente reconhecida pela sua inovação. Havia um considerável percentual das vendas, bem acima da média de outras empresas, similares, que era investido diretamente em pesquisa e desenvolvimento.

Esse investimento sempre foi mantido, independentemente de os resultados estarem bons ou ruins. Isso era a garantia de que o fluxo de novos produtos se manteria firme. Aliás, ser inovador tem muitos benefícios. Desde financeiros, onde quem chega primeiro consegue vender seus produtos com melhores margens, até os psicológicos, abocanhando clientes que gostam de sair na frente em termos de novos produtos e novas tecnologias. Mas vários produtos eram concebidos com características técnicas que iam muito além do que o cliente estava esperando e esse processo gerava lançamentos que não traziam os resultados esperados. Explicando de forma mais simples, os produtos tinham benefícios que o cliente não precisava e, portanto, não estava disposto a pagar.

Ouvindo o cliente. VOC, ou Voice Of Customer

A estratégia de lançar produtos no Brasil, muitos deles sucesso em outros países, nem sempre funcionava como gostaríamos. Existem diferenças entre mercados, clientes e processos que tornam a introdução de novos produtos mais desafiadora. Garantir um lançamento de sucesso, baseado nesse histórico, passou a ser uma grande preocupação não somente do time de criação, o P&D, Pesquisa e Desenvolvimento, mas também do time de marketing. Quando a estratégia era feita sem olhar com cuidado para o cliente, o produto não "decolava". A complexidade era ainda maior considerando que a maior parte dos lançamentos saíam dos laboratórios que ficavam fora do Brasil, em centros de excelência espalhados pelos Estados Unidos, Europa e Ásia. Ao time local, ficava a responsabilidade de "tropicalizar o produto", visando atender às especificidades do mercado local.

Um caso ilustra bem esse assunto. Um novo presidente veio para assumir a operação da empresa no Brasil, com o objetivo de melhorar todo o processo de lançamento de novos produtos. Entre uma série de ações, voltadas à melhoria das etapas que envolviam a introdução de um novo produto no mercado, a de maior impacto foi focar no VOC, Voice of Customer ou Voz do Cliente. Até então, a empresa pensava apenas no produto, suas características e benefícios, com pouca atenção para o mercado onde seriam utilizados. A visão desse novo presidente foi olhar para fora, enxergar quais eram os principais mercados e então estruturar toda a empresa, para atender a esses mercados de forma mais organizada, priorizando os principais segmentos. Isso trouxe uma grande mudança

Parte 2: Construindo o sucesso de equipes

na estrutura comercial que, com o novo modelo, passou a investir mais tempo naqueles mercados selecionados, o que permitia, portanto, entender quais eram as reais necessidades daqueles clientes e, por consequência, adaptar os produtos para atendê-las. Tudo virou um processo natural.

Seja o primeiro. A diferença de chegar na frente

Existem inúmeras vantagens em chegar na frente. Pode ser um produto, um serviço ou até mesmo um método de pagamento. Ser o primeiro proporciona maior reconhecimento de marca (quando você pensa em lâminas de barbear, qual a marca que vem a sua cabeça?), maior parcela de mercado, o market share, e por que não dizer, maior lucratividade, pois você tem a opção de estabelecer o patamar de preço, uma vez que não existe base direta de comparação por parte dos clientes. Portanto, considere a inovação como um dos principais fatores no processo de conquista e fidelização de clientes. Para isso, você e sua empresa não precisam de investimentos gigantescos em áreas de P&D ou aguardar até que uma ideia genial apareça. A inovação pode estar nos detalhes e deve fazer parte da maneira como cada membro de sua organização pensa e age. Deve fazer parte da cultura da empresa. Estimular as pessoas a pensar diferente faz toda a diferença. Ouça as ideias e garanta que existam ferramentas para que sejam colocadas em prática.

A venda na ponta do lápis. Definindo o público ideal

Toda empresa baseia sua venda em valor. Mesmo uma empresa focada no segmento de baixo custo, vendendo uma linha de produtos considerada commodity, ainda assim se verá diante de uma série de concorrentes. O sucesso virá da diferenciação e, nesse caso, cada detalhe faz toda a diferença. Se você acreditar que o preço é o único fator que dita as regras, o jogo já está perdido. Um bom exemplo aconteceu no segmento de reparação automotiva, basicamente composto de oficinas de funilaria e pintura e redes de concessionárias de veículos. Naquela época, quando uma parte do veículo necessitava ser repintada, a porta por exemplo, todas as outras áreas ao redor precisavam ser protegidas para evitar que respingos de tinta as danificassem. Para isso, era quase que unânime o uso do jornal comum para esse processo, conhecido como mascaramento do carro. O pintor colocava folha por folha, colava tudo com auxílio de fita-crepe, construindo como se fora uma colcha de retalhos, deixando apenas descoberta a área onde a nova pintura seria feita. Por essa descrição, fica óbvio que o processo era lento. Também trazia problemas, pois o jornal não é um material totalmente impermeável e permitia que as tintas e vernizes atravessassem e danificassem outras partes, gerando retrabalho. E convenhamos, um carro protegido por folhas de jornal é algo visualmente bastante feio. Fácil imaginar a baixa produtividade e riscos de retrabalho.

Felicidade Ilimitada®

A inovação veio com um lançamento, o Papel para Mascaramento de Pintura. O produto era fantástico. Já vinha em rolos de três tamanhos diferentes, com um dispensador com rodas, permitindo sua movimentação pela oficina. O profissional conseguia facilmente remover a quantidade necessária de papel conforme o tamanho da área e, além disso, ao se remover o papel do dispensador, a fita já saía aderida à borda do papel, ficando 50% exposta para rapidamente ser fixada no veículo. Sucesso garantido! Os pintores ficaram "loucos" com a inovação. Quanta rapidez, quanta limpeza e com total qualidade. O papel impermeável não deixava passar a tinta, logo não havia necessidade de retrabalhos, como acontecia com o jornal. Mas para a surpresa de todos, passado algum tempo após o lançamento, as vendas ficaram bem abaixo das expectativas. O que poderia estar errado? Não houve nenhum caso onde os pintores tivessem expressado qualquer tipo de objeção, de rejeição. Mas havia um "porém". Eles não eram responsáveis pela compra, que ficava, na maior parte das vezes, a cargo do proprietário ou do comprador. Era uma barreira que precisava ser ultrapassada. Depois que os vendedores faziam as demonstrações e obtinham o "ok" dado pelo pintor, o usuário, eles iam até o proprietário, o decisor, para fechar o pedido, e a resposta que recebiam era basicamente a mesma, em forma de pergunta: "Por que vou pagar por esse papel se o jornal eu consigo de graça?".

Mesmo com os vendedores reforçando todos os benefícios do novo papel de mascaramento, ficava claro que aquela objeção não seria ultrapassada com aquela abordagem de vendas, focada somente no usuário, o pintor, e que ela não estava sendo suficiente para fechar uma venda. Naquele processo havia também influenciadores, talvez o chefe da pintura ou da oficina, e decisores, gerentes de compra e proprietários, e era preciso incluí-los no processo. Infelizmente, aquele aprendizado aconteceu da forma mais difícil. A solução foi voltar para a prancheta para rever a abordagem de vendas. A abordagem ao usuário estava funcionando. Logo a solução foi focar no decisor, o proprietário. E a estratégia seria a Venda na Ponta do Lápis. Tínhamos que explicar que, mesmo não pagando nada pelo jornal, o novo processo traria benefícios não somente de tempo, mas também financeiros. O novo sistema permitiria ao profissional pintar mais carros. Também haveria significativa economia de material, pois o novo processo evitaria retrabalhos em áreas que agora não seriam contaminadas pela tinta. Enfim, tudo isso era apresentado na forma de números, identificando todos os ganhos de produtividade e qualidade. O proprietário recebia no encerramento dessa "consultoria" uma planilha com a estimativa de ganho financeiro no final de um mês de uso do novo papel. O conceito fez tanto sucesso que se transformou em um seminário. Os eventos eram feitos normalmente no período da noite, onde nosso time convidava alguns proprietários para abordar esse e outros produtos, sempre focados na Venda na Ponta do Lápis. A abordagem, agora com foco no decisor, foi um sucesso e as vendas finalmente começaram a decolar.

A regra do jogo e seus limites! O cliente sempre tem razão?

Pode parecer que, para ter sucesso no processo de conquista e fidelização de clientes, o mantra "o cliente sempre tem razão" tem que ser seguido à risca. Algumas empresas chegam a colocar a frase em quadros espalhados pelos seus escritórios. Acontece que, mesmo o cliente acreditando que está coberto de razão, não significa que ele realmente esteja sempre certo. O que vai fazer a diferença entre manter ou não o cliente é a forma como a empresa está preparada para lidar com cada situação. Isso envolve uma clara definição de seus valores e princípios, além de muito preparo e treinamento de todos os envolvidos no contato e suporte ao cliente.

> **O básico nos negócios é ficar o mais próximo possível de seus clientes, entendendo a maneira como se comportam, suas preferências e seus padrões de compra.**
> **(Indra Nooyi, ex-CEO da Pepsi)**

Li um artigo interessante sobre a companhia aérea Southwest Airlines que explica um pouco esse conceito. Ele descreve o caso de uma passageira frequente que, sempre após um voo, fazia uma avaliação negativa da empresa nos formulários que eram disponibilizados dentro do avião. Aqueles famosos formulários para "dicas, sugestões ou reclamações" que ficavam bem na entrada do avião. Ela reclamava do fato de não ser possível fazer a reserva dos assentos, lembrando que sempre foi política da empresa não permitir a reserva de assentos, ou seja, o passageiro entra no avião e escolhe, entre as poltronas vagas, onde quer se sentar. Reclamava também sobre a falta de uma sessão de classe executiva ou primeira classe nos aviões, a falta de refeições servidas a bordo, o uniforme informal da tripulação e de toda aquela atmosfera casual, padrão da Southwest. Lembrando que todos esses pontos citados compõem os principais valores pelos quais a Southwest tornou-se a empresa que é hoje. Todos os formulários para "dicas, sugestões ou reclamações" eram direcionados ao time de relacionamento com o cliente, para que pudessem ser devidamente analisados e respondidos. Depois que mais uma reclamação daquela passageira chegou, o gerente da área decidiu juntar todas as outras que ela já havia enviado e encaminhou diretamente ao CEO da empresa, na época Herb Kelleher, com um comentário: "Esta é para você!". Herb sempre gostou de responder aleatoriamente algumas das reclamações ou sugestões feitos pelos seus clientes. Depois de ler o dossiê com todas as reclamações daquela passageira, levou um minuto para Herb escrever de volta: "Cara Sra. X, sentiremos sua falta. Atenciosamente, Herb".

Jogo limpo. Deixando claras as regras do jogo

A melhor saída para evitar situações que possam trazer desconforto aos clientes é ter regras claras. Como diz o ditado popular, "o que é combinado não é caro".

Felicidade Ilimitada®

Quando o seu time se esforça no processo de conquistar e fidelizar clientes, pode dar a impressão para alguns deles de que podem pedir o que quiserem, pois o fornecedor fará tudo o que for possível para atender da melhor forma possível. Infelizmente, sabemos que não funciona assim. A melhor forma de gerenciar esse tipo de objeção é ter um "contrato" explicando tudo que pode e o que não pode ser considerado na relação comercial.

Seja melhor que "o outro"

Para comparar, é preciso uma referência. Toda vez que alguém diz que alguma coisa é melhor ou pior está tomando como base alguma referência, provavelmente algo que já tenha experimentado. Acontece em qualquer segmento de mercado, para produtos ou para serviços. Logo, se você quer ser "o melhor" no mercado em que atua, vai precisar de parâmetros referenciais, caso contrário, a afirmação pode ficar apenas no discurso. Também é fundamental manter o foco no cliente. É em torno dele que as coisas acontecem. Em termos objetivos, se você pretende criar um time de alto nível, precisa entender exatamente o que a sua concorrência está fazendo. E você precisa fazer melhor. É natural buscar comparações na concorrência direta, ou seja, empresas dentro do mesmo segmento de mercado e com uma linha de produtos parecida. Isso está 100% correto. Chamou-me a atenção a história da "Pipoca do Valdir" e gostaria de usá-la como exemplo na questão de diferenciação de concorrentes.

Imagine você o nível de concorrência que se pode encontrar em uma cidade com relação à oferta de pipocas. Pois bem, o centro de Curitiba não é diferente e está lotado de carrinhos de pipoca por suas esquinas, disputando o mesmo mercado consumidor. Mas um se destaca entre todos eles, a "Pipoca do Valdir". O seu Valdir decidiu fazer diferente. Decidiu ser melhor que sua concorrência, focando num atendimento de excelência a seus clientes.

Mas o que fez o seu Valdir para ter tanto sucesso? Pequenas coisas com grandes impactos. Primeiramente investiu no visual do seu negócio. O carrinho de pipocas é impecável em todos os seus detalhes, limpo e brilhante.

Para o Valdir, isso demonstra sua preocupação com a qualidade e com a limpeza. Aliás, com relação à limpeza, sempre antes de começar o dia, o seu Valdir faz uma limpeza de todas as partes do seu carrinho que vão ter algum contato com seu produto, as pipocas, utilizando álcool gel 70%. Isso é feito no local de trabalho, à vista das pessoas. Seu uniforme é todo branco,

Parte 2: Construindo o sucesso de equipes

dos pés à cabeça. Inclusive tem um uniforme para cada dia da semana, sendo que, para que os clientes percebam que o uniforme é realmente trocado todos os dias, ele vem com o dia da semana gravado no bolso do avental. O uniforme da segunda-feira não é usado na terça-feira.

A preocupação com a saúde dos clientes é outro diferencial. O seu Valdir trocou o óleo de soja por óleo de girassol e canola. Também oferece a todos os clientes que compram sua pipoca um pouco de álcool gel para higienizar as mãos antes de comer o produto. Com relação à inovação de produto, introduziu a pipoca com bacon, que teve enorme aceitação e foi até copiada pelos concorrentes, além de uma linha de pipocas doces, com destaque para a pipoca com chocolate e coco. Também entrega, junto com o produto, um kit de higienização composto de guardanapo, palito de dentes e bala de hortelã. Para fidelizar ainda mais seus clientes, criou um Cartão Fidelidade, onde a cada cinco pipocas o cliente leva a sexta de graça, "na faixa". Aliás, a pipoca brinde é entregue num pacote "família", como uma forma de agradecer pela preferência. Foco no crescimento do negócio. O seu Valdir separa 30% dos rendimentos do seu negócio para reinvestir em melhorias como uniformes, visual e propaganda. Também se mantém fiel a vender pipocas. Outros concorrentes vendem outros produtos, como sorvetes e doces. Seu Valdir diz que não dá para ser bom em tudo, logo busca a excelência na venda exclusivamente das suas pipocas. O sucesso permitiu ao seu Valdir abrir sua microempresa, e agora consegue atender a eventos, pois tem condições de emitir nota fiscal. Atualmente dá palestras pelo Brasil e brinca nunca ter imaginado que chegaria onde chegou apenas fazendo bem o que mais gosta. Atender seus clientes com amor e simpatia.

O sorriso é a menor distância que há entre duas pessoas.
(Seu Valdir)

Gosto muito de ver como a Disney faz seu negócio parecer mágica e sempre uso seus exemplos junto ao meu time e em minhas palestras. Na minha segunda visita aos parques da Disney, minha filha, Maria Clara, estava com 7 anos e conseguimos programar a visita ao Magic Kingdom, exatamente no dia do aniversário dela. Chegando à praça que fica logo na entrada do parque, Mickey e Minnie já estavam lá, prontos para fotos com as crianças. Enquanto aguardávamos nossa vez na fila, pedi ao fotógrafo oficial (sempre fica um ao lado dos personagens e as fotos tiradas vão para um cartão com código QR entregue a cada pessoa para depois ser acessadas no website da Disney) que tirasse uma foto da família, pois era uma data especial. Ele tirou várias fotos e quando agradeci, acabei comentando sobre a nossa felicidade, pois era o aniversário da minha filha. Foi quando ele me disse para não deixar de pegar um botton especial na área de serviço ao cliente, que ficava logo em frente. Reforçou que seria importante e assim fomos. Chegando lá, disse o motivo de nossa parada ali. A atendente então perguntou o nome da minha filha e o escreveu em letras grandes com uma daquelas canetas com tinta permanente, em um botton específico para aniversariantes, e se prontificou a colocá-lo bem na frente da blusa dela, e assim voltamos ao parque. Adoramos a ideia daquele presente e do cuidado do time da Disney em valorizar o fato de minha filha estar fazendo aniversário, mas definitivamente não sabíamos o que nos esperava. A partir daquele momento, os momentos mágicos começaram.

Cada funcionário da Disney que cruzava a nossa frente parava para dar os parabéns à Maria Clara. Era impressionante! Não conseguia compreender como eles identificavam as crianças que levavam aquele botton diante de tanta gente. Obviamente, eram muito bem treinados para isso. Durante a famosa parada (Disney Parade), o desfile dos personagens Disney em lindos carros alegóricos, que acontece duas vezes durante o dia e é um dos momentos mais esperados pelos visitantes, nos colocamos à beira da calçada num local agradável e com boa visibilidade. Vários personagens conseguiam identificar o botton e, mesmo em cima dos carros alegóricos, apontavam para ela e davam o Feliz Aniversário. Simplesmente inesquecível.

Bom, rápido e barato

Certa vez, me deparei com um cartaz na fachada de uma empresa com os seguintes dizeres: "Nós oferecemos três tipos de serviços, o Bom, o Barato e o Rápido, mas você pode escolher somente dois:

1. Serviço Bom e Barato. Não será rápido.
2. Serviço Bom e Rápido. Não será barato.
3. Serviço Rápido e Barato. Não será bom.

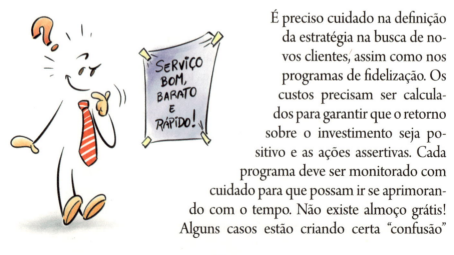

É preciso cuidado na definição da estratégia na busca de novos clientes, assim como nos programas de fidelização. Os custos precisam ser calculados para garantir que o retorno sobre o investimento seja positivo e as ações assertivas. Cada programa deve ser monitorado com cuidado para que possam ir se aprimorando com o tempo. Não existe almoço grátis! Alguns casos estão criando certa "confusão"

no mundo dos negócios com relação ao preço que uma empresa está disposta a pagar para ganhar mercado. Tomemos como exemplo a empresa de transporte Uber. Exemplo de "inovação disruptiva", a Uber transformou a forma como as pessoas se deslocam. Preço mais baixo, facilidade para pedir e pagar o serviço, veículos novos e sem surpresas com o preço, no final do trajeto. Tudo fantástico! Mas e os números da empresa? Em 2018, o faturamento foi de US$ 11,3 bilhões, mas com um prejuízo de US$ 3 bilhões. Está quebrando? Muito pelo contrário, continua em pleno crescimento. A desculpa é que a empresa está no modo de "investimento", expandindo seus negócios para novos mercados em busca de novos consumidores, como a Índia, por exemplo. Questionado sobre o assunto, eis a resposta de seu CEO, Dara Khosrowshahi: "A empresa está posicionada para entrar em um mercado de mais de US$ 12 trilhões. Vamos nos tornar a Amazon dos transportes". Só o tempo irá dizer.

Lembro-me de um caso em que uma multinacional da área de tintas automotivas, que não tinha grande participação no Brasil, decidiu entrar no mercado de forma bastante agressiva. Ela usou estratégias inovadoras e um tanto quanto radicais para ganhar espaço rapidamente. No caso das montadoras de veículos, conseguiu rápida penetração por alterar o modelo como os negócios eram feitos. Em vez de vender litros de tintas, como todos os outros fabricantes faziam, ofereceu assumir a área de pintura das montadoras, ficando responsável pelos equipamentos, sua manutenção, pelos insumos, as tintas, os primers e vernizes, e pela mão de obra, ou seja, mudou totalmente a base de comparação. Vender serviço e não mais produto. Isso surpreendeu o mercado e fez com que ela conquistasse rapidamente uma posição de destaque entre os fabricantes de tintas automotivas. Nessa iniciativa, houve inicialmente um prejuízo, previamente calculado, passando pelo ponto de equilíbrio e, posteriormente, chegou ao lucro. Inovar compensa. Com lucro, melhor ainda!

Clientes fiéis. Os embaixadores de sua marca

Você conhece o caminho que seu cliente faz até realizar a compra de seu produto? Se não sabe, acho melhor começar a pesquisar. Imagine que você precise comprar lâmpadas para sua casa. Um possível caminho a seguir é começar por uma consulta à internet para ver quais os modelos e preços. Possivelmente você terá uma lista de marcas em potencial. Talvez você entre em websites de avaliação de produtos para ver quais marcas são mais recomendadas e quais devem ser evitadas, com base no relato de outros consumidores. Decisão feita, você tem a opção de comprar pela internet ou ir até uma loja, home center, e fazer a compra pessoalmente, já sabendo que produto irá adquirir. Se for à loja, será exposto a outros produtos, talvez alguns que nem apareceram em sua pesquisa, e talvez seja abordado por um vendedor que passará a você mais informações que podem reforçar ou alterar sua decisão. Feita a compra, você volta para casa para instalar e verificar se a promessa daquela marca foi cumprida. Dependendo do seu perfil, poderá compartilhar a sua experiência com outras pessoas.

Esse caminho todo é conhecido como "Experiência de Compra do Consumidor". A empresa que deseja ter sucesso nos dias de hoje precisa estar atenta a cada detalhe dessa experiência para garantir que ela seja positiva, não importa onde o cliente esteja no processo, seja na internet, no website da empresa, seja no website de avaliações de produtos, seja na loja, seja em uma venda on-line e até mesmo no atendimento pós-venda. Tudo contribui para criar no cliente a imagem da marca e consequentemente influencia sua decisão de compra e, talvez, a de muitos outros consumidores. É a sua possibilidade de transformar um consumidor comum num cliente fiel. Um cliente fiel se torna embaixador de sua marca. Isso significa que ele falará positivamente sobre seu produto, sua marca e sua empresa para outras pessoas de forma gratuita. Se em alguma fase da experiência de compra houver um fator negativo e, às vezes, problemas acontecem, o dano à imagem da marca vai depender de como a empresa reage. Isso pode prejudicar ou reforçar a força da marca. Sim, reforçar!

Momentos mágicos. Surpreenda!

Um momento mágico é tudo aquilo que surpreende positivamente o cliente. Normalmente eles são lembrados por muito tempo pelos clientes que, espontaneamente, comentam com os amigos e demais profissionais. Essa cultura exige muita disciplina e uma boa carga de boa vontade por parte do time para que a iniciativa tenha sucesso. Isso porque esses momentos necessitam de pessoas que realmente se importem, que vivam aquela situação com prazer e satisfação. Quando nossos vendedores começaram a colocar a data de fundação dos clien-

Parte 2: Construindo o sucesso de equipes

tes nas fichas, passamos a fazer algumas festas de aniversário surpresa, levando refrigerantes e salgadinhos, uma placa de comemoração e uma carta assinada pelo gerente da área. O sucesso foi tanto que decidimos tornar o programa oficial. Isso demandava uma certa "programação" por parte de nosso time de marketing. Começou com um "enrosco" com o pessoal de finanças. Não havia nada no sistema da empresa para contabilizar os gastos dos vendedores, em que se encaixasse, por exemplo, bolos de aniversário. Resolvido esse caso, precisávamos estabelecer um limite de gastos por evento e um número máximo de eventos por mês e por ano, e assim projetar a iniciativa como uma despesa oficial da área de marketing, incluindo aí as placas de agradecimento. Tudo foi resolvido e, no final, o que valia mesmo era a forma com que era conduzido.

A cada aniversário do cliente, um momento mágico. Nossos vendedores tiravam fotos que, depois, eram compartilhadas internamente e guardadas com carinho em álbuns que cada vendedor fazia questão de exibir com orgulho nos eventos da empresa. Aproveite todos os momentos. Eles podem ser potenciais momentos mágicos. E não se esqueça, até os problemas que porventura aparecem, dependendo da forma com que são tratados, são novas fontes de momentos mágicos. Tudo depende de como você lida com eles. Eis um caso interessante. Estive participando de uma palestra com a fantástica Luiza Trajano, empresária brasileira que comanda a rede Magazine Luiza além de outras empresas. Em sua palestra ela comentou um fato pitoresco. O ano era 2016 e o Brasil estava se aproximando da cerimônia de abertura das Olimpíadas. Várias pessoas foram convidadas a correr com a tocha olímpica para divulgar o evento, e a Sra. Luiza foi uma delas. Na cidade de Franca, diante de um grande público, ampla cobertura ao vivo da TV, eis que a Luiza Trajano, no meio do pequeno trecho que devia correr, tropeça e cai, com tocha e tudo. Amparada, continuou e concluiu seu percurso. O que poderia ser talvez um dos episódios mais complicados da sua vida, na verdade se transformou numa super campanha de marketing. No dia seguinte o time de marketing já tinha tudo pronto! O slogan da campanha dizia: "A Dona Luiza caiu, mas está bem. Vocês pediram e os preços caíram também". Mas quando a empresa não dá a devida importância aos problemas, pequenas situações podem se transformar numa grande dor de cabeça. Veja este caso. A banda Sons of Maxwell viajava de Halifax, no Canadá, para Nebraska, nos EUA, pela United Airlines. Em uma escala em Chicago, Dave, o líder da banda viu pela janela que os funcionários da United estavam, literalmente, arremessando as bagagens dos passageiros, incluindo os cases com as guitarras e demais instrumentos da banda. Ao chegar ao destino, Dave infelizmente constatou que o pior havia acontecido. Seu violão estava quebrado. Imediatamente, ele foi reclamar com a equipe da United e recebeu a resposta de que o custo do conserto não seria coberto, mesmo depois de muita insistência de

Felicidade Ilimitada®

Dave. A forma que Dave encontrou então de expressar sua decepção veio com uma canção intitulada *"United breaks Guitar"*, ou *"A United quebra violões"*. O vídeo, postado no YouTube, viralizou e em pouco tempo tinha mais de cinco milhões de acessos. Somente nesse momento a companhia aérea procurou Dave e se ofereceu para compensar o prejuízo em troca de que o vídeo fosse retirado do ar. Obviamente que Dave não aceitou. Para a imagem da United, o estrago já estava feito.

Nada é por acaso. Foco em treinamento

Olhando de fora, até parecia que nossa equipe tinha um algum tipo de problema de comportamento. Vendedores que faziam festas nos clientes, demonstrações de excessiva felicidade no ambiente de trabalho, fotografias, entre outras coisas. Na verdade, aquilo era um conjunto muito bem organizado de diversos programas que levavam à fidelização de nossos clientes e que passaram a fazer parte do perfil daquela equipe. Mas para que tudo desse certo, alguns pontos eram de extrema importância. Aprendemos isso ao longo dos anos.

1. **Padronizar.** Tudo era feito de forma padronizada. Cada programa tinha seu próprio orçamento, ou seja, sabíamos quanto custaria para a empresa. Os vendedores sabiam quantos eventos teriam que ser realizados. A forma como deveriam ser feitos era compartilhada com o time. Até o tempo de duração era o mesmo em qualquer região do Brasil.

2. **Treinamento.** Todos os novos vendedores participavam de eventos com vendedores mais experientes antes de começarem a conduzir os seus próprios. Era importante garantir que aquilo fosse feito da forma padronizada, pois só assim os resultados esperados poderiam acontecer.

3. **Medir.** Não adianta padronizar nem treinar se as ações não forem executadas e acompanhadas. Por isso é importante definir exatamente quantos eventos cada vendedor precisa fazer e cobrar a execução. Não se pode deixar somente para a boa vontade das pessoas.

4. **Recompensar.** Os melhores sempre eram reconhecidos em nossos eventos. Mostrar para todo o time a importância de tais eventos sempre reforçou a nossa estratégia de praticar os momentos mágicos e incentivava que houvesse a busca por fazer melhor.

Cases de programas de fidelização

Alguns de nossos principais cases de fidelização já descrevi neste e em capítulos anteriores. Entre eles, o "Aniversário do Cliente" e a "Cerimônia do Adeus". Nós, então, sentimos falta de um grande evento, que pudesse mobilizar toda a nossa equipe, interna e externa, num único dia. Nasceu a ideia do "Arrastão". Na época, o Rio de Janeiro passava por esse problema, com gangues de adolescentes que corriam em conjunto para roubar os pertences dos banhistas nas praias e no calçadão. Usamos o mesmo conceito, mas agora para o bem. Era próximo do Natal e nosso time pensou em uma forma de agradecer aos clientes finais pelo ano de parceria e apoio. As mentes "soltas e inovadoras" passaram a funcionar. E surgiu o "Arrastão de Natal". A ideia era simples. Num único dia, em todas as regiões do país, todos os vendedores, time de marketing, serviço técnico, CRC e membros de nossas revendas, visitariam o maior número de clientes finais para desejar um Feliz Natal. As visitas deveriam ser rápidas, para não atrapalhar. Com a permissão do proprietário, os funcionários eram chamados, uma mensagem de agradecimento era feita e algumas sacolas com pequenos brinquedos eram entregues como forma de agradecimento. Fotos, uma despedida e corrida para a próxima visita. Era um dia totalmente diferente, divertido, emocionante. Alguns vendedores, mais extrovertidos, se vestiam de Papai Noel durante as visitas. Não foi surpresa ver momentos de intensa emoção. Em um dos casos, o vendedor nos relatou que um funcionário muito emocionado veio agradecer quando a sacolinha com o brinde foi entregue. Disse o funcionário: "Este será o único presente que poderei dar ao meu filho neste ano". O sucesso do programa foi tão grande e gerou tanta empatia por parte dos clientes que expandimos para mais datas, entre elas o "Arrastão Junino" e o "Arrastão de Carnaval". Nunca é demais agradecer ao seu cliente pela parceria.

6. A cultura que inspira equipes de sucesso

A cultura devora a estratégia no café da manhã.
(Peter Drucker)

Ainda existem dúvidas se a expressão "a cultura devora a estratégia no café da manhã" é realmente de Peter Drucker, uma vez que não aparece em nenhum de seus livros publicados. Mas o seu significado é de extrema importância para qualquer time ou organização. Traduzindo a frase, não adianta elaborar o melhor plano estratégico do mundo se ele não estiver alinhado à Cultura da Organização. No final a cultura irá prevalecer.

O líder que inspira "cria" a sua própria cultura

Havia recém assumido a área comercial. A empresa produzia componentes utilizados na indústria eletroeletrônica e, apesar do mercado estar aquecido, as vendas vinham caindo. O desafio seria grande. Recuperar o market share perdido ao longo de vários anos. Os produtos da empresa tinham qualidade comprovada e se destacavam de seus concorrentes pela qualidade e confiabilidade, o que implicava num preço acima da média de mercado. Minha sala ficava bem em frente à área comercial, dos vendedores, supervisores e o gerente de vendas. Um time de aproximadamente dez pessoas. Entre reuniões para entender melhor o negócio da empresa, desafios, revisão de plano de vendas e assuntos similares, percebi ao longo dos primeiros dias que aquele time de profissionais passava praticamente a maior parte da semana em suas posições, dentro do escritório. Curioso, convidei o gerente de vendas para um bate-papo para entender melhor como tudo aquilo funcionava. Ele me contou que cada vendedor tinha uma carteira de clientes definida e fazia a maior parte dos contatos por telefone. Questionei se não iam a campo, para visitar os clientes. A resposta foi que precisavam ficar próximos às áreas de produção e faturamento para garantir que as vendas e o seu atendimento

Parte 2: Construindo o sucesso de equipes

acontecessem de forma correta, mesmo sabendo que a empresa já tinha os respectivos times responsáveis por essas áreas funcionando. Pude perceber que, na verdade, aquele comportamento fazia parte da Cultura da Empresa há muitos anos e eu, pessoa convidada a melhorar as vendas, precisava agir, e rápido.

Segui minha cartilha com os três passos para colocar em prática a minha "nova" cultura de vendas. Depois de conhecer bem todos os processos de vendas, produção, faturamento e entrega, fui conhecer os principais clientes. Incluí nessa lista alguns que abandonaram nossa marca e passaram a comprar dos concorrentes. Além disso, investi bom tempo para entender o funcionamento das áreas internas, principalmente os supostos "gargalos" que levavam o time comercial a constantemente ter que reprocessar as tarefas. Na sequência, colocamos em prática um treinamento de vendas focado no cliente. Como nosso produto possuía uma boa relação custo versus benefício, era necessário fazer uma "venda na ponta do lápis", explicando como o cliente poderia ganhar mais utilizando um material com maior qualidade e durabilidade.

Junto com o treinamento, colocamos uma série de indicadores de desempenho para o time de vendas. O primeiro deles, e talvez o que causou maior impacto, dizia que todo o time comercial deveria passar pelo menos 80% do tempo no campo, dentro dos clientes. Para isso, garantimos que os processos internos estariam sob controle, liberando tempo para que os vendedores pudessem então fazer o "face a face" com o cliente. E para dar o sinal claro de que novos tempos haviam chegado, tomei uma medida mais radical. Removi as posições de trabalho da área comercial. Todas as dez posições agora estavam reduzidas a uma mesa e quatro cadeiras que serviam como suporte, caso houvesse a necessidade de encontros no escritório. Apesar de parecer um pouco "lúdico", aquilo era a forma de mostrar a todo o time, não somente à área comercial, que o fato de estar ali não era "aceitável" e nem o que se esperava de um profissional de vendas. Pouco a pouco, conseguimos virar o jogo, recuperando antigos clientes que foram perdidos para a concorrência, abrindo novas frentes e aumentando o volume dos clientes atuais. *A nova cultura mostrava então a sua força!*

Oportunidades. Valem Ouro

Atuando como engenheiro do serviço técnico, recebemos o convite de um programa de TV para falar um pouco sobre o segmento de mercado em que atuávamos. O programa se chamava "Mecânico e Boa Companhia" e ia ao ar todas as manhãs, das 6h às 6h30, com reprises às 10h da noite, horários em que os profissionais do segmento estariam em casa para assistir. Nossa primeira gravação aconteceu em nosso Centro de Treinamento e foi sem muito preparo. Trabalhava na época com um experiente profissional, mentor e amigo, o "Seu Matias", que já levava consigo vários anos de empresa, mas que não gostava muito da ideia de aparecer diante das câmeras. Lembro-me de que, naquela gravação, colocamos um flip chart com algumas anotações sobre o produto que estaríamos explicando, apenas para não perder a linha de raciocínio. Todo o resto seria feito de improviso. Para pequenos erros, a recomendação do produtor era ir em frente, sem correções, até para dar um ar mais natural, como gostavam os telespectadores do programa. Erros mais grosseiros iam para a edição, lembrando que o programa era gravado e editado antes de ir ao ar. Depois que nossa gravação foi ar, o programa recebeu diversos elogios, o que levou os produtores a nos visitar mais algumas vezes.

O final da história: tivemos a oportunidade de apresentar praticamente todos os principais produtos e soluções de nossa linha num programa de TV aberta. Não me lembro de nenhum outro caso semelhante no mundo, e o que é melhor, sem nenhum custo. Além disso, conseguimos autorização para fazer cópias com todo o conteúdo apresentado, na época com fitas VHS, e enviamos para todos os vende-dores, representantes e distribuidores. Era comum entrar numa loja ou revenda e ter uma TV com o programa sendo exibido. A maior lição que tiramos daquela situação foi a de nunca deixar passar nenhuma oportunidade. Elas podem valer ouro!

Além das fronteiras

Onde quer que você esteja, seja em uma multinacional, empresa familiar ou uma startup, haverá sempre uma cultura definindo a maneira de pensar e fazer as coisas. Isso pode vir das diretrizes da matriz da empresa, dos sócios ou simplesmente da forma de pensar do dono da empresa. Para o líder, é importante estar atento a essa cultura, pois ela pode sinalizar se as ações que ele está tomando estão alinhadas. Chamamos esse processo de "Adaptação Cultural Corporativa". O curioso é que muitos líderes são contratados ou promovidos a cargos de liderança, exatamente para trazer "mudança" e com ela melhores resultados para a organização. Mas e se a mudança tão esperada acarretar algum tipo de choque com a cultura presente?

Entendendo a cultura organizacional

Por essa razão, antes de querer colocar a mão na massa, o líder precisa enten-der como funciona a cultura organizacional do ambiente onde está envolvido. Edgar Schein é um PhD em Psicologia Social pela Harvard University e focou seus estudos na ciência do desenvolvimento organizacional por meio de seu livro *Organizational Culture and Leadership*, lançado em 1982. Segundo ele, toda em-presa possui três níveis de cultura:

1. Os Artefatos.
2. As Crenças e Valores.
3. E os Pressupostos.

Parte 2: Construindo o sucesso de equipes

Artefato seria tudo aquilo que é visível e que normalmente a empresa deixa transparecer aos funcionários e ao mercado. Incluem-se aí o Dress Code (código de vestimenta profissional), tipo dos móveis do escritório, planos de benefícios, ambiente de trabalho etc. Visualize a diferença entre entrar num escritório de um grande banco e em uma sede de uma startup da área de tecnologia. As Crenças e Valores são a forma como a empresa acredita que as coisas devem ser feitas. Envolvem as estratégias e objetivos, a forma como a empresa se relaciona com os clientes, canais e fornecedores. Normalmente são bem definidos, expostos em quadros pela empresa e, conforme o caso, endossados pela liderança. Por fim, vem os Pressupostos. Eles são os pensamentos que estão enraizados na mente dos funcionários, muitas vezes de forma inconsciente. Não são claramente divulgados, mas são a essência da cultura. Para conhecê-los, somente passando um bom tempo dentro da organização, convivendo com as pessoas e experienciando as diversas situações.

Vemos, portanto, que entender a cultura da empresa não é uma tarefa tão simples quanto parece e vai demandar tempo e uma boa dose de dedicação por parte do líder ou qualquer outra pessoa que seja nova àquele ambiente. Depois de entender exatamente a cultura da empresa, o líder precisa analisar seu plano estratégico e confrontá-lo contra os artefatos, crenças, valores e pressupostos da cultura vigente. É lógico que a empresa espera que o líder traga novas ideias e formas de trabalho, até porque foi por isso mesmo que ele foi contratado ou promovido. Mas ao mesmo tempo, ele precisa garantir que haja alinhamento entre tudo o que está sendo planejado com a cultura da empresa.

Felicidade Ilimitada®

Eu tive a oportunidade de sair de uma multinacional para assumir um cargo de liderança em uma empresa familiar. A contratação de alguém de fora tinha como objetivo oxigenar a companhia, trazer novas ideias e organizar várias áreas com uma metodologia mais próxima do que o mercado vinha praticando. Ou seja, era sim esperado que várias mudanças fossem feitas. Mas um dos meus maiores cuidados durante os primeiros 60 dias, tempo necessário para apresentar o novo plano estratégico para a empresa, foi de entender como a cultura funcionava. Isso tomou uma grande parte do meu tempo, principalmente para garantir que os novos direcionamentos não estariam indo contra nenhum valor ou pressuposto que a empresa valorizava em seus mais de 70 anos de sucesso no mercado.

Comece cada tarefa visualizando o seu final.
(Stephen Covey)

Finalmente, o líder precisa comunicar sua "nova cultura". Inicialmente, ele deve deixar claro quais são os valores e comportamentos que ele valoriza, que serão a partir dali os direcionadores da nova gestão. Esses comportamentos necessitam, no início, de um intenso trabalho de reforço, uma vez que podem ser muito diferentes do que as pessoas estavam acostumadas. E a melhor forma de realizar esse reforço é por meio do exemplo. *Principalmente o exemplo que vem do líder.* Não adianta dizer que o cliente é o foco de tudo se o líder não acha espaço em sua agenda para visitar clientes. Não adianta dizer que o controle de custo é fundamental se ele viaja de primeira classe e come apenas nos melhores restaurantes.

Quebrando paradigmas

Quebrar paradigmas. Dificilmente um processo de ajuste da cultura acontece sem que alguns paradigmas tenham que ser quebrados. E é responsabilidade direta do líder realizar essa tarefa. Como exemplo, numa das empresas que atuei como diretor comercial, depois de várias análises, notei que toda a equipe de vendas tinha salário fixo, sem nenhum comissionamento. Vários clientes estratégicos que compravam altos valores estavam nas mãos de representantes de vendas que não davam a devida atenção e dedicação que a conta merecia. Nesses dois casos, pequenos ajustes não seriam suficientes. A mudança precisaria ser grande, de 180 graus. E precisaria ser feita rapidamente para garantir que os resultados acontecessem. Obviamente que implementar um sistema de remuneração variável envolve um grande esforço por parte da área de finanças, recursos humanos e até mesmo do departamento jurídico. Idem para alterações radicais na estrutura de representantes, visto que desligamentos envolvem o desembolso de considerável quantidade de recursos e podem afetar a moral de outros representantes. Fato é que, em vários casos, o líder precisará quebrar paradigmas para poder colocar seu modelo de cultura em prática, ajustando-o continuamente à cultura já existente na organização.

Cultura. Um ajuste contínuo para o sucesso da equipe

Existem vários casos de empresas que foram obrigadas a realizar grandes ajustes em sua cultura corporativa por questões de sobrevivência. Mas a forma natural é que a cultura vá se ajustando aos poucos, tentando se adaptar às mudanças que acontecem nos ambientes interno e externo. Pense na forma como seus avós criaram seus pais. Compare agora com a forma como você cria seus filhos. O objetivo final não mudou. Filhos saudáveis, educados, formados, com uma boa profissão e bom caráter. Mas as estratégias utilizadas para chegar até lá é que são diferentes, ajustadas ao ambiente em que vivemos hoje. Nas empresas, funciona da mesma forma, com a diferença de que as mudanças ocorrem numa velocidade exponencial e a demora em fazer os ajustes pode resultar no fim de uma empresa ou negócio. Você, líder, tem, portanto, o dever de ser o catalisador de uma nova cultura organizacional para sua equipe. Não tenha medo em quebrar paradigmas e propor novas maneiras de realizar as tarefas. Aliás, isso é exatamente o que se espera de você. Esteja certo disso. Acredite em você. Tenha convicção do sucesso de suas estratégias. Coloque-as em prática. Lidere pelo exemplo e perceberá que em pouco tempo suas estratégias produzirão excelente resultados. Foco e confiança levam ao sucesso.

7. Depende apenas de você!

Eu acredito que estamos aqui para deixar uma marca. Em nossos relacionamentos, nos clientes, na empresa.

Pode acreditar! A gestão de equipes com base na Felicidade Ilimitada® funciona!!! Funcionários mais felizes e entusiasmados trazem melhores resultados, maior lucratividade e principalmente deixam os clientes mais satisfeitos. Por que então não encontramos esse tipo de liderança na maioria das empresas? Por que ainda predomina a cultura do medo e do excesso de pressão por resultados? Conversei com vários amigos em cargos de liderança antes de me dedicar a este livro. Cada um com um desafio diferente, em empresas diferentes, inseridos em culturas diferentes... Impressionante ver como tudo o que colocamos neste livro faz sentido a eles.

Cheguei à conclusão de que depende apenas de você! Toda jornada, por mais longa que seja, começa sempre com o primeiro passo. Só existe uma pessoa que pode controlar o seu destino. E o legal é que você não precisa fazer uma revolução na sua empresa ou no seu time. Não precisa quebrar todos os paradigmas que estão desviando as pessoas do caminho da felicidade. Conhece a história sobre como se come um elefante? Um pedaço de cada vez...

Reflita sobre tudo o que leu. Analise quais pontos estão mais alinhados com os seus valores, com a cultura do ambiente em que você está hoje. Faça sua lista de prioridades. E comece a colocar a Felicidade Ilimitada® em prática. Tive, por experiência própria, a oportunidade de assumir novos negócios em diferentes empresas. Em sua maioria, sisudas. Tristes. Com bons resultados? Algumas diria que sim, mas mesmo assim não tinham brilho... Funcionários entravam e saíam, não tinham vontade de criar raízes... E em todas elas pude ver o impacto positivo que uma liderança inspiradora pode causar. Difícil? Provavelmente sim. Impossível? Nunca.

Após ver o resultado de todo o trabalho, cheguei à conclusão de que valeu a pena. Eu acredito que estamos aqui para deixar uma marca. Em nossos relacionamentos, nos clientes, na empresa... quanto maior o conhecimento, maior a responsabilidade. Eu estou torcendo muito para o seu sucesso. Torço para que você seja um apóstolo dessa nova filosofia de encantar clientes, de aumentar o brilho das pessoas... Para trabalhar não precisa ser chato... objetivos agressivos podem combinar com times entusiasmados e motivados. Experimente... arrisque... desafie-se... O maior erro é não tentar. Por isso, antes de qualquer coisa, seja feliz! Melhor ainda se for uma felicidade ilimitada!

Parte 3
Construindo o sucesso organizacional

Renato Alahmar

Parte 3: Construindo o sucesso organizacional

FELICIDADE ILIMITADA® - CASO #3

As máquinas estavam em silêncio. Todas as pessoas reunidas para um "dia especial", era o que dizia o aviso geral. No palco improvisado, visitantes internacionais, os principais líderes da empresa no Brasil e um grupo seleto de clientes que participava de testes de produtos no laboratório recém-inaugurado. Quando o microfone ecoou, as pessoas ficaram imóveis, todas olhando para uma única direção. Palavras extensivas de agradecimento seguidas de uma "confissão" de que era "inimaginável, quase improvável, chegar àqueles resultados... parabéns a cada um de vocês pelos resultados obtidos". O silêncio foi interrompido por palmas inicialmente tímidas, mas logo motivadas por assobios e gritos entusiastas. O ambiente desenhava o início de uma grande comemoração. O diretor da fábrica continuou com a voz mais alta e pausada: "Fizemos investimentos porque confiamos nas pessoas... no poder de reação... e vocês conseguiram... com muito esforço... com o coração... com dedicação suprema... estamos aqui para celebrar uma importante conquista... parabéns...". Longos aplausos e uma expressão de alegria contagiante entre os participantes. As pessoas se abraçavam espontaneamente... a energia do momento ficou incontrolável. O microfone se calou, algumas mensagens ainda estavam para serem ditas. As pessoas que estavam no palco se juntaram às demais... abraços e sorrisos. Os clientes se misturaram com os operadores de produção. Os troféus na mesa permaneceram ali, sem os donos das supostas melhores performances. Difícil imaginar que um ambiente de fábrica se transformara, em poucos instantes, em um local de total descontração. Todos eram vencedores! Aqueles momentos de intensa felicidade marcaram muito cada um dos presentes. Mas nem sempre foi assim. Como isso aconteceu? Por que todos se juntaram daquela maneira como se fossem parte de uma única família?

Descobrimos um jeito diferente de construir uma organização de sucesso, prosperidade e alegria. São estas ideias e aprendizados que compartilho a seguir.

1. Gestão da empresa. Sonhos são ensinamentos

Uma empresa são pessoas em ação para um propósito em comum. Você está vendendo o que o seu cliente deseja?

Era uma vez... um sonho que se realizou! Um sonho que engrandece as pessoas, dá origem a um propósito, fortalece a cultura da empresa, que se realiza por meio de ações. Um sonho desse tamanho não se realiza por uma pessoa, mas pela contribuição da equipe. O mundo dos negócios é um terreno privilegiado para homens e mulheres de propósitos e ideais realizados com entusiasmo e emoção. Vamos chamar isso de felicidade ilimitada, um tipo de *componente acelerador para os resultados*.

Tudo começa com um desafio. Não importa o tamanho da sua empresa, caro leitor, é o *ritmo do líder, a visão que ele tem para cada elemento da equipe e a gestão profissional dessas pessoas que determinam o êxito dos resultados.*

Tem um desafio a realizar? Então vamos lá, mãos à obra. Uma boa fórmula para garantir resultados é imaginar a jornada do fim para o começo, de onde a empresa precisa chegar e dos resultados no prazo exato que precisa obter. Metas claras e pontos de referência ajustáveis vão possibilitar a todos a visualização da jornada no dia a dia. Muitas vezes os resultados não acontecem em função da grande confusão de quais são os objetivos prioritários. Importante para o líder é deixar muito claro que o modo como cada um vai usar o seu tempo e a sua energia são as ferramentas determinantes para o sucesso da empresa.

Quando cheguei à liderança de negócios, *a disciplina e o foco* passaram a ser meus grandes aliados para enfrentar os desafios. Gerenciar o meu tempo de modo estratégico e efetivo seria determinante e eu via isso acontecer de forma muito clara nos meus líderes e mentores. Aprendi com eles que era possível atender às demandas dos compromissos em meio a reuniões intermináveis, centenas de e-mails insistentes, e ainda dedicar suficiente tempo para desenvolver a equipe, visitar clientes e lojas revendedoras. Isso era apenas alguns elementos que compunham o meu papel de liderar. Tantas prioridades e já sabendo que ninguém (lá no andar de cima) está interessado em explicações, mas, sim, em soluções e resultados.

Muitas vezes, durante a jornada, é preciso pausar e compreender os sumidouros do seu tempo diário. Saber administrar a agenda é tão brutalmente importante que muitas vezes se corre o dia todo, mas no final das contas tudo acaba em poeira e nada mais. Fica aquela sensação de vazio, numa correria sem fim, ainda que você nem tenha arranjado tempo para almoçar ou atender a uma ligação pessoal importante.

Situação	Opção de solução
Reuniões intermináveis.	Hora do início e fim (sem prorrogação), objetiva, conclusiva.
E-mails.	Priorizar apenas os enviados "para" você.
Tempo para equipe.	Definir na agenda. Preferencialmente de manhã.
Visitar clientes.	Definir na agenda. Evitar cancelamentos.

Reflita e descreva...

O que rouba seu tempo?	Qual a sua solução imediata?

Se tivesse que pagar o preço por assumir responsabilidades complexas, então o empenho e aprimoramento teriam que caminhar no fio da navalha ou, como preferia pensar, *caminhar na abundância das oportunidades. A regra deveria ser a busca contínua de alternativas com otimismo e com automotivação para tudo que poderia fazer com a equipe.* Olhar com atenção para cada uma das pessoas que compõem a estrutura. Acreditar que mesmo nas épocas de crise e incertezas é que ficamos ainda mais fortes, porque *ajudamos as pessoas a ter sucessos,* e não a empurramos abismo abaixo. A boa alternativa então é sempre poder sair da escassez para a abundância, pensar com confiança que o pote de ouro sempre está onde podemos enxergar, ainda que, inicialmente, em forma de sonho distante. *Quem sonha cria todo dia. Quem cria todo dia cresce.*

As empresas valorizam quem é guerreiro

Inovar é começar, e era isso que fazíamos a cada manhã. Chegar ao trabalho, todos os dias, com a carga máxima de energia... e ao terminar a agenda celebrar, com a sensação de dever cumprido, um prazer interno cheio de riqueza e alegria. Nunca deixar que o seu dia na empresa termine com aquele gosto amargo de situações mal resolvidas. Aceitar que há momentos que não dependem exatamente de você para resolver, certas coisas que não estão nas suas mãos, e ponto. *Não alimente situações que drenam sua energia.* Ao contrário, aprecie mais o que nos alegra mais e faça de onde atuamos um lugar melhor e grandioso. Voltar na manhã seguinte, com energias renovadas e com uma visão de abundância, é isso que sua equipe precisa ver em você. Se pudesse traduzir essa expectativa em uma única palavra, seria entusiasmo. *Entusiasmo é a diferença entre pessoas que fazem a história ou que simplesmente assistem às coisas acontecerem. Acredite, sua equipe quer participar de uma grande realização com você.* E, se tem alguém que prefira "ver o circo pegar fogo", então o problema pode ser você. Lembre-se, as empresas valorizam quem é guerreiro, quem assume riscos ponderados com os valores da empresa. Isso vale para todos.

Nossa maneira de pensar era que as respostas para os desafios dos negócios não estavam somente dentro dos escritórios. Estabelecer a rotina de uma gestão positiva para produzir resultados implica ouvidos atentos às demandas externas e internas, nessa ordem. O risco de cansar, entristecer ou anestesiar acontece com aqueles que gostam do ar-condicionado ou das bonitas e confortáveis salas dos escritórios. A visão da abundância é a experiência de olhar positivo e para cima, é estar na arena dos negócios, qualquer previsão distante dos clientes é totalmente incerta. Sempre pensamos que, diante dos clientes, o que temos pela frente são oportunidades. É preciso prosperar com confiança, por isso o sucesso da gestão começa lá na frente, do lado de fora, e não na "tranquilidade" do escritório. *Prosperar com entusiasmo, junto dos clientes, esse era o nosso motor do dia a dia.*

Outros pontos de referência também eram muito relevantes para consolidar o sucesso da jornada. Estabelecer prioridades, não mais que duas ou três, e segui-las obstinadamente. Processos simples e claros. Quer um exemplo? Nossas reuniões internas não duravam mais do que 30 minutos, e depois de algum tempo, ajustamos de 30 para 15 minutos produtivos. Era assim que resolvíamos as coisas. Administrar o tempo deixava de ser o segredo do sucesso escrito nos livros para servir como nosso exemplo de todo dia. Isso funciona. A educação e o respeito pelo tempo acabam incorporando em todos. Interessante notar como sabíamos cuidar muito bem da produtividade, incentivado pelo pensamento positivo voltado para as oportunidades. Raramente ultrapassamos o limite de tempo das reuniões, até porque a nossa assistente já dava um toque alertando que "a fila anda". O dia no escritório era intenso, 12 a 14 reuniões, e não poderia ser de outra forma. *Liderar requer disciplina*, e se conseguir ajustar esse padrão ao seu ritmo, você ganha "de braçada" no controle do estresse.

Hora do almoço ou um café, aproveite para uma conversa face a face com alguém da equipe. *Gestão da empresa tem tudo a ver com pessoas.* Quer um outro exemplo? Muito melhor fazer uma ligação do que enviar um e-mail com cópias para uma dezena de pessoas. Ou, ainda, antes de começar a escrever, por que não falar pessoalmente?! Não raras são as situações onde as pessoas enviam mensagem eletrônica para vizinhos de sala. Já viu esse filme antes? Quer um outro exemplo? Quando for pegar um café, pegue dois, você sempre vai encontrar uma boa, produtiva, rápida e oportuna companhia.

Delegar tem limites?

Não importa o tamanho da empresa ou o segmento em que atua, liderar é servir uma equipe, respeitar pessoas, alinhá-las para algo maior que nós, orientá-las para um propósito com o máximo vigor.

É preciso reconhecer que não se pode fazer tudo sozinho e que as pessoas também estão ávidas por novos desafios e responsabilidades para demonstrar o seu valor e determinação. Não foque no que está errado... Pergunte o que está certo e por meio dessa comunicação aberta e simples a criatividade surge, porque não temos muito tempo para ficar nocauteados pela crise ou pelos problemas.

Líderes que se destacam são também apreciados por confiar nos outros. Acreditam que as pessoas estarão à altura dos desafios e que farão o que é certo. *Líderes fortes tendem a gerar mais líderes e mais liderança positiva em toda a organização, porque confiam e delegam poder às pessoas, com orientação, com responsabilidade.* Todos conhecemos a expressão "delargar", que é o oposto da confiança. *Empoderar as pessoas é saber dosar o ponto exato entre delegar e acompanhar.*

Uma outra forma de avaliar até onde vai a fronteira do delegar é refletir de maneira cuidadosa: Qual o custo da desconfiança na empresa? É mais fácil confiar ou desconfiar? Perguntas simples assim, mas que fazem chegar a conclusões surpreendentes. *Desconfiar entristece, atrofia o coração, dá um banho de água fria no orgulho das pessoas e deriva a empresa para o desânimo e desencanto.*

É preciso pensar que não se tem respostas para todas as perguntas. Em muitos casos, a resposta mais contundente é o estilo e o jeito de levar a empresa. É aproveitar as brechas do mercado e impulsionar a empresa por uma *causa que leva as pessoas a realizar a sua grandeza com paixão.*

Seguindo nessa linha, uma boa forma de mensurar o nível de paixão é observar isso: as pessoas querem trabalhar na sua empresa ou estão buscando alternativas? Um ambiente de confiança gera pessoas vibrantes – sim ou não? Gente feliz na empresa é sustentabilidade – sim ou não? Respeito às pessoas torna as empresas mais criativas e lucrativas – verdade ou não? Todos querem ter liderança, mas como fazer a fórmula funcionar? Talvez você já tenha todas as respostas. Então vamos pensar juntos:

Felicidade Ilimitada®

Qual o grande diferencial da sua empresa?
O que você tem que os concorrentes não podem copiar imediatamente?

_____

_____

_____

O que ainda está faltando para fortalecer o propósito do seu negócio?

_____

_____

_____

Enquanto tudo isso acontece, há outras coisas para pensar, que também são importantes:

Tem gente nova chegando... Como motivá-los?

As empresas de sucesso trocaram os modelos de gerenciamento tradicional por uma nova orientação, em que os líderes se desafiam para assegurar o engajamento e para se adaptarem à nova geração de empregados que "chegaram do futuro". O futuro que não é mais a perspectiva de longo prazo, mas que já é agora. O desafio é eliminar as vulnerabilidades das estruturas engessadas e continuamente desafiar esses funcionários que nasceram na era da velocidade da ação, da complexidade e da comunicação 24x7, e que se sentem empoderados para trabalhar com mais autonomia. E agora, como sair dessa?

É claro que o papel importante do líder é cooperar com os processos de decisão. Nem todos chegam com a experiência e maturidade necessárias para assumir o controle da nave. Um bom nível de empatia e doses de mentoria certamente vão ajudar. Jogá-los aos tubarões é correr um risco alto demais. Nada é mais decepcionante para todos do que um líder autoritário, que não para de dar ordens, que esbraveja pelos corredores e depois vem com um sermão moralista sobre os valores da empresa, integridade e respeito pelas pessoas.

Essa geração parece ser impaciente e quer tudo para agora! À primeira vista, parecem desrespeitosos porque dizem o que pensam, sem rodeios. Por outro lado, entendem de vida digital e mídias sociais, são inovadores, adaptáveis e muito eficientes em várias tarefas. São dedicados e leais, poderia até dizer que são fanáticos pelas empresas que atendem às suas necessidades de significado e propósito – ou seja, pelos líderes que jogam limpo, que são autênticos. Por essas e outras, preferem que sejam vistas como pessoas responsáveis, não como "jovens inocentes".

Parte 3: Construindo o sucesso organizacional

A nova geração é impaciente com relação às suas carreiras. Esses jovens imaginam com facilidade que podem alcançar cargos de liderança em pouco tempo de empresa. E quando não conseguem, partem de malas prontas em busca de novos desafios. Sabendo disso, seria importante para o líder fazer a leitura correta das possibilidades. Disponibilizar um mentor (de uma outra área) ou talvez um coach profissional que possa despertar horizontes reais, certamente fará criar raízes antes de pensarem em alçar voos em outras direções. Essa ajuda certamente fará também que esses jovens ajustem o equilíbrio correto entre trabalho e qualidade de vida. Não se pode aceitar o conceito de que é possível "levar" o trabalho de forma mais tranquila. Notei algumas vezes que existe um erro de interpretação entre o máximo esforço e uma certa ociosidade ou preguiça, ou ainda uma baixa disponibilidade ao sacrifício. Certa vez, ouvi de um jovem recém-contratado que, eventualmente, preferia sair um pouco mais cedo para ter mais tempo para pensar, "o tempo que não trabalho, vou preencher com criatividade", dizia. Essa foi uma boa situação para que pudéssemos falar a respeito de equilíbrio na vida pessoal e no trabalho. Ora, o equilíbrio que a nova geração pensa alcançar não surge espontaneamente. Precisa estar claro para eles que apenas fortalecemos nossa posição na empresa mediante a prática e repetição de virtudes. Vamos pensar um pouco mais sobre isso?

Virtudes do dia a dia – coisas que enchem a vida de felicidade e prosperidade:

1. Ordem	5. Prudência	9. Trabalho bem-acabado
2. Sinceridade	6. Constância	10._____
3. Espírito de sacrifício	7. Lealdade	11._____
4. Bons propósitos	8. Clareza no dizer e no fazer	12._____

A virtude significa "força" ou "poder". Cada virtude, quando praticada habitualmente no trabalho, sustenta as nossas oportunidades. *Em outras palavras, as virtudes nos levam à prosperidade profissional.* Por isso é importante estabelecer objetivos pessoais elevados para nós mesmos e provar essas nossas virtudes o tempo todo. A confiança e o respeito que tanto desejamos surgem quando toda a equipe percebe os meus interesses em contribuir e desaparecem quando somos incapazes de demostrar, na prática, os valores da empresa.

Não praticar as virtudes é desejar viver como uma árvore seca e sem seiva

Em muitas empresas, a melhor estratégia para aproveitar a nova geração de talentos é por meio de programas de Trainee. Assegurar, o quanto antes, que tenham uma breve passagem pelas áreas mais importantes para que possam conhecer, na prática, como as coisas realmente acontecem, tanto no aspecto técnico como na prática de virtudes no dia a dia. Aproveitar muito bem esse modelo de treinamento cria asas para que voem como águias, no tempo certo, e dentro da empresa.

Plante hoje o seu "melhor" e assim colherá mais, muito mais

Há quem diga: "Quem planta tâmaras não colhe tâmaras". Isso porque as tamareiras levam de 90 a 100 anos para darem os primeiros frutos. Você já deve ter ouvido aquela história do jovem que encontrou um senhor de idade plantando tâmaras e perguntou: "Por que o senhor planta tâmaras se o senhor não vai colher?". Você se lembra da resposta do velhinho? "Se todos pensassem como você, ninguém comeria tâmaras". Cultive, construa e plante ações que não sejam apenas para você, mas que sirvam para todos. *Nossas ações hoje refletem o futuro. Se não é tempo de colher, é tempo de semear.*

Liderar é aprender

"É através do caráter que se exerce a liderança", afirma Peter Drucker no livro *The Practice of Management*. Era só acontecer algo diferente e se apresentavam os "atores" com suas falsas máscaras. Liderar não é representar um papel e fazer teatro, como tivemos a oportunidade de presenciar inúmeras vezes. Você também já deve ter visto "esse filme".

Para Drucker, "liderar é a abertura para ir além dos seus limites habituais da maneira correta". Basta ter esse foco no aprimoramento de todo dia para descobrirmos uma nova energia onde nada é impossível. Prefiro pensar assim. Não importa se já é um líder sênior, *é preciso se esforçar e experimentar novas competências para se adaptar ao que vier do novo mundo.* É uma questão de melhoria contínua, e não se trata apenas de novas habilidades técnicas, mas saber ajustar a sintonia. *Um líder é sempre um servidor.*

Uma liderança que sabe lidar com pessoas e incentiva a troca de experiências entre as equipes, e que desperta a criatividade e a contribuição de todos. O líder precisa ser "gentista", na expressão da genial Alessandra Giordano, no seu extraordinário livro *Contar histórias: um recurso arteterapêutico de transformação e cura*, leitura recomendada para executivos que desejam aperfeiçoar o estilo de comunicação e relacionamento interpessoal.

Essa questão do relacionamento e do conhecimento técnico aparece com uma certa frequência no meu trabalho atual como coach de executivos. Percebo em alguns casos um descompasso entre o que os líderes "gostariam" de obter e o que "fazem" para conseguir resultados. As habilidades ou competências não estão necessariamente presentes na dose certa. Algumas vezes, os executivos confrontam dilemas importantes, se prendem a crenças limitantes e se tornam cegos para

Parte 3: Construindo o sucesso organizacional

pensar e decidir com confiança. Nesses casos, o processo de coaching foi muito útil para possibilitar que enxerguem a si mesmos e compreendam o que está no seu coração com maior clareza, e, assim, consigam buscar melhores alternativas, deixando para trás velhos costumes ou hábitos como a manipulação, arrogância e orgulho. "Estou descobrindo algumas forças invisíveis", revelou um executivo durante uma conversa de coaching. "Percebo agora como agregar mais valor à minha função e causar impactos mais significativos utilizando um novo estilo". A descoberta desses novos "superpoderes" vem exatamente da abertura e disposição em querer aprender. Não é porque já chegou lá, a curva de aprendizagem estabilizou. *Liderar é aprender. Se parar de aprender, deixa de agregar, simples assim.*

É claro que liderar é também exigir sempre o máximo esforço de cada um da equipe. Assegurar que, individualmente, desenvolvam e utilizem o seu potencial. Afinal, "vamos ao trabalho para contribuir, não para ser usados", como dizia um trainee recém-contratado. Goethe dizia: "Se tratarmos as pessoas como são agora, corremos o risco de torná-las piores; mas se as tratarmos como deveriam ser no futuro, estamos guiando-as para onde deveriam estar". Os líderes confiantes nunca estão satisfeitos consigo mesmos. Estão sempre "a caminho", esforçam-se por progredir durante toda a vida e se sentem responsáveis pela geração futura, e continuamente se dedicam a descobrir e preparar novos líderes para o sucesso da organização, sem ter medo de sombra.

Aprender sempre!
Essa é a regra para a evolução do pensamento e
desempenho extraordinários.

Liderar é uma questão de caráter e excelência pessoal

Liderar por caráter e excelência pessoal. Ações virtuosas do líder	Venenos para a empresa
Verdade	Liderar por imposição
Generosidade	Exercer o poder na pressão
Perseverança	Indecisão
Honra	Mentira
Sacrifício	Egoísmo

Fortaleza	Individualismo
Humildade	Soberba
Prudência	Cegueira
Coragem	Ressentimento
Autocontrole/Temperança	Mentira, manipulação
Fé/Esperança	Amargura
Justiça	Alienação
Gentileza	Ódio
Excelência no ser e no agir	Prolixo, inconsequente

Gestão na prática e não no papel

O autor Simon Sinek questiona enfaticamente: "Como pode uma ideia ser boa se continua sendo apenas uma ideia?". *As empresas que querem ser apreciadas precisam de líderes que se importam com os sonhos dos clientes e com as expectativas de cada um da equipe.*

"Precisamos assegurar um novo movimento humano" afirma Gary Hamel. E complementa: "Velocidade para criar relacionamentos na prática tornou-se mais importante do que apenas desenvolver conhecimento."

O futuro já é agora e será preciso aumentar a dose de respeito às pessoas e ao ambiente. Alvin Toffler defende que: "Ingressamos na onda voltada para a criatividade pessoal, numa cultura de valores e maior respeito. Empresas estão ajustando a abordagem, muito mais centradas no ser humano, operando com uma rede leal de parceiros, e todos criando valor superior para o cliente". *Sabemos que um cliente se importa com as empresas que se importam com ele, por isso é o cliente a maior fonte de inovação das empresas.* Mais uma vez, fica demonstrado que as respostas aos negócios sustentáveis e aos desafios que os líderes estão buscando fica ali no campo de batalha, bem além da cadeira confortável do escritório do executivo.

Parte 3: Construindo o sucesso organizacional

2. Arena de negócios

Comece pelo sonho. Precisamos de pessoas que consigam sonhar com coisas que nunca foram feitas.
(John F. Kennedy)

Sucesso da Empresa = Sucesso dos Clientes

A primeira linha da liderança precisa ser apaixonada por clientes, por mercados e por fazer contatos. Ter um processo, um método prático de interação com clientes e network para conseguir aproveitar todas as oportunidades é fundamental para fazer os negócios acontecerem. É preciso ter envolvimento para que as coisas realmente funcionem.

Ter um processo durante os contatos é fundamental, ainda que nem todos os clientes queiram da gente a mesma coisa. Não é sadio imaginar que cada pessoa represente a empresa da forma que julgar mais conveniente. É muito importante ter uma ferramenta que todos da equipe possam praticar de maneira uniforme. Imagine a confusão que seria se cada vendedor da mesma linha de produtos praticar a visita da forma que julgar mais conveniente. Quero dizer que uma visita efetiva precisa de um processo adequado. Minha experiência, trabalhando com dezenas de vendedores, me fez enxergar que sem um padrão não se pode esperar milagres. É muito valioso para o cliente e para a empresa que uma visita tenha um ritmo determinado, digamos um "passo a passo" muito bem estabelecido. Quer um exemplo? Já viu um vendedor sem amostras, sem material básico de trabalho? Sem cartão de visitas, sem folhetos... Isso não é raridade. *Muitas vezes damos objetivos desafiadores, mas falhamos no elementar.*

Nossa ferramenta de combate precisa estar afiada para buscar uma relação muito além do produto, algo que nos permite melhorar a capacidade de relacionamento. E, mais uma vez, a importância do "passo a passo". É assim que vamos para a arena ou para o campo de batalha como alguns preferem dizer. Particularmente gosto de pensar que a batalha é no campo das oportunidades, onde sempre descobrimos algo e criamos a chance de estabelecer fortes conexões. Essa é uma base importante para o sucesso da empresa.

Época de mudança, e mudança de época. O "campo das oportunidades" está sob transição e aceleração de expectativas em larga escala. Manter a sincronia com o ambiente de negócios para encantar o nosso tesouro-cliente é dar um passo rumo ao diferente e isso não é tarefa fácil. Sinal de que precisamos estar sempre despertos às mudanças.

Vamos expressar melhor com um exemplo. Uma prática que virou rotina nas reuniões anuais de negócios foi convidar clientes para compartilhar suas

Felicidade Ilimitada®

necessidades e dificuldades. Uma forma de abrir ao diálogo, até as áreas administrativas participavam para capturar da "voz do cliente" valiosas oportunidades para ajustar nossos planos. Momentos importantes de educação corporativa. Lembro que sempre alguém questionava intensamente o cliente sobre nossos pontos positivos e o que era preciso corrigir. O foco na eficiência nos possibilitava ajustes inovadores. *Incrível como os clientes fazem contribuições relevantes quando lhes damos ouvidos.* Numa dessas situações, falamos sobre a forma de demonstrar um determinado produto. O cliente pediu para ver como estávamos apresentando aquela solução, passo a passo. Preparamos rapidamente, ali mesmo, o que seria uma visita e demonstração. À medida que nossos argumentos eram apontados, o cliente fazia uma interferência para fortalecer o benefício daquela vantagem específica. Relacionava muitos exemplos que aconteciam no dia a dia e que seria bom incluí-los durante nossa abordagem. Quanta generosidade! "De ouvir, nunca te arrependerás!"

Uma empresa é o que as pessoas aprendem e isso requer dedicação e humildade.

Share do que mesmo?

Outro tema estratégico importante para o sucesso e resultados da empresa são as questões referentes ao tamanho e à participação no mercado.

Nem sempre as empresas detêm informações adequadas, mas no nosso caso tínhamos parâmetros que resultavam numa estimativa de market share. Nossos especialistas faziam defesas sobre a certeza daquelas informações que apresentavam. Nas nossas reuniões, muitos ficavam até constrangidos em questionar tamanha arquitetura de detalhes. Nossas estimativas eram armadilhas? Crenças limitantes? Uma forma de proteger nosso próprio umbigo? Nessas horas, era preciso partir para uma outra forma de desafiar nosso poder de artilharia. Calmamente alguém trazia uma forma positiva de olhar para esse mesmo cenário com novos olhos de oportunidades. "Espere um pouco, vamos refletir, o que faríamos se tivéssemos a metade de market share que estes números demonstram?". Pausa para pensar. Impressionante como novas ideias começavam a despertar para todos. Quer abrir ainda mais horizontes? Espere mais um pouco, dizia, vamos refletir novamente, "e se tivéssemos a metade da metade deste share?". Era o poder do "e se" ou a fórmula das soluções criativas 5W2H (parte 1) em ação uma vez mais. Não pretendia contrariar os especialistas, mas apenas mostrar que a participação de mercado é uma estimativa que pode ser desafiada. O mercado tem a sua dinâmica e cada oportunidade descoberta pode gerar muitas novas riquezas. Esse mesmo tipo de questionamento abriu nossos olhos para realizar uma importante aquisição, que possibilitou ainda maiores oportunidades de gerar dinheiro novo.

O desafio de crescimento acelerado precisa seguir por diferentes caminhos.

Parte 3: Construindo o sucesso organizacional

Um deles, como mostra o exemplo acima, é duvidar dos números absolutos e desafiar a equipe para expandir a imaginação.

Uma outra situação, onde esse exercício se aplicava, era durante a apresentação dos programas de marketing, cronograma dos produtos novos e objetivos de vendas. Elementos muito importantes para o sucesso da empresa. Os vendedores participavam ativamente dessa agenda, colhiam as informações e então se debruçavam nas tarefas de sugerir o seu objetivo do ano seguinte. Normalmente, essas reuniões aconteciam via telefone, com o vendedor, gerente de vendas, marketing e técnico da área. Não raras vezes, perguntávamos se eles estavam dispostos a rever suas estimativas de vendas para um trimestre específico. Tínhamos que assegurar que todos estavam contribuindo plenamente com incremento de desempenho e crescimento contínuo. Esse processo era importante para o ideal entendimento da dinâmica dos negócios numa determinada região, além de não gerar a inquietação de que "minha quota de vendas caiu do céu". Ao término, os vendedores estavam comprometidos com as suas novas estimativas e era robusta a lista de tarefas sugeridas para a equipe de marketing, técnicos e serviços internos. O engajamento da equipe de vendas na definição das metas era determinante para fechar nosso ciclo de desafio anual. É nas sutilezas que ganhamos ou perdemos mercado, que encantamos ou perdemos clientes importantes para os resultados. É nesses momentos que descobrimos o poder de comprometimento e reação de um verdadeiro campeão de vendas.

Os caminhos para os resultados da empresa, para as descobertas das vantagens competitivas, são muitos. A liderança precisa estar atenta aos modelos de participação e cooperação da equipe, tanto na forma como as pessoas aprendem como na prática dessas novas habilidades. Engano pensar que todos estão prontos para cumprir os desafios. Liderar é identificar as habilidades críticas para o sucesso da empresa agora e para o futuro. Aprender faz parte da estratégia e tem que fazer parte da agenda de trabalho. Aprender entre os pares e com as pessoas próximas para criar um *verdadeiro ecossistema de ensinamentos*. Liderar usando critérios e métricas para assegurar que as novas habilidades estão sendo aprendidas e praticadas.

Uma das maneiras de acelerar a aprendizagem é a transparência nos processos de feedback para deixar claro quais habilidades novas são necessárias. Uma vez mais, contar com o papel do líder mentor ou processos de coaching profissional podem ajudar a eliminar gaps importantes de comportamentos.

A maneira tradicional de corrigir "falhas" de desempenho é apontar todos os defeitos de execução de uma tarefa, normalmente durante o processo formal de avaliação. São conversas difíceis para os dois lados e acabam ficando na mesma. Ninguém cobra as melhorias, tudo fica como antes. Não fazer um plano para mudanças no comportamento é uma forma de deixar tudo como está. Você certamente não vai desejar que isso ocorra na sua organização. O líder precisa estar preparado para a orientação do que é preciso fazer para ajustar um comportamento abaixo do esperado. As empresas estão muito mais rigorosas nos programas de treinamento. Já desperdiçaram muito dinheiro com cursos para funcionários que não se responsabilizam pelas mudanças. Novas habilidades de comportamentos fazem parte de um processo, e não é numa conversa rápida que as coisas se resolvem. É preciso comprometimento das partes. É necessário demonstrar evidências de melhorias, buscar novas curvas de desempenho para justificar continuar na posição. As melhorias precisam ser evidentes. Vou repetir: as melhorias precisam ser evidentes. Não tem lugar para aqueles que insistem no mesmo, que se recusam em praticar com convicção o que deles se esperam. Quer um exemplo? Olhe à sua volta. Veja quantos receberam, inutilmente, maciços investimentos em treinamento de capacidade num novo idioma ou em habilidades de vendas, mas continuam na mesma pegada de sempre. *O futuro da força de trabalho da empresa é aprender continuamente. Aprender é a arma secreta da inteligência das empresas de alta performance.* Essa é uma vantagem competitiva para estar sempre à frente dos concorrentes. A arena dos negócios não é um círculo. É uma linha crescente que não tem muito espaço para ficar parado no ponto.

Nunca tive um líder para dizer assim: "Como o ano anterior foi muito bom, vamos manter sua meta igual, como forma de reconhecimento". Os negócios, nas empresas de sucesso, andam para cima, não para os lados.

Alguns ensinamentos importantes para encarar o ambiente de negócios:

1. O seu resultado é sempre o resultado da sua equipe.

2. Entenda por que o seu negócio existe e imagine novas alternativas.

3. Esteja sempre na curva de aprendizagem. É preciso estar aberto para aprender e melhorar continuamente. Se não investir em você... seu barco afunda!

4. Aprenda sobre você. Como reage. Como fica estressado. Aceite suas forças. Aceite suas fraquezas... e procure corrigi-las imediatamente.

5. É preciso elevar o seu nível dia após dia.

6. Quando você não enfrenta a realidade, a realidade enfrenta você. Não seja complacente questionando se deve ou não mudar.

7. Conheça o seu negócio, sua equipe... e seu chefe!

8. Não coloque a culpa no seu chefe. Olhe no espelho. É você quem cria o seu futuro.

9. Como líder, você deve criar momentos mágicos na sua organização.

10. Liderar não é fácil, demanda muito, mas é divertido. Liderar é uma fantástica jornada pessoal.

3. Sublimes são os clientes

Encontre uma maneira de fazer mais pelos seus clientes do que qualquer outra empresa. Torne-se mais valioso, faça mais, seja mais, sirva mais... e terá muitas novas oportunidades.

Sorria! Os clientes gostam de gente positiva

Tudo começa com o cliente. Aprendemos que é onde reside a sabedoria e sucesso dos negócios. Cada produto ou serviço oferecido deve sempre atender a uma necessidade do cliente. Um produto inventado apenas dentro do laboratório dificilmente vai decolar se não surpreender o cliente com uma solução que ele procurava, mas não sabia exatamente onde encontrar. Lembro que muitas e muitas vezes o cliente não conseguia definir exatamente o que precisava, mas aí também está a magia das grandes descobertas.

Minha agenda invariavelmente incluía visitas aos clientes. Mesmo que estivesse em outro país, ao menos, metade do meu programa de viagem era dedicado a conhecer vendedores, gerentes, diretores e CEO em ação nos clientes finais. Posso assegurar que essa obsessão foi meu ganho maior. Permitiu minha evolução em muitos aspectos, tanto em termos de resultados e satisfação da equipe quanto em, especialmente, superar expectativas dos clientes. Aproveitava também os momentos de deslocamento entre os clientes para questionar e entender como o vendedor ou o líder construía a imagem dele. Como fazia para ir além do produto.

Lembro que numa dessas viagens internacionais liguei na noite anterior para confirmar a agenda com o executivo de vendas. Aproveitei para convidá-lo para o café da manhã, como fazia usualmente, aproveitando também para passar a agenda do dia. "Sete horas está bem para você?", perguntei, e me surpreendi quando ele disse que nesse horário ele já estaria na segunda ou terceira visitas. Naquela região, em função do forte calor no verão, o início da jornada era às 5 horas da manhã. Entendi, no dia seguinte, que era verdadeiramente impossível trabalhar após as 15 horas, com o calor acima dos 45 graus, asfalto fervendo e umidade do ar extremamente baixa. Outras vezes, durante o trabalho no campo, esperava pelo almoço às 13, 14, e lá pelas 15 horas eu perguntava: "Nós não vamos almoçar?" E a resposta era: "No. No time for lunch! You have to eat a lot more at breakfast." (no bom português: não paramos para o almoço. Melhor você caprichar no café da manhã). Nem todo mundo trabalha como pensamos.

Nessas viagens, os dias de trabalho passavam voando. Muita aprendizagem, ainda que algumas vezes eu desejasse muito um sanduíche.

Felicidade Ilimitada®

Em outra ocasião, encontrei uma vendedora na recepção do hotel e me aproximei dela, porque notei que usávamos o mesmo crachá. E disse: "Hello, trabalhamos na mesma empresa... estou esperando pelo Cheryl, que deve estar chegando... você o conhece? E ela, sorrindo, respondeu: "Cheryl is me, it is not him, I am Cheryl!". Rimos muito, ela muito mais do que eu. Na verdade, eu fiquei bem "sem graça". A gente sabe, mas a gente esquece, atenção aos detalhes... não se deve prejulgar ele ou ela apenas pelo nome. Na minha cabeça, Cheryl soava como um nome masculino. Também achava que Daniel era um nome eminentemente masculino. Mas voltando à Cheryl... que vendedora extraordinária! Conseguia identificar oportunidades de aplicação de produtos como uma águia. Observadora nos mínimos detalhes. Praticava com maestria as técnicas de vendas. Fiquei impressionado como era respeitada pelos clientes, num ambiente predominantemente masculino. Se eu tinha naquela época alguma dúvida sobre a eficiência feminina demonstrando equipamentos numa indústria, diante de operadores de máquinas, fiquei convencido que "tanto faz".

Acontecem momentos que a gente não consegue esquecer. Situações que parecem gotas d'água e depois viram tempestades de boas ideias. Numa dessas visitas, conheci o proprietário de uma empresa, e em poucas palavras que trocamos ele perguntou: "Você é brasileiro?". Como é difícil falar sem sotaque, mas deixe para lá, para minha surpresa estávamos ali, diante de um muito bem-sucedido empresário brasileiro. Impossível não perguntar sobre sua história naquele país.

Chegou aos Estados Unidos na década de 1970 e procurava emprego no mesmo segmento em que ele tivera, em uma pequena empresa no Brasil. Conseguiu um "bico" quando lhe restavam 10 dólares no bolso. Disse que "desde o primeiro dia trabalhava como se fosse o dono do negócio". Dedicação, comprometimento, responsabilidade e esforço na máxima voltagem. Não demorou muito para ser notado pelo proprietário. Ganhava novas responsabilidades a cada semana até se tornar líder de um dos setores. Conhecia profundamente todos os processos e não demorou para se tornar o braço direito do proprietário. Ainda que com dificuldades na comunicação do idioma naquela época, passou também a atender clientes e com sua maneira espontânea e cativante ganhava cada vez mais o respeito dos colegas. Poucos anos depois, relatou que o proprietário faleceu repentinamente, e os filhos não queriam seguir na administração do negócio. A alternativa mais conveniente para a família foi oferecer aquela empresa para o nosso personagem brasileiro encantador de clientes e conhecedor dos processos "melhor que a palma da mão", como dizia. Pagou em muitas suaves prestações, uma vez que envolvia terreno, um pequeno prédio e equipamentos que na época não eram de última geração. Durante nossa visita, ele contava a sua história com tanto entusiasmo, com tanta energia, que decidimos, ali mesmo, fazer um convite.

Parte 3: Construindo o sucesso organizacional

"Sr. Arnaldo, que tal contar essa sua história no Brasil, para empresários como o senhor, que desejam prosperar nesse segmento, e que precisam de informações sobre novos processos, automação, produtividade e serviços ao cliente?". A resposta afirmativa foi imediata. E em poucos dias estávamos nós, aqui no Brasil, diante de um auditório de 700 pessoas.

Quando convidamos o Sr. Arnaldo, imaginamos um formato de "troca de ideias", tipo mesa redonda, com oito a dez proprietários. Naquela noite, foi difícil acreditar. Ver tantos proprietários sentados espremidos, fila na entrada, nossa equipe correndo atrás de cadeiras, gente se acomodando nas escadas. Que alegria! Apareceu muito mais pessoas do que aquelas que haviam confirmado presença. Quando fizemos a reserva do local, a administradora havia dito que a "quebra de presença" normalmente chegava a 40%. Isso quer dizer que se tínhamos 300 confirmações, seria bom contar com 150 a 180 participantes "na melhor das hipóteses". Não podíamos imaginar tanto interesse e o poder da propaganda boca a boca. O Sr. Arnaldo tinha verdadeiramente uma grande história para contar. Na sua simplicidade, e comunicação entusiasmada, profundo conhecimento de detalhes no processo de automação para aumentar a produtividade, e mais ainda nos exemplos de encantamento de clientes. Com apenas 30 a 40 fotos/slides da sua empresa preparados para aquela apresentação, foi capaz de prender a atenção de todos por mais de duas horas. As dezenas de perguntas no final, os aplausos e a receptividade ao assunto não poderiam ter outra consequência. Curitiba foi a primeira, a notícia espalhou, e contando com a gentileza do Sr. Arnaldo, repetimos o programa em todas as principais capitais e cidades importantes do interior onde tínhamos negócios significativos.

Quanta simpatia e facilidade na comunicação. Quanto conhecimento a compartilhar. Disponibilidade em ajudar e até para recepcionar muitos brasileiros que decidiram ver "in loco" como as coisas funcionavam na prática. E pensar que tudo começou naquela pergunta: "Você é brasileiro?". *As oportunidades aparecem diante de nós todos os dias. Basta estar aberto para enxergar e multiplicar.* O que poderia ter sido apenas uma visita e um bom encontro com um brasileiro de sucesso em outro país se tornou um divisor de águas. O sucesso das empresas tem muitas vertentes. Hoje podemos afirmar que o Sr. Arnaldo acelerou o nível de profissionais daquele segmento. Além de trazer significativas informações, quebrou tabus que levariam anos para romper. Ainda não encontro palavras para expressar gratidão a toda nossa equipe por acreditar e abraçar esse projeto. Foi uma grande demonstração de inovação da equipe, mas também de empreendedorismo dos clientes, ávidos por "conhecer o futuro", interessados por "ir além" das possibilidades atuais.

O inferno está nos detalhes

Não dar importância aos detalhes da agenda pode tornar o seu dia uma secura total. Numa outra ocasião, não me lembrei da necessidade de levar comigo o meu consumo de água diário, uma vez que haveria limites desse recurso durante a visita. A viagem até o cliente não foi tão longa, mas o local era muito (muito, mas muito mesmo) seco e a empresa fornecia água apenas para os funcionários. Empresa imensa, mas imagine um local com bebedouros restritos e água da torneira não potável. A água na região era quase tão valiosa quanto o cobre extraído das minerações. Moral da história, ficamos na maior secura. Só no final do dia, quando passamos pela sala do presidente para nos despedir, conseguimos nos hidratar com litros de água... foi o melhor presente que lembro ter ganho de um cliente. Ainda recordo a expressão de espanto da assistente quando ela, com a bandeja na mão, oferecia: "Algo más?"

"Si, un poco más de água, por favor!", dizia eu, insaciavelmente!

Lição aprendida. Importante checar a agenda e se preparar de acordo. Roupas, blusa de frio, equipamentos de segurança e água... Atenção aos mínimos detalhes, assim devem se preparar os vendedores (e acompanhantes) quando visitam seus clientes.

Oops, passamos do ponto

Visitar clientes é sempre uma oportunidade extraordinária. Certa vez exageramos na abordagem quando chegamos a descer 980 metros de profundidade para demonstrar a eficiência de nossos produtos numa mina subterrânea. Normalmente fazemos demonstrações numa sala de treinamento ou no ambiente de trabalho dos operadores, mas nunca "tão lá no fundo". Quando relatamos, no final da visita, para o presidente da empresa até onde chegamos, ele nos disse com entusiasmo e confiança. "Se vocês foram capazes de ir até lá no nível 16, é porque confiam muito no seu produto. Vocês me convenceram... e digo mais, *nenhum fornecedor jamais chegou tão perto do que acabaram de fazer".* Impressionar o cliente é muito bom. Mas é preciso cuidar da dose para não exagerar na medida.

No caminho de retorno para o hotel, nossa conversa foi sobre o quanto confiávamos no produto que vendíamos. E refletimos bastante sobre o "exagerar na medida". Essa experiência serviu para ajustar alguns procedimentos importantes sobre a segurança no local de trabalho e alertas fundamentais para toda a equipe.

Vale ainda ressaltar que esse executivo de vendas sempre mereceu minha admiração, além de que frequentemente estava bem acima dos objetivos de vendas. Atualmente, o Bruno ocupa um importante cargo de Gerência. Não era difícil imaginar que sua trajetória só encontraria muitos sucessos à frente.

Parte 3: Construindo o sucesso organizacional

Receita absoluta para o sucesso em vendas: comprometimento, dedicação, paixão, confiança nos produtos e resultados consistentes.

Como dizia o Marketing da nossa equipe: *uma foto vale mais que mil palavras*. Sempre retornávamos dessas visitas com centenas de fotos e anotações de boas ideias praticadas. Tirava várias fotos de tudo que precisa melhorar na equipe... Observava atentamente a abordagem do vendedor, a reação do cliente, o comportamento dos usuários. Ouvíamos com muito interesse os proprietários ou presidentes. Questionava o que mais gostavam nos nossos serviços e indagava como os nossos produtos eram superiores aos concorrentes utilizados anteriormente. Também ouvíamos excelentes ideias sobre "o que poderíamos fazer para nos tornar o seu fornecedor preferido". *Era importante anotar "nas palavras do cliente".* E algumas vezes ainda insistia em questionar e detalhar o que significava aquele benefício descrito pelo cliente. E anotava na íntegra. *As palavras dos clientes sempre têm um peso maior.*

Dedicamos esforços para obsessivamente entender as percepções dos clientes sobre nossos produtos e serviços. Buscávamos o sucesso do cliente... só assim era possível fortalecer nosso relacionamento. O sucesso deixa boas marcas na lembrança!

O exemplo vem de onde mesmo?

Minha carreira em negócios foi construída em torno do cliente. No início, precisava encontrar uma forma de demonstrar o produto ... atrair e despertar o cliente para uma solução muito diferente do que estava habituado. De tanto praticar, conseguia demonstrar nossas soluções de forma a *surpreender os usuários*. Não era por ocupar uma posição de liderança que me omitia em encarar uma demonstração prática. Foi uma lição importante de um dos mentores: "Você precisa saber demonstrar e não apenas ficar olhando". Confesso que algumas vezes fui bem direto com gerentes de vendas, especialmente aqueles que "não gostavam de sujar as mãos".

No meu caso, sempre foi mais fácil demonstrar produtos, uma vez que passei por muitas funções diferentes. No total, foram 18 cargos diferentes na mesma empresa. Praticamente, a cada dois anos eu tinha uma atividade diferente. Algumas vezes, as novas posições eram dentro da mesma estrutura, outras vezes em áreas bem diferentes. Grande vantagem em trabalhar numa empresa tão diversificada.

Diante do cliente, cada detalhe é importante

Chegávamos usando gravata, porque era assim que a empresa se apresentava ao cliente. Mas não era só isso: cada um possuía uma mala cheia de amostras e exemplos de aplicações do produto, chamados pela área técnica de "corpos de prova". Não importava o segmento de mercado, tínhamos que ter a habilidade

Felicidade Ilimitada®

para demonstrar da mesma maneira que os operadores usariam nos seus processos. Quando estávamos num restaurante profissional de referência, mantínhamos a rotina de apresentar os produtos para o Chef, mas também éramos capazes de demonstrar, lavando uma panela ou uma grelha como forma de comprovar a eficiência. Tínhamos um produto inovador, portanto, a única maneira de "falar" sobre ele tinha que ser demonstrando. Era uma forma de comprovar a quem estava nos assistindo que, além da performance do nosso produto na limpeza, ainda ajudaríamos na redução do consumo de água e na significativa economia de detergente e outros limpadores químicos. Não raras vezes, o Chef ou proprietário do restaurante se surpreendia pelo fato de não deixar respingar na gravata ou na camisa de manga comprida, e isso era um ponto positivo na hora de realizar a primeira venda. Nossa equipe de vendas acreditava que a demonstração com sucesso era um primeiro passo importante para conquistar a confiança de todos os usuários e realizar a venda. *A inovação é assim mesmo, para ganhar a confiança e vender é preciso colocar a "mão na panela".* Lembro também que um cliente é para sempre, e imagine como nosso vendedor era recebido nas visitas subsequentes. *Sempre levando uma novidade, sempre muito bem-vindo.*

Desde minha iniciação em negócios aprendi que o tesouro está no field work, o trabalho de campo, e não nos confortáveis escritórios, participando de longas apresentações em Powerpoint. Tempo no escritório era só o mínimo necessário. Muitos perguntavam como conseguia me livrar das correntes do escritório. Muito fácil, dizia: "Tenha a proatividade da Mizue ou a eficiência da Silvia como seu braço direito e saiba delegar (e acompanhar) a quem tem a responsabilidade de cumprir as tarefas".

Todos somos vendedores

Vendedores guardam riquezas que os líderes só conseguem perceber quando estão atuando na arena de batalha. *Clientes são mais do que professores, especialmente quando temos a chance de torná-los nossos amigos.* A única maneira de conhecer a sua equipe verdadeiramente é quando você está no front... ali, e só ali, você vai saber quem é conversador e quem é vendedor.

Não importava o tamanho da nossa equipe. Todos os considerados "administrativos internos" tinham que trabalhar no campo 3 a 4 vezes ao ano. Era a forma de transmitir a todos de onde vinha o dinheiro da empresa que pagava os salários e tudo mais. Também uma maneira de fazer todos compreenderem que *a prioridade eram os clientes.* Outra boa razão era que, nas reuniões de avaliação de desempenho, todos podiam contribuir com feedback e sugestões para os programas de treinamento e investimentos para o próximo ano. As contribuições de todos eram importantes, independentemente da área de trabalho.

Parte 3: Construindo o sucesso organizacional

Todos se sentiam vendedores, donos do negócio. Bem diferente de uma experiência antiga, quando perguntei num evento da empresa: "Quantos aqui são responsáveis pelas vendas do mês?". Naquela ocasião, apenas os "vendedores" levantaram a mão.

Como dizia um de nossos campeões: *"Vendas é alegria... paixão... emoção... pura transpiração. Não é ansiedade!"* Experimentando essas sensações, todos os administrativos se sentiam maravilhados e energizados em alguns dias de cada ano, no trabalho junto ao vendedor. Isso também faz o sucesso da organização acontecer.

O cliente e suas preferências

Um dia recebi uma ligação de um cliente que havia visitado há muito tempo. Revelando certo desconforto nas palavras, ligara porque soube que nosso vendedor, que o atendia, estava sendo transferido para outra cidade. Era o cliente expressando pura emoção (emoção combina com sua marca?). Nos negócios, pessoas lidam com pessoas ... B2B = P2P.

Ele desejava ouvir que estávamos mesmo oferecendo ao Helson uma nova oportunidade de crescimento de carreira. Segundo o relato do cliente, em toda a sua experiência profissional, nunca fora atendido por um vendedor tão comprometido com o sucesso de ambas as empresas, tão eficiente no tempo de resposta, tão responsável por assegurar que os valores das nossas empresas estavam sendo respeitados. Ele queria agradecer pela qualidade do atendimento. Eram feedbacks como esse que encantavam a todos nós. Lembro de ter contado essa história em muitas áreas que trabalhei.

O destino deste profissional de vendas também não poderia ser outro. Além de ser um grande campeão de resultados, se tornou o "emblema" da nossa equipe. Essa era a premiação de reconhecimento para os melhores desempenhos. Uma vez reconhecido como "emblema", passava a fazer parte da nossa galeria de vencedores de forma permanente. Muito bom saber que, depois de tantos anos, continua brilhando por onde passa. Que exemplo de profissional.

É preciso dar o seu melhor na frente dos clientes. Esse era o nosso mantra nos programas de treinamento. Tínhamos um método de abordagem, algo além do produto. *Pessoas lidam com pessoas, e era importante entender essa dinâmica.*

Como era agradável trabalhar com vendedores que transformam as visitas num momento mágico para os clientes. Vendedor convincente, autêntico, que fazia cada visita ser memorável. Vendedor confiante que, incansavelmente, busca novos clientes e não ficam nos mesmos.

Vendedor que não fazia visitas apenas para dar o que os clientes esperavam, mas, sim, *o que eles nunca sonharam ser possível.*

Relatos das aprendizagens no trabalho de campo são intermináveis. Tive ainda várias oportunidades de visitar clientes com vendedores das empresas parceiras, ou com vendedores dos nossos clientes. Líderes de outras empresas também trabalharam com vários de nossa equipe de vendas. Compartilhávamos opiniões (no nível do comitê executivo) sobre a performance, sobre oportunidades de melhorias e ganhávamos muito com isso.

Também tive oportunidades de trabalhar com vendedores com perfis muito diferentes do nosso. Vendedores considerados "tiradores de pedidos" que fazem 30, 40 visitas por dia. Isso requer planejamento de tempo e de território muito apurado. Velocidade com qualidade e a disponibilidade dos equipamentos de trabalho eram surpreendentes. Isso nos ajudou muito a aperfeiçoar os recursos para nosso tipo de abordagem de visita, mais técnica, mas que, igualmente, necessitava de informações "on-line" de suporte durante o contato.

Mas nem tudo é o paraíso. Certa vez um revendedor solicitou meu telefone residencial. Era algo muito comum naquela época, pois o custo das ligações via celular era bem mais alto, especialmente durante a semana. Pois bem, domingo bem cedo... era acordado com uma ligação. Não é que o "homem" tinha o hábito de ligar para os fornecedores (bem cedinho), pois acreditava que, estando em casa, poderíamos atendê-lo com mais paciência. Depois de quatro ou cinco vezes, tive que dizer a verdade: "Caro revendedor, eu imagino que você esteja no escritório da sua empresa, mas veja bem, eu posso melhor atendê-lo quando "nós dois" estivermos no escritório. Vamos combinar uma coisa. Você deleta este meu telefone e anota o ramal da minha assistente. Quando não conseguir falar comigo, durante a semana, fale com ela, que certamente será mais bem atendido do que falar comigo quando ainda estou de pijama". Ele entendeu perfeitamente. A intenção dele poderia ser boa, mas a forma era muito inadequada. Estou certo de que outros fornecedores devem ter me agradecido.

Clientes são tesouros

Não menos oportunas pela aprendizagem adquirida foram as rotinas no trabalho de abastecimento das gôndolas em supermercados e papelarias. Ali, "vestidos de abastecedor", temos uma noção nítida dos nossos produtos no ponto de venda. Perceber o espaço conquistado, as aparências das embalagens, as posições nas prateleiras e até mesmo ouvir os clientes opinando diante dos seus produtos em exposição. Muitos fornecedores ficariam em estado de choque ao ouvir o que os clientes pensam sobre seu produto quando estão diante das gôndolas.

Parte 3: Construindo o sucesso organizacional

Estar no campo é uma riqueza.

Outras oportunidades na relação com os clientes também me encantavam muito. Trabalhar ao lado do Telemarketing, ouvindo a ligação do cliente (em vez de "sua ligação poderá ser gravada" dizíamos, naquele momento, "sua ligação está sendo ouvida agora pelo vice-presidente da empresa"). Como eu fazia isso com certa frequência, todos os líderes também passaram a adotar essa forma de ouvir os clientes.

Cuidávamos de todos os detalhes, sempre que um novo sistema de comunicação com os clientes era implantado. O sistema só era liberado quando o teste de rapidez de resposta estava dentro do tempo da nossa expectativa. Sistemas como "Linha Aberta" e "Fale com Nossa Empresa". A expectativa era que o cliente recebesse uma resposta em até 24 horas. *Todos os detalhes são importantes quando envolvem os clientes.* Nossos parceiros lojistas também adotavam esse procedimento, e o sistema também era frequentemente monitorado pelo proprietário.

Recentemente, precisei enviar uma solicitação de assistência para "Linha Aberta", para reparo de um produto adquirido. Após muitos dias de espera, recebi um questionário para avaliar os serviços prestados. Naturalmente fiz um feedback verdadeiro, escrevendo que minha solicitação ainda continuava sem resposta. Empresas investem em sistemas de contatos com os clientes que causam mais decepções que soluções. Isso é incrível! Empresas praticam a terceirização de serviços com os clientes, *delegam o seu maior patrimônio para que uma outra empresa possa cuidar.* Nunca concordei com essas alternativas.

Outros sistemas de radar são igualmente indispensáveis, especialmente quando se tem um pouco mais de budget. Pesquisas ou Focus Group são fundamentais para o sucesso. Era muito importante ouvir o nosso cliente final, o que querem, do que precisam. Como líder é preciso fazer com que essas necessidades sejam visíveis em toda a empresa. Descubram os pequenos detalhes que farão a grande diferença na sua marca.

> Paixão pelos clientes é obrigação, afirmava um dos meus mentores. Saber ouvir clientes é um grande conhecimento, é a sabedoria na essência máxima. Acreditamos na fidelidade do cliente. Acreditamos que o coração também participa na escolha e a magia faz parte do encantamento. Clientes pagam o que eles valorizam. O que não tiver valor, não para em pé. Víamos, incrédulos, que tem empresas que tratam os clientes como loucos, prometem uma coisa, fazem outra.

É na escuta ativa que se percebe qual o seu diferencial além do produto. São nesses detalhes que podemos identificar como fazer para melhorar a experiência do cliente com nossos produtos. Escutar o cliente pode trazer enormes benefícios para você. Uma vez, durante uma visita, ouvimos tantas considerações sobre "importância no contato com o fornecedor" que resolvemos fazer um vídeo. Gravamos depoimentos e usamos durante muito tempo como parte do nosso processo de treinamento. Era, verdadeiramente, o cliente treinando a nossa equipe sobre o que poderia ser uma "visita mágica". Imagine o poder da mensagem quando o "professor" é o cliente que vai avaliar e decidir se comprará a sua marca ou uma outra solução.

Parte 3: Construindo o sucesso organizacional

4. Planejamento estratégico

O que torna uma empresa excelente está fundamentada na liderança e funcionários comprometidos em criar a satisfação dos clientes. Empresas excelentes sabem como se adaptar a um mercado em transformação contínua. Mas tudo isso não deve ser feito de forma impulsiva, sem parâmetros. O mundo está mudando cada vez mais rápido: haverá mais mudanças nos próximos 10 anos do que houve nos últimos 50. A única certeza que você pode ter, é que o mercado de amanhã será diferente de hoje.

A realidade do mercado exige flexibilidade e rapidez, e isso se traduz em capacidade de resposta imediata, que é uma grande vantagem competitiva. Como diz o ditado popular, "não se pode juntar dois perus e fazer uma águia". A essência do bom desempenho da empresa passa por um processo integrado de planejamento estratégico.

O propósito do planejamento estratégico é assegurar que a empresa esteja organizada com recursos e objetivos nas oportunidades de crescimento e lucro. O marketing exerce um papel muito importante nesse processo. Depois, esses planos são implementados em vários níveis da organização e os resultados são monitorados para eventuais e necessárias ações corretivas.

Um ditado comum no mundo de Private Equity[1] diz: "Nenhum plano de negócios sobrevive ao primeiro encontro com o cliente. Por isso é preciso saber a capacidade de adaptação do comando da empresa".
As empresas precisam aumentar sua capacidade em se adaptar ao ambiente de negócios, que está em permanente mutação, cuja velocidade de transformação está aumentando cada vez mais.

A preparação do plano é um papel importante para especialistas, e todas as análises são feitas nesse momento. Mas muita atenção para o que fazer depois. Planos complexos com microdetalhes teóricos acabam nas gavetas, impedindo que as equipes tenham um direcionamento estratégico ao longo do ano, provavelmente terminando onde começaram. Nós não atiramos no inimigo com papel.

A redação final simples, objetiva, direta, orientada para o mercado e assegurando o fortalecimento das competências certamente vai possibilitar a velocidade das atividades para atender às oportunidades de demanda insatisfeita.

Direcionado para todos os membros da empresa, alguns princípios importantes devem ser observados:

---

1 Private Equity. É uma modalidade de investimento em que um fundo levanta capital para adquirir participação em empresas já desenvolvidas e obter lucro a médio ou longo prazo com a venda.

Felicidade Ilimitada®

1. Apontar para um "norte" e que possa ser compreendido por todos.
2. Deixar claro quais são as apostas estratégicas (segmentos de mercado alvo, proposta de valor, competências, ações prioritárias etc.) e quais delas não fazem parte do escopo da empresa.
3. Mecanismos de feedback que permitam realizar ajustes finos no plano e respostas rápidas para novas oportunidades de mercado.

Planejar... Apontar... Ação...

O processo do planejamento estratégico também envolve etapas como: definição da missão, análises dos ambientes externo e interno, objetivos, estratégias vencedoras, implementação e controle.

O modelo ideal é aquele em que a equipe faz revisões contínuas, guiando-se com todos os recursos disponíveis para impulsionar resultados. É preciso entender que não há tempo para colocar pingos em todos os "is". Terminou a época dos longos planejamentos estratégicos. É preciso adaptar, responder, agilizar. Dessa maneira, o líder precisa conseguir transmitir com energia o conteúdo total do plano estratégico em apenas uma folha. O plano é um documento vivo. Relatórios extravagantes e intermináveis sufocam a criatividade. A burocracia é um impedimento à sobrevivência, eleva os gastos e alonga a tomada de ações. Você já ouviu falar de alguém consultando o superplano estratégico para descobrir como acelerar as coisas?

Mais foco no planejamento significa perceber rapidamente as mudanças no ambiente e mais ênfase nas tarefas. É importante comunicar bem claro aonde se quer chegar. Existe apenas uma meta, não importa qual seja a empresa. E todos precisam saber qual é essa meta, e qual a sua parte de desempenho para obtê-la.

Ao mesmo tempo em que as coisas estão acontecendo, o plano vai se transformando em ações e resultados. É preciso observar quais são as mudanças mais significativas no ambiente de negócios agora e nos próximos anos. Atenção no futuro próximo poderá antecipar inovações ou surpreender os clientes com soluções que possibilitam o aumento de confiança na empresa, gerando novas fontes de crescimento.

O resultado final de cada empresa é o resultado de milhares de decisões que são tomadas por todos os funcionários e parceiros ao longo do ano. Essas decisões podem ser meramente operacionais do dia a dia ou de elevada importância, como as grandes apostas estratégicas. O importante é que elas estejam alinhadas ao objetivo comum da empresa, o "True North", segundo um jargão americano.

Direção estratégica

Todas as informações sobre planejamento estratégico são ingredientes importantes, mas na prática utilizávamos uma forma muito útil de resumir e

Parte 3: Construindo o sucesso organizacional

acompanhar. Era o nosso sistema para ter Paixão pela Causa:

1. Como estão as coisas hoje? Mostre visualmente (gráficos, desenhos etc.).
2. Qual o desafio? Que resultados específicos são exigidos? Quais são as metas mensuráveis? Indique os prazos e metas intermediárias (trimestrais).
3. Quais as causas "raízes" dos problemas? (se possível, indicar relação causa-efeito).
4. Quais as propostas para atingir ou superar o desafio? Defina claramente os passos macro a serem seguidos para alcançar a meta. Quem será o responsável? Quando? (ações, resultados, cronograma, responsabilidades).
5. Feedback. Definir um processo.
6. Compartilhe o aprendizado. Mostre gráficos de acompanhamento das métricas.
7. Sugestões de "desafios de resultados" acima da meta.
8. Reconheça, impulsione, celebre.

Uma última reflexão. Algumas vezes, presenciamos mudanças significativas na direção das estratégias, especialmente no início de um novo ano. Entendemos que as mudanças são importantes para implementar a aceleração de um negócio, mas também é importante ponderar sobre o que está funcionando bem e que precisa manter. Algumas ações de mercado nós mantivemos por vários anos, e a cada novo ciclo fazíamos melhor e melhor. Isso nos dava garantias para pensar em metas ainda mais audaciosas. Muito cuidado com o "ano novo, tudo novo". Ou ainda com "chefe novo, tudo novo". *Ações vencedoras do passado precisam ser mantidas ou alavancadas para sustentar novas bases de crescimento.*

5. Engrenagens funcionando sem riscos

Clientes preferem comprar de quem podem confiar.

Respeitos Humanos

As engrenagens funcionam quando estamos integrados com os clientes, com respeito absoluto aos padrões de excelência ética. Esse era o foco para obter nossos resultados.

Em tempos de ações desonestas, não bastava uma única mensagem para obter nosso alinhamento. Todos os momentos, todas as situações eram uma boa oportunidade para relembrar nossa política de integridade e conduta, nossa forma de agir em todas as situações. Não existem razões aceitáveis para se violar a política de conduta.

Nossa atitude nunca foi de assumir que assuntos éticos eram heranças naturais do berço. Cada funcionário precisava conhecer que tínhamos "tolerância zero" para desvios do nosso código de ética. Sempre incluímos um espaço importante para esse tema, desde a agenda de integração até os treinamentos e encontros de negócios, inclusive conferências via telefone. A comunicação do nosso nível de padrão ético era a prioridade número um entre todos os papéis da liderança.

Tratávamos de forma muito transparente todos os assuntos sensíveis, como assédios, negócios com ética, conflitos de interesses, informação confidencial e honestidade na contabilidade. Era nossa forma de transmitir esses assuntos, de forma contundente, para todos da equipe. Deixávamos muito claro que esses temas tinham a ver com cada um de nós e quais seriam as medidas adotadas em situações de desvios.

Condutas inadequadas que colocavam em risco a empresa eram sempre tratadas com o rigor que o código de conduta exigia. Lamentamos as situações que enfrentamos ligadas a assuntos internos, como uso indevido do carro da empresa, lançamentos incorretos de notas fiscais. Se o assunto exigia o tratamento de "justa causa", era assim que seguíamos.

Lembro de uma ocasião em que um distribuidor oferecia a compra de uma enorme quantidade de um produto em lançamento, na condição de receber um desconto extra. Por mais atraente que o pedido poderia parecer, nenhuma condição "única" era possível realizar. Um eventual desconto promocional, caso ocorresse, deveria ser comum para toda a rede de revendas e não para um caso específico.

Um outro fato bastante delicado foi quando um cliente importante fez uma especificação de um de nossos produtos. A condição de uso era bastante vulnerável aos limites de tolerância (condições de uso) que o produto poderia suportar. Nosso engenheiro especialista vetou a liberação do produto até que o cliente

Parte 3: Construindo o sucesso organizacional

pudesse estabelecer maior controle no ambiente de uso do produto. Isso acabou gerando um grau muito elevado de confiança entre o cliente e a nossa empresa, uma vez que ele percebeu que não poderíamos fechar o negócio se houvesse risco de uso para o próprio cliente. *Um negócio é melhor quando todas as partes estão confortáveis com os resultados.* Nessa situação específica, o cliente passou a ser um grande promotor da nossa solução, pela forma que conduzimos a situação, sem precipitação e com o profundo rigor técnico que a situação requeria.

Casos assim serviam para fortalecer nossa competência em manter altos padrões éticos nas negociações. Sabíamos a diferença entre erro e negligência. Sabíamos que existem razões mais importantes do que o imediato. Nossa equipe parecia ganhar ainda mais respeito e confiança no produto que vendia quando essas situações eram apresentadas a eles como nossa maneira de fazer negócios. Nossas ações eram para o sucesso em longo prazo, nunca para situações do tipo "pagou, levou".

Temas como transparência na gestão, responsabilidade social e ética empresarial passaram a ser mais frequentes na maioria das organizações. *Lisura e honestidade são as boas práticas.* Cresce a rejeição às empresas que fazem qualquer negócio. A empresa séria pratica o que divulga e não admite que a ética seja apenas instrumento de propaganda. Ou é assim ou terá vida curta na sociedade atual.

Tive oportunidades de participar de eventos sobre esses assuntos em muitas empresas. Algumas convidavam especialistas no assunto para debater casos práticos. Dedicavam bastante tempo às consequências dos erros éticos. Eram discussões muito educativas.

Uma das situações que marcaram muito foi a forma inovadora que uma dessas empresas utilizou para tratar do assunto. Os diretores encontraram uma forma alegre e descontraída para aumentar a retenção das mensagens de ética, respeito, credibilidade, disciplina, e vencer dificuldades... Criaram um evento num campo de golfe. Equipes de quatro a seis funcionários estavam acompanhados de um "jogador" que tinha como missão associar e praticar algumas jogadas com as mensagens que a empresa gostaria de passar. Após as demonstrações práticas, que duraram um par de horas, todas as equipes voltavam para a sala de treinamento e discutiam as situações que ocorreram no campo de golfe. O nível da reflexão e a contribuição de cada participante deixaram muito claro que aquela forma de "praticar" tinha deixado mensagens muito fortes para todos. Por exemplo, num jogo de golfe é o próprio jogador que faz as anotações das quantidades de "tacadas". Isso quer dizer que, deliberadamente, se não tiver boas intenções, poderá anotar incorretamente o número de batidas que precisou para concluir uma etapa. Isso é a ética do jogador, e tem muito a ver com a credibilidade. Com relação ao respeito, as regras do golfe são bem rigorosas. Foram bons exemplos de como praticar os valores de uma empresa.

Estou certo de que para aquelas equipes todas as mensagens ficaram gravadas, uma vez que utilizaram a combinação perfeita na forma de aprendizagem: Prática, Verbal e Visual.

> Ética é o que marca a fronteira. É aquilo que orienta a sua capacidade de decidir, julgar, avaliar. É a perspectiva para olharmos os nossos princípios de conduta e os nossos valores. Não fazemos qualquer negócio, e assim deve ser. Ética é a proteção da integridade, é a capacidade de ter princípios, é a paz de espírito, o sossego mental, a preservação da integridade, da honestidade. O negócio mal feito apodrece as relações de negócios e num determinado momento vai desabar.

O outro lado da moeda também é importante num assunto tão fundamental como esse. É importante saber o que não fazer. Negligência, desatenção e descuido são erros que estremecem uma boa relação comercial.

Defender os princípios de uma vida fundamentada pela integridade, maturidade e uma mentalidade de abundância tanto de caráter como de competência ética a longo prazo faz uma grande diferença. Quando compartilhávamos esses conceitos com nossa equipe era uma forma de dar vitalidade às competências que desejávamos preservar. E eles demonstravam como se sentiam fortalecidos em trabalhar numa empresa com esse padrão de conduta.

Quer saber, nossos pontos fortes não eram somente nossos valores éticos, mas também as pessoas, o respeito na forma de relacionamento, e elas sabiam disso. E os concorrentes enlouqueciam por isso. Não raras vezes faziam ofertas superatrativas para membros da nossa equipe que, na maioria das vezes, não eram aceitas. Pessoas não tinham valor financeiro e quando, eventualmente, aceitavam uma oferta, logo retornavam arrependidos; não trabalhavam apenas pelo dinheiro. *O sucesso da empresa sustentável tem como base os valores éticos. E muitos clientes nos valorizam muito por isso.*

6. Relacionamento – Networking

Fazemos negócios com pessoas.

Relacionamentos são poderosas ferramentas de conhecimento. Conheci mestres na arte natural de conquistar pessoas. Não mantinham contatos pela necessidade da função, mas porque era uma habilidade espontânea. Eram pequenos gestos que criavam vínculos que iam muito além de uma relação comercial.

Tive a oportunidade de trabalhar em muitos negócios diferentes e criar uma rede de contatos independentemente da área que atuava. Nunca descartei cartões de visitas, meu e-mail sempre foi o mesmo, assim como o número do meu celular, e minha lista de contatos sempre cresceu ao longo dos anos. Ainda hoje, nas viagens que faço, é um grande prazer compartilhar fotos ou até mesmo enviar um tradicional cartão postal para amigos queridos. Tenho anotado na agenda de contatos os assuntos que mais lhe atraem: vinhos, viagens, hobbies (colecionadores de selos ou de moedas antigas, relógios), leituras preferidas, esportes praticados. Normalmente, são temas que me atraem também, e compartilhar novidades nesses assuntos abre novas portas para você expandir seu conhecimento.

Atualmente existem empresas que facilitam muito as oportunidades de contato. Criam eventos para troca de experiências que são muito valiosos para expandir sua rede de relacionamentos. Uma delas é a Consulting House, por meio da qual várias vezes participei de debates sobre temas relevantes para determinado momento da economia, mas também para conhecer pessoas que de outra maneira não seria possível. *Conhecer as pessoas certas é uma boa alavanca para bons resultados.*

Outra boa fonte de contatos são as associações, feiras de negócios ou mesmo eventos, seminários ou palestras. Nestes novos tempos, a tecnologia contribui, fazendo com que todos os participantes de um evento recebam os contatos uns dos outros. Com tantas oportunidades de aproximação, algumas pessoas ainda preferem se entreter no celular durante os breves momentos de intervalos, desperdiçam a chance de se aventurar pelo conhecimento de novos contatos. Há pessoas que gostam de relacionamento! Outras, nem tanto! Importante lembrar que *isolamento não combina com sucesso.*

Trocar experiências, compartilhar, estabelecer contatos de longo prazo criam uma fonte de riquezas. Fazemos negócios com pessoas, e quantas histórias maravilhosas ouvimos dos nossos clientes quando criamos uma relação além do dia a dia comercial.

Relacionamento tem limites... Como você sairia dessa?

Nas épocas de crise as coisas realmente ficavam apertadas. Certa vez, um cliente ligou para um de nossos revendedores dizendo que não seria possível quitar as duplicatas que já estavam vencidas, mas que gostaria de saldar a dívida de qualquer maneira. Perguntou ao gerente comercial se poderia enviar urnas como pagamento, o que o gerente aceitou imediatamente, pois imaginou que essas urnas teriam muitas utilidades, serviriam para guardar produtos no depósito, organizar as miudezas ou até mesmo para arquivo de documentos. Em poucas horas, os produtos foram entregues e aceitos pelo guarda na noite, uma vez que o caminhão enviado pelo cliente madeireiro chegou muito tarde.

Na manhã seguinte, um grande alvoroço na empresa, ninguém podia acreditar no que viam ali, empilhado na sala dos vendedores, o proprietário, assustadíssimo, questionando o que estava acontecendo. Ninguém podia acreditar, alguns chegando a imaginar que seria uma forma de pressão pelos baixos resultados das vendas.

Aguardaram a chegada do gerente comercial, que também ficou estupefato, todos se olhavam assustados. Foi então que o gerente comercial, lembrando da ligação do dia anterior, revelou a todos que tivera contato com um cliente em débito, oferecendo a opção do pagamento das duplicatas em produtos que ele fazia na empresa, em urnas, mas ele jamais imaginara que eram "urnas mortuárias". Ali, diante de todos, incrédulos, estavam 18 CAIXÕES, dos mais variados tipos. Ninguém chegava perto daquilo, até o pessoal da limpeza dizia "cruz credo, gente, isso dá azar". A solução foi rapidamente colocada em prática.

Ligaram para o cliente devedor dizendo que a dívida estava quitada, mas que ele precisava retornar e retirar os CAIXÕES imediatamente!!!

Parte 3: Construindo o sucesso organizacional

7. Gerenciamento de prioridades

O sucesso de uma empresa não é permanente se as decisões forem concentradas.

O momento de tomada de uma decisão pode gerar arestas e conflitos entre os participantes de um grupo de trabalho. Minha preferência para esses momentos estratégicos sempre foi a ferramenta denominada Schrello, que ainda tem sido usada com sucesso para uma diversidade de possibilidades:

1. Gerenciamento do portfólio atual;
2. Produtos novos;
3. Extensão de linha;
4. Novos mercados;
5. Modificações de produto;
6. Novos fornecedores;
7. Substituição de matéria-prima, dentre outros.

A ferramenta Schrello propõe fatores de decisão e uma matriz de pontuação muito útil, especialmente na comparação entre alternativas. Sugere perguntas que facilitam o alinhamento entre todos da equipe, servindo várias opções para análises. Pessoas de diferentes áreas – marketing, laboratório, vendas, finanças, logística e outras – têm visões e bases de conhecimentos diversas, e todas podem contribuir numa importante tomada de decisão.

"Diga sim, com informações e convicção e não com achismos". Compreender os riscos de uma decisão pode proporcionar ao líder e toda a equipe um momento para fortalecer as relações entre eles e não servir como uma barreira de dificuldades futuras.

Uma decisão estratégica pode envolver aspectos financeiros e tínhamos que assegurar que todos estavam numa mesma página de percepção e responsabilidade. Resolvemos que todos deveriam ter um nível de informação básico de finanças. Definimos que o nosso líder da área financeira tinha a responsabilidade de efetuar sessões de treinamento sobre princípios básicos do entendimento do P&L (Profit and Loss, Lucros e Perdas). Impressionante como essa nova formação de base de conhecimento facilitou em muitas outras situações. Uma contribuição tão rica não poderia ser prescindida, e passamos a adotar treinamento de finanças em todas as oportunidades de reunião anual da equipe. O conhecimento mínimo de finanças para todos os funcionários fez com que entendessem melhor a entrada do dinheiro e os custos (visíveis e invisíveis).

Podiam contribuir com sugestões valiosas para tornar as visitas mais produtivas e especialmente reverter uma situação com resultados negativos. "Se o meu negócio está no vermelho, tenho que saber olhar para tudo, preciso fazer uma revisão geral", afirmava um de nossos vendedores.

Toda empresa ganha muito mais quando todos se sentem como verdadeiros donos, e assumem a sua parte de responsabilidade.

Parte 3: Construindo o sucesso organizacional

8. E os problemas?

Não faça amanhã o que poderia fazer depois de amanhã.
(Mark Twain)

Ainda que o nosso foco sempre tenha sido buscar e investir nas oportunidades, não poderíamos fechar os olhos para os problemas. "Jacarés" surgem todos os dias, e temos que lidar com eles antes de ficarem grandes e gordos.

Nossa prática diante dessas situações era procurar manter a cabeça fria. *Nenhum problema poderia ser grande demais para interromper a jornada para realizar nossos sonhos*. Sempre perguntávamos as razões da incidência daquela situação-problema. Fazíamos cinco ou mais vezes as perguntas: Por que isso acontece? Por quê? Por quê? Íamos à causa-raiz. E só depois definíamos as alternativas de correção.

Quando a situação envolvia pessoas, desempenho, comportamentos ou habilidades não demonstradas, a alternativa era partir para o "feedback assertivo". Nada de rodeios ou palavras genéricas. Acreditávamos que as pessoas queriam fazer o correto, e quando desviavam do rumo por algum motivo, o melhor seria uma conversa direta, apontando precisamente o que deveria ser ajustado. Nesses casos, éramos muito específicos, assegurando a correta compreensão da situação e quais as atitudes que seriam demonstradas. Assegurávamos que as melhorias deveriam ser evidentes, contundentes. Se a situação requeria um treinamento (por exemplo: habilidade específica em vendas), então buscávamos no cardápio de opções de Recursos Humanos qual a melhor indicação, e confirmávamos a agenda imediatamente. Outras vezes eram apenas a compreensão do equívoco e o compromisso do alinhamento. Nada mais, simples assim. Como tínhamos alto nível de delegação, algumas vezes era preciso fazer alguns ajustes pontuais. Não raras vezes, contávamos também com a ajuda de Recursos Humanos para assegurar que o processo estava caminhando de acordo com os procedimentos.

Nossa equipe tinha noções básicas de finanças e nunca deixamos de pedir a ajuda de todos quando tínhamos que apertar os cintos. Fazíamos cortes de despesas, sim, mas não sem identificar quais eram os investimentos fundamentais para sustentar os negócios. Nada de "passar a faca" linearmente, enfraquecendo até as áreas que estavam bem. *Crises nos fazem ser melhores*, e assim seguíamos nossa jornada a pleno vapor, ainda que com "menos lenha na fogueira". Com os problemas, vão saindo as soluções. Era assim que enfrentávamos as dificuldades. Faça o que puder com o que tem e tente ao máximo evitar a cultura da pobreza. *Com criatividade e a contribuição de todos, sempre haverá alternativas.*

Quando a situação envolvia outros aspectos, como condições de entrega, qualidade, requerimentos dos clientes, então partíamos para as pessoas que poderiam nos ajudar a resolver rapidamente. Nada de escrever e-mails longos envolvendo dezenas de pessoas. Era melhor e mais rápido falar diretamente com o responsável, e pronto.

Dar mais atenção aos consumidores do que aos produtos, era assim que pensávamos. Identificar corretamente os interesses dos clientes gera oportunidade de lucros, por isso, ouvir é o primeiro passo para o fazer, e especialmente para evitar problemas futuros. Nunca é exagero lembrar que uma empresa prospera quando os clientes compram regularmente mais de uma vez. É preciso criar estratégias de talentos e sempre investir no capital humano, e praticar esses princípios fazia parte dos assuntos do nosso dia a dia.

Resultados abaixo do esperado. E agora, como sair dessa?

"A maioria de nós supõe que, para sermos persuasivos, devemos enfatizar os pontos fortes e minimizar os pontos fracos. Esse tipo poderoso de comunicação faz sentido se o público for acolhedor", diz Adam Grant em seu livro *Originais: como os inconformistas mudam o mundo*. Mas qual poderia ser a melhor alternativa quando os resultados estão aquém do esperado e você precisa ajustar o rumo?

Pois bem, esse foi um dilema durante a preparação de uma importante reunião face a face com meu chefe internacional. Algumas pessoas poderiam pensar que uma alternativa poderia ser minimizar os fatos, jogar a responsabilidade para o "mercado". Preferi ir direto às feridas. Nossos resultados estavam abaixo do previsto e seria preciso fazer uma proposta de mudanças, independentemente das condições negativas do mercado. Minhas argumentações tinham que ser convincentes, e medidas de emergência precisavam ser adotadas imediatamente. Preparei um banner em vez das tradicionais apresentações. Algo em que pudéssemos visualizar o cenário e usar canetas para alinhar nosso direcionamento e as ações emergentes. Entrei na sala, estendi o banner no suporte, coloquei várias canetas coloridas na mesa, levantei e comecei a falar. Em poucos minutos estávamos os dois em pé, "rabiscando" o banner numa agradável conversa de redirecionamento. Direto ao ponto, sem "dourar a pílula". Notei que esse estilo mais informal passou a ser adotado em vários outros momentos, independentemente dos negócios estarem bem ou mal. A comunicação direta é sempre uma boa alternativa, sem tentar se proteger, sem precisar acusar o passado ou os erros dos outros. Mais uma vez, conhecer o seu chefe e assegurar que ele esteja bem informado são importantes para o sucesso de um negócio.

Várias vezes, estive presente em reuniões onde os finais não foram felizes. Vamos aprofundar um pouco mais nesse assunto. Tem uma reunião muito importante para participar? Vamos refletir juntos:

Se pudesse fazer algo uma única vez, como me prepararia?

1. **Dependendo da situação, é melhor começar pelos pontos fracos.** É uma boa forma de desarmar a audiência. Abrir uma reunião com uma conversa franca sobre tudo que não vai bem, e suas preocupações por isso, poderá inverter uma atitude defensiva para uma postura voltada para a solução de problemas. Ser sincero sobre nossas falhas altera o modo como o público nos julga. Lembre-se que quando demonstrar que está ciente das suas próprias limitações, isso o fará parecer digno de confiança. Pense bem, quando temos consciência de que alguém está tentando nos convencer de algo, naturalmente erguemos barreiras mentais. Se deseja resolver uma situação de forma positiva, a última coisa que deseja é precisar superar barreiras que você mesmo criou naquele momento.

2. **Comece pelo problema.** Discorrer com franqueza sobre o lado ruim de uma situação insatisfatória de negócio reforça a credibilidade para falar do lado bom. Mas lembre-se que é preciso ter autoconfiança para ser humilde, para enfatizar algum ponto fraco. Se você está disposto a contar claramente o que há de errado, deve haver um monte de coisas que estão certas e que precisam, igualmente, ser ditas.

Espere pelo momento certo! Depois pode ser melhor

No mundo da autoajuda, há um mercado voltado ao combate da procrastinação. Mas se estamos agora tratando de problemas, gostaria de trazer uma reflexão sobre os benefícios de procrastinar. Isso mesmo, adiar pode trazer benefícios. No Egito antigo, havia dois modos diferentes para expressar essa palavra. Procrastinar denotava preguiça, mas também significava esperar pelo momento certo.

Ouvimos muitas vezes que, no trabalho e na vida, a chave para o sucesso é agir depressa. Somos aconselhados a, diante de uma tarefa importante, realizá-la bem antes do fim do prazo. Claro que existem vantagens na rapidez. Ficamos seguros de terminar a tempo o que começamos. Ficamos livres e com a sensação de causar uma boa impressão. Surpreendentemente, existem estudos que mostraram que há mais desvantagens em agir depressa. Como diz o ditado popular, "o pássaro madrugador come a minhoca", mas não podemos esquecer de que a minhoca madrugadora vira comida de pássaro.

A procrastinação pode ser, em determinados momentos, tanto uma virtude quanto um vício. Líderes que promovem mudanças efetivas são aqueles que esperam o momento certo. Embora o atraso possa ser arriscado, a espera também pode reduzir riscos, ao impedi-lo de colocar todos os seus ovos em uma única cesta. Nas sábias palavras de Mark Twain, "nunca deixe para amanhã o que você pode deixar para depois de amanhã".

Houve momentos que eu deixei para fazer alguns ajustes poucas horas (poucos minutos) antes de uma apresentação importante, para desespero de alguns. Quando você procrastina estrategicamente, está intencionalmente adiando um trabalho que precisa ser feito. Certamente que está pensando na tarefa, mas adia o momento de progredir nela, mesmo que seja para fazer uma outra coisa menos produtiva. Adiar uma tarefa pode significar que estamos ganhando tempo para pensar sobre ela de muitas maneiras diferentes. Estimular pensamentos divergentes. De tanto pensar, é possível ter novas alternativas e escolher uma direção mais inovadora. Prefiro pensar que procrastinar deliberadamente abre possibilidades de gerar ideias mais criativas. A pressão pela urgência pode nos trazer alguns benefícios de última hora. Mas é importante estar preparado para isso. Há pessoas que se sentem mais tranquilas por não precisar das decisões urgentes. É uma questão de estilo mental. Eu até que gostava do frio na barriga da contagem regressiva, minha criatividade estava a mil nos momentos que antecediam uma reunião importante. Mas eu também conheci pessoas que nesses mesmos minutos finais corriam para o banheiro. Uma questão de sistema digestivo. Sorria.

Parte 3: Construindo o sucesso organizacional

9. ÓTIMAS EMPRESAS, PESSOAS EXCEPCIONAIS

Liderar é desenvolver pessoas.

É preciso compreender um pouco o que está além do desempenho para encontrar as pessoas que fazem *além do excepcional.*

Certa vez, discutíamos a performance de um de nossos vendedores. Tínhamos uma visão crítica sobre os seus resultados. Estávamos certos de que a região oferecia grandes oportunidades de negócios, mas os pedidos chegavam abaixo das nossas expectativas. O gerente do setor continuava a afirmar: "ruim com ele agora, muito pior sem ele". Acreditava que cada pessoa tinha um ritmo diferente e confiava que os resultados estavam a caminho, afinal, "clientes grandes" têm suas desvantagens. "O desenvolvimento de produtos num grande cliente leva um pouco mais de tempo", afirmava o gerente. Ambos confiavam que o progresso, embora lento, era consistente. Um pouco de paciência nos fez enxergar as reais contribuições desse excepcional vendedor. O trabalho que fazia tinha etapas que ele sentia muita segurança em cumpri-las. Envolvia e conquistava as pessoas para participarem de debates técnicos e se convencerem de que as mudanças para as nossas soluções trariam benefícios de longo prazo. Tudo que esperávamos de vendas naquela região era apenas uma parte dos resultados que começamos a constatar. Foi uma aprendizagem sobre até onde as pessoas podem alcançar. Os contratos se tornaram muito acima e as quantidades de vendas serviram como referências para toda nossa equipe.

Não pretendo desviar o nosso foco dos resultados de vendas, mas acredito ser conveniente trazer um pouco de história da arte do renascimento italiano, do belíssimo livro de Giorgio Vasari, *Vida dos artistas.* Em sua obra, Vasari conta que o grande artista Leonardo da Vinci levou quinze anos para completar a pintura Mona Lisa. Naquela época, muitos acreditavam que as experiências ópticas de Da Vinci eram distrações que o impediam de terminar seus quadros. Essas "distrações", porém, acabaram por revelar vitais para sua originalidade. Os estudos de Da Vinci podem ter adiado projetos, mas os feitos finais na sua pintura dependiam daqueles experimentos. Os mesmos quinze anos, acrescenta Vasari, também foram dedicados ao desenvolvimento das ideias para A Última Ceia. A pintura começou como um esboço de figuras sentadas em um banco. Mais de dez anos depois, tornou-se a base da disposição dos treze sentados à mesa. Da Vinci compreendia que a originalidade não podia ser apressada.

Voltando para nossa realidade atual, parece que estamos sempre apressados demais. Queremos tudo pronto imediatamente, inclusive as pessoas, inclusive os pedidos dos clientes. Dedicamos muito pouco à formação de pessoas e às explicações dos benefícios dos nossos produtos e serviços, assim corremos o risco de entrar no processo de trocar por um "supostamente" melhor, o quanto antes.

Numa empresa, o líder deve contribuir com a vida de cada um de sua equipe. *Nada é possível sem pessoas de excelência*, isso é verdade. Mas também é verdade que pessoas precisam de confiança, de desenvolvimento e de tempo para praticar o que aprendeu.

Certa vez ouvi o relato de um chefe que havia demitido um funcionário porque ele sempre argumentava que "estava aprendendo". O chefe não podia compreender que alguém naquele nível de função ainda estivesse na curva de aprendizagem. Decidiu substitui-lo por um profissional mais "maduro". Mais tarde, chegou ao conhecimento desse chefe que aquele funcionário estava ocupando uma posição de muito destaque numa grande empresa. Pela forma como ouvi aquele relato, parecia que o funcionário ainda se mantinha na curva de aprendizagem, para desespero do antigo chefe. Enquanto isso, o substituto "maduro"... bem, não é difícil imaginar, só decepcionava nos resultados. Quando a maturidade se confunde com arrogância vira a fórmula explosiva para "detonar possibilidades".

Muitas pessoas não atingem o seu pleno potencial porque estão "nas mãos" de *chefes degoladores de oportunidades*. Entretanto, muitos outros trabalham no seu máximo desempenho como se fossem a coisa mais normal do mundo.

Veja essa narrativa, nas palavras do autor. "Estava para iniciar uma demonstração em um cliente, no qual era preciso a utilização de uma enceradeira industrial, quando a encarregada da limpeza resolveu mudar o local, pedindo que os testes fossem realizados no andar de baixo, num piso mais nobre com maior desgaste. Concordei e gentilmente me ofereci para carregar aquele equipamento, que pertencia ao cliente. Mas quando a ergui, percebi, tarde demais, que a operadora não havia travado o cabo que regula o ajuste de altura, por isso a queda foi inevitável. Preocupado em não danificar o piso com o impacto, coloquei o pé para amortecer a queda. A enceradeira pesava aproximadamente 25 quilos, senti um calafrio e uma sensação de que meu dedo havia sido esmagado. Engoli seco e passei os próximos 50 minutos como se nada tivesse acontecido. Hoje posso dizer, não foi nada fácil completar aquela visita sofrendo com aquela dor intensa. Finalizei a demonstração com sucesso, sem que a equipe percebesse o que realmente tinha acontecido comigo. Estava bem próximo de um hospital, e depois de passar pelo ortopedista, ficou constatado uma fratura no dedo. Terminei o dia com o pé engessado e o pedido na mão. O dedo quebrado não interrompeu minha venda."

Esse é um exemplo de até que ponto as pessoas se tornam excepcionais. Uma forma de colocar o seu máximo no desempenho numa tarefa. Por que as pessoas chegam a esse nível de comprometimento? O que faz pessoas como Paulinho Oliveira se entregarem dessa maneira a uma atividade profissional? Esse exemplo real provoca uma série de reflexões. Várias alternativas para encontrar

Parte 3: Construindo o sucesso organizacional

respostas razoáveis. A empresa, o ambiente de trabalho. Poderíamos também fazer uma lista das virtudes cardeais de um líder que favoreça a conquista de funcionários superdedicados.

Alguns acreditam que o líder seja um grande responsável pelo desempenho das pessoas. A maior virtude do líder é identificar nas pessoas as maneiras com que elas possam contribuir muito acima do que esperam delas mesmas. Isso parece ser certo até certo ponto. O líder pode dar oportunidades para as pessoas "brilharem" de tal maneira, nas suas tarefas, que consigam atingir pontos inexplicáveis de excelência de desempenho. Mas também a excelência está nas pessoas, independentemente da liderança. "Você já teve experiências assim? O que fez você se entregar, dar o seu máximo?"

Pessoas excepcionais

Tive o grande privilégio de trabalhar com pessoas que realmente fizeram a diferença. Que tornaram a empresa muito mais forte. O que elas tinham em comum?

1. Forte identificação com o propósito da empresa;
2. Prontidão. Sempre disponíveis para algo maior. Não mediam esforços;
3. Não precisavam da presença do chefe para realizar o seu melhor;
4. Respeito incondicional ao cliente. Mesmo tratamento para todos os diferentes níveis;
5. Não se comparavam às outras pessoas;
6. Humildade quando falavam de si mesmas;
7. Extraordinária competência quando falavam da empresa, do produto, do serviço;
8. Verdadeiras;
9. Ligadas. Proativas;
10. Felizes. De bem com a vida.

Competências do líder

1. As pessoas respeitam os objetivos pelos quais são medidas;
2. Liderança quer dizer execução do plano;
3. Derrotas não vêm quando você perde. Vêm quando você desiste;
4. Fazer o que precisa ser feito, não o que gostaria de fazer. Corrija enquanto temos tempo, enquanto é possível;
5. Encontrar nos funcionários o que mais gostam de fazer, e lhes dar espaço para esbanjar produtividade. Liderar é desenvolver pessoas;

6. Tomar controle do destino. Para construir o futuro tem que arriscar;
7. Algumas vezes poderá encontrar funcionários que gostam de fazer coisas que não estão dentro dos objetivos da empresa, então, o melhor é deixá-los sair e encontrar seu espaço em outro lugar.

Virtudes cardeais do líder
1. Autocontrole (temperança);
2. Coragem. Manter o rumo e resistir às pressões;
3. Justiça. Dar a cada um o que é seu e entrar no coração dos outros;
4. Prudência. Tomar boas decisões;
5. Atrair e manter pessoal absolutamente excepcional;
6. Sintonia, confiança, prazer.

Procurei sempre me aproximar dos líderes de sucesso para que pudessem me mostrar perspectivas mais amplas. Aproveitava situações e contato para questionar estilos de administração e liderança. Questionava como reagiam quando estavam numa situação de máxima pressão. Como administravam uma agenda insana de reuniões, viagens, decisões. Como se baseavam na seleção de prioridades. Muitas vezes, também falamos a respeito do equilíbrio entre trabalho e família.

Como você define suas prioridades? Acha que está em equilíbrio?

Um dos assuntos das minhas conversas com essas pessoas em alto nível de liderança era sobre as maiores dificuldades enfrentadas e como as solucionou. Nesses momentos, eu nunca pensei que trocar experiências sobre dificuldades pudesse ser um tema impróprio. Ao contrário, sempre constatei que aquele momento de empatia, reflexão ou até mesmo de avaliação fria dos momentos que trouxeram tensão era como abrir uma ferida e constatar que estava bem cicatrizada, ambos aprendíamos muito.

Algumas vezes, eu cheguei a ouvir a minha mesma pergunta de volta: "O que você teria feito se estivesse no meu lugar?". E eu então respondia, não sem constatar um arrepio intenso na espinha. Era minha hora de tensão. Verdadeiramente um momento de entrar num "simulador de liderança extrema".

Há sempre alguém mais experiente que você, e que também gosta de falar sobre suas próprias limitações, nesse momento revela claramente seus valores pessoais de humilde educador.

Não raramente constatamos que nos momentos de máximo estresse é quando temos uma boa chance de demonstrar os valores da empresa, nossa capacidade como líder, e a paixão com que fazemos nossas tarefas.

Lembro-me claramente de um relato de um alto executivo. "Estávamos num momento de intensa troca de opiniões, parecia difícil chegar a um acordo, algumas pessoas estavam excessivamente tensas. E eu, ali dividido, concentrado na reunião, mas com uma vontade inadiável de ir ao banheiro." Então, interrompi a reunião dizendo: "Procure uma janela quem quiser, respire um pouco e voltamos em cinco minutos". Como num passe de mágica, quando todos retornamos e os minutos seguintes foram incrivelmente diferentes. Chegamos a um consenso e comprometimento que nem eu mesmo poderia esperar. Pausa para intervalo, às vezes, resolve um drama! Rimos muito após ouvir a conclusão.

Outros momentos que eu aproveitava ao máximo para aprender ocorriam em nossas reuniões anuais de fechamento. Os dias que antecediam eram sempre tensos. Era preciso alinhar claramente investimentos com estratégias, estimativas para o próximo ano. E contar que poderíamos ter uma solicitação de "algo mais" nos objetivos porque "alguns países não estão tão bem, e eu confio que você poderia fazer um pouco mais para nos ajudar".

Algumas vezes, no final dessas reuniões nos encontrávamos numa área aberta, próximo à piscina, ou no jardim do hotel. Compartilhávamos um charuto e trocávamos experiências. Quanta aprendizagem. Eu enchia páginas de boas ideias no meu "caderninho de anotações", sempre comigo. Podíamos passar horas, eu fazendo várias perguntas, ou ouvindo de volta várias indagações. Outras vezes, ficávamos em silêncio reflexivo. Era um momento de aprendizagem, empatia, confiança entre nós e nos resultados que viriam.

Numa outra ocasião, após uma dessas exaustivas reuniões, sentamos no restaurante. Estavam apenas o chefe e eu. "Desta vez", disse ele, "não podemos tomar uma taça de vinho, estou dirigindo. Você concorda em me acompanhar na água com gás?". E eu, sorrindo, disse: "Acompanho na água, desde que me conte quais foram os motivos que trouxeram você a esta empresa e que fatores o fizeram ser bem-sucedido?". Ele, também sorrindo, respondeu: "Eu lhe conto, mas também quero ouvir sua experiência e como conseguiu esses resultados". Aquela conversa, acompanhada de uma garrafa de água com gás, foi uma demonstração de que *a força de uma empresa são as pessoas. Dedicar tempo para trocar experiências é um tempo bem investido.*

Sempre tive comigo, junto com o crachá da empresa, o porta-cartão e um caderninho para anotações das "Boas Ideias", os insights. Crachá, porta-cartão e caderninho eram inseparáveis parceiros. Uma ideia pode valer um milhão de dólares. E se cada dólar conta muito, não poderia me dar ao luxo de perder ideias.

Aproveitando, gostaria de mencionar que sempre me chamou a atenção como os asiáticos recebiam e entregavam um cartão de visitas. Na nossa cultura, algumas vezes passamos despercebidos. Esquecemos nossos cartões com uma certa frequência, ou os entregamos de uma maneira muito casual, com displicência.

Duvido que você já não tenha ouvido uma resposta parecida com esta: "Depois eu envio o meu cartão por e-mail". Sempre achei isso uma falta grave cometida num primeiro encontro. Se você está em negócios, não importa o lugar que esteja, seu cartão de visitas pode lhe valer um pedido de um milhão de dólares. Um milhão do caderninho, mais um milhão do cartão de visitas, o objetivo do mês não fica tão difícil assim! Sorria.

Uma vez, num evento, eu recebi de um alto executivo um cartão de visitas um tanto exótico. Era um cartão minúsculo, quatro a seis vezes menor do que o usual. Estranhei o tamanho quando o recebi, e mais ainda ao ouvir: "Meu negócio é fazer economia". Aquilo me pareceu um tanto estranho, "fanfarrão", como dizia um amigo. Afastei-me rapidinho, não era um contato para o nosso perfil de negócios. Economia é importante, é muito importante, desde que acompanhada de valores e diferenciais indiscutíveis.

Ainda sobre a cultura dos asiáticos. Foi bem impressionante constatar durante meu recente estágio de dois meses no Japão a reação comum em todos os encontros. Ao entregar meu cartão de visitas, ouvia a leitura do meu nome, olho nos olhos, uma reverência calma e educada. Depois, recebia o cartão daquele contato e então tinha a chance de repetir o "ritual". Numa dessas visitas, o cartão não era impresso. Foi escrito manualmente. Que caligrafia bonita, numa qualidade de papel impressionante. Achei uma deferência única. Causou uma primeira impressão respeitosa e ao mesmo tempo amistosa. Minha visita, nesse dia, era a uma grande fábrica de papel. O presidente deve ter aprendido com o pai, ou com o avô. Não importa, fiquei impressionado com a atenção aos detalhes. Após a visita, ao passar pela loja de visitantes, encontrei cartões em branco para venda. Claro que comprei uma caixa. Só falta treinar um pouco mais a minha caligrafia e seguir o exemplo.

Para concluir, hoje em dia, algumas pessoas preferem encontrar o exercício do pleno potencial em outras empresas. A paciência para esperar é igual pavio curto, não leva muito tempo e explodem. Algumas vezes passam por 4, 5, 7 empresas, num curto espaço de tempo. É fato dizer que o líder precisa agir rapidamente quando o perfil não se encaixa. Assim como é muito claro afirmar que as pessoas não nascem prontas, não chegam prontas. É preciso estar desperto para saber ouvir os sinos das possibilidades pessoais. Outras vezes seria bom ter um pouco de paciência.

Parte 3: Construindo o sucesso organizacional

10. Empresa 4.0

Todas as peças do futuro estão disponíveis, é preciso apenas saber qual peça acionar para resolver o problema.

O que é diferente desta vez? Até onde vamos chegar?

Primeira Revolução Industrial: 1784-1840
- Surgimento das máquinas nas indústrias movidas a vapor;
- Produção em massa.

Segunda Revolução Industrial: 1870-1969
- Produção em larga escala (linhas automatizadas) com a ajuda da energia elétrica;
- Destaques para aço e alumínio;
- Equipamentos e teorias para redução de custos.

Terceira Revolução Industrial: 1969-presente (ou... encerrada em 2011)
- Revolução digital para automatizar ainda mais a produção, a Robótica;
- Destaques para segmentos de transportes e biotecnologia;
- Capitalismo e globalização.

Vivemos uma nova Revolução

O termo empresa ou Indústria 4.0 ou fábricas inteligentes de alta tecnologia surgiu na Alemanha em 2011. Engloba as principais inovações e informações utilizando a inteligência artificial (IA). A Indústria 4.0 já está mudando o jeito de pensar, agir e viver. Tem como fundamento a conexão entre máquina, sistema e ativos, formando redes inteligentes em toda a cadeia de serviço que podem controlar os modelos de produção de forma autônoma. São denominadas fábricas inteligentes que serão capazes de agendar manutenções e prever falhas no processo, além de se adaptar a mudanças não planejadas dentro da produção. As linhas de produção terão um cenário automatizado, remoto, com sistemas de Big Data e Internet das Coisas (IoT, Internet of Things), controlados por robôs capazes, tornando o processo de produção cada vez mais eficiente.

1. **Agilidade.** Tratamento de dados de forma instantânea, sendo possível tomar decisões rapidamente;
2. **Descentralização.** Decisões em tempo real sem intervenção humana (máquinas fornecendo comandos sobre o ciclo de trabalho);

3. **Virtualização.** Rastrear e monitorar remotamente todos os processos por meio de sensores interconectados espalhados pela fábrica;
4. **Modularidade.** Adaptação flexível das fábricas inteligentes, orientação a serviço e produção de acordo com a demanda (computação em nuvem).

Essas tecnologias trazem inúmeras oportunidades para agregar valor aos clientes e aumento de produtividade de processos, sendo que os maiores desafios serão a capacidade de inovação e adaptação. Pesquisas apontam que 70% dos empresários estão mais entusiasmados do que intimidados com esses conceitos, ainda que a indústria esteja se familiarizando com os impactos que pode ter sobre a competitividade. A tendência é ofertar produtos e serviços mais personalizados e customizáveis para os clientes. Quantas grandes novas oportunidades de negócios.

Com relação à mão de obra, profissões repetitivas deixarão de existir, e outras profissões que ainda nem conhecemos surgirão. Além de uma graduação multidisciplinar, o profissional terá outras habilidades e competências sobre assuntos que não estudaram na faculdade. Para a inteligência artificial, as coisas difíceis são fáceis, e as coisas fáceis são difíceis. A preferência pelo próprio negócio será muito mais intensa. Tendência evidente ao crescimento do trabalho feminino. Alterações significativas na forma de trabalhar. Diante desse novo mundo, iniciativa, ótimo relacionamento com colegas (inclusive de outras culturas), senso de urgência e grande inteligência emocional serão requisitos para subir de nível.

Outra tendência que já está entre nós: on-line learners, a aprendizagem virtual, comunidades de colaboradores, significativas transformações no processo ensinar-aprender.

O fenômeno da Revolução 4.0 começa também a dar origem a um novo tipo de gestão do marketing. A proliferação das novas tecnologias do mundo digital, como celulares, transformou o comportamento dos consumidores, provocando disrupções nos modelos de B2B (P2P) e B2C. Como resultado, as práticas de marketing serão movidas por informações, automação de escala e análises ultra-automatizadas. Tantas turbulências estão motivando um processo de repensar, como revelam os centros de pesquisas: imagine que a inteligência artificial poderá influenciar em 73% o futuro das empresas, uma vez que 65% dos clientes mudarão de marcas se as companhias não personalizarem a comunicação para eles. Essa nova geração de consumidores já passou a ser a prioridade número um para 52% das empresas, uma vez que 87% dos jovens com idades entre 13 e 24 anos acessam a internet com frequência[2].

2 *Artificial Intelligence and The Future of Work Conference* (29 de agosto de 2019). The future congress. MIT Sloan School of Management. www.Ide.mit.edu.

Parte 3: Construindo o sucesso organizacional

A análise de informações permitirá que as empresas se tornem mais preditivas nas demandas. Coletar dados eletrônicos e compreender padrões de comportamento serão ferramentas de vantagem competitiva para atrair e reter clientes, surgindo o conceito de "empatia de clientes".

Mapeamento das experiências para fazer os clientes promoverem o seu produto ou serviço também será um componente do marketing de comportamento e segmentação. *Engajamento com clientes* – fazer a marca se conectar com a vida dos clientes para que eles a considerem relevante e valiosa – será elemento valioso do composto do marketing.

Um exemplo cada vez mais presente está nas funcionalidades do autoatendimento, em transações bancárias e em aplicativos que ajudam na administração de medicamentos. O cliente insere a rotina de remédios e é avisado pelo celular quando deve tomá-los, fazendo a adesão ao tratamento aumentar de 40% para 79%. O uso da tecnologia alivia a preocupação dos médicos, que viam seus pacientes estagnados na doença pela dificuldade de administrar corretamente a medicação prescrita[3].

Participar de seminários já deixou de ser uma atividade passiva. Aplicativos possibilitam interações on-line entre todos os participantes. Perguntas, comentários ou sugestões são enviados diretamente para os apresentadores, aumentando significativamente a troca de experiências.

A tecnologia que tenta imitar a capacidade humana de resolver problemas complexos é vista como uma ferramenta para a formulação de novas estratégias. Basta imaginar as vantagens do reconhecimento facial ou identificação digital.

Se há uma revolução da tecnologia em curso, as startups estão dando sua contribuição. No Brasil, estima-se que haja cerca de 600 empresas dedicadas apenas ao universo de "govtech", soluções tecnológicas. É a inovação e eficiência chegando à administração no setor público.

Reinventar o conceito de inovação no mundo global digital conectado será a nova fórmula da "cereja do bolo" num mundo onde o concorrente está em todos os lugares. Inovar nesse ambiente é trazer algo novo para utilizar, é assegurar que todas as pessoas na empresa estejam questionando "como fazer melhor o que estou fazendo agora".

Todas as peças do futuro estão disponíveis, é preciso apenas saber qual peça acionar para resolver o problema. Não se fala mais em restrições de capacidade de memória, o acesso às ferramentas se encontram na "nuvem", o que torna muitas operações viáveis; aplicativos estão disponíveis e a inteligência artificial não é tão cara quanto muitos imaginam. A evolução não tem tempo para esperar. É preciso

---

3 Revista Exame. Edição 1.186, de 29 de maio de 2019, p. 80 a 92.

questionar sempre como fazemos a vida do cliente melhor, compreender que muitas vezes o que vendemos não é apenas o que o cliente compra. Além do produto, o cliente compra soluções para os seus problemas. O desafio é vender o resultado. Vender o que o cliente quer comprar.

Na indústria automotiva, o exemplo é que eles desejavam comprar o carro pintado e não comprar a tinta. Na indústria de serviço, muitos trabalhadores já não ganham pela hora de trabalho, mas pelo resultado. Profundos estudos de segmentação de mercado estão batendo nas portas das empresas, sinalizando oportunidades aos montes. A tecnologia colaborativa está disponível, não como substituta, mas como indispensável para criar novas propostas de valor para os clientes.

A verdade é que as coisas estão muito aceleradas, no momento em que estiver lendo este parágrafo, muitas novas tecnologias estarão disponíveis. Transformações vão impactar o mercado de trabalho, essa é outra forma de dizer que empregos serão destruídos, a exemplo do que aconteceu com os trabalhadores do campo, empregados domésticos e serviços de banco. *Uma coisa é certa: o valor está na ação, aprender e desaprender continuamente.* Outra coisa também é certa, e parece contraditório no mundo digital, mas as interações, o face a face, continuará em alta. Que bom! O respeito pela cultura colaborativa baseada em valores e propósitos permanecem enraizadas. Diante disso, o que você vai fazer amanhã no seu trabalho? Melhor, então, parar por aqui. Afinal, uma ideia nunca para de evoluir!

Parte 3: Construindo o sucesso organizacional

Conversa de elevador

Tudo que falamos nesta Parte 3 são elementos importantes para o sucesso da empresa. Durante 35 anos liderando negócios complexos e por 20 anos também participando da diretoria de uma multinacional muitos outros assuntos precisariam ser abordados para fundamentar o assunto. Entretanto não posso deixar passar um ponto que é de extrema importância e que tem tudo a ver com o sucesso. *O que você faz na função de líder?*

Talvez seja ainda mais importante considerar o que você "não deve" fazer. Você vai concordar que algumas coisas são óbvias demais, como por exemplo: "não se deve manter na equipe uma pessoa com baixo desempenho". Outra situação é "não é possível sobreviver na função sem um(a) assistente capaz". Não foi uma, nem duas, nem três vezes que recebi elogios dos trabalhos realizados pela minha assistente. Clientes reconheciam a iniciativa, a atenção e a determinação que elas demonstravam para resolver uma determinada situação. Um destes importantes clientes chegou até a eleger como "a assistente ideal". Colegas da internacional ficavam surpresos ao ver que, quando eu estava ausente do escritório, eram raras as ligações que eu recebia, comparada às inúmeras que eles eram acionados. Algumas vezes perguntavam: o que você faz para conseguir trabalhar sem a sua assistente ligar tantas vezes? Eu retornava a pergunta a eles, "o que você faz com a sua assistente, que ela não te deixa trabalhar, e fica ligando inúmeras vezes?" Era inevitável ouvir algumas conversas que o colega explicava detalhadamente o que precisava ser feito, e era perceptível a confusão que a/o assistente ficava. No meu caso, ao invés de dar as respostas, eu simplesmente perguntava: "o que você faria para resolver essa situação". Pronto, treinamento feito, empoderamento e confiança em funcionamento.

Nosso segredo, caro leitor, é uma vez mais, a palavra importante na liderança "delegar e acompanhar". No meu caso, eu praticava isso permitindo total envolvimento, especialmente nos processos com os clientes. Várias vezes ao ano a assistente tirava o dia para trabalhar no campo, ou passava uma parte do dia acompanhando o vendedor nas visitas. Era a forma de conhecer o que era importante no processo e no direcionamento das nossas estratégias. Em outras palavras, elevar o nível, e obter um retorno nobre no desempenho desta importante função. Assistente não está ali para anotar recados e ouvir você tomar as decisões.

Não posso negar que também já ouvi algo como: "Não posso me dar ao luxo de ter um(a) assistente", e o colega executivo passa o dia se ocupando de atividades que não fazem parte da função de um líder. Ou eu tive muita sorte com as assistentes que trabalharam comigo (Sônia, Mizue, Silvia) ou então é você, que está ocupado demais e deixando de liderar. Pense nisso.

O que vem depois...

A Felicidade Ilimitada® é a força vital de motivação sem fim.

O sucesso pode ser definido de muitas maneiras. A que mais gostamos é aquela que diz *"encontre algo que tenha paixão, e lute por isso"*. Certa vez trabalhei com um vendedor que em décadas jamais deixou de fechar as vendas do mês. Quando chegou na nossa empresa era gerente de qualidade numa fábrica de doces, e afirmava que não sabia nada de vendas. Dizia que não vendia produtos, mas sim: "Ajudo meus clientes a resolver seus problemas". *E com esse princípio em mente alimentava sua paixão por ajudar.* Mesmo no mês de férias, conseguia atingir os resultados de vendas. Dizia que: "Na visita antes das férias, aviso os clientes, vou tirar dois pedidos, um para este mês, e outro para o mês que vem. Assim você não vai correr o risco de prejudicar seus negócios pela falta dos meus produtos." Era a forma de *demonstrar sua preocupação com o sucesso dos clientes*. Este era o significado do seu esforço. Trabalhar num sentido além de uma tarefa comum. Jamais conheci alguém tão admirado pelos clientes.

Por esta e muitas outras, podemos garantir que não perdemos o contato com o mundo real. O sucesso de uma empresa não pode ser medido pela arquitetura de poderes do além, mas pelas pessoas.

Não nos surpreendem as críticas, este não é um livro convencional. Alguns conceitos podem chocar aqueles que não querem mudar suas formas rígidas de pensamento. Claro que focamos muito mais nas pessoas do que em elementos estratégicos ou econômicos. *Acreditamos que muitas das feridas nas empresas são causadas pela obstinada orientação aos resultados.* Acreditamos que ainda existem pessoas elevadas, capazes de feitos extraordinários, com objetivos claros e bem definidos. Pessoas que encontram o equilíbrio certo entre o trabalho e a sua vida. Aprendemos com pessoas a divertir-se enquanto conquistam resultados. Nunca tivemos um dia em que não tenhamos desejado ir trabalhar. Talvez tenha sido por estes motivos que decidimos investir neste projeto.

Nossa proposta foi contribuir com o sucesso das pessoas. Fomos verdadeiros com nossos princípios, tudo que escrevemos aprendemos com nossos líderes e especialmente com nossos clientes. Sem eles não teríamos nada para compartilhar. Temos uma mente aberta para continuar aprendendo. Palavras são sementes. A Felicidade Ilimitada® é a força vital de motivação sem fim. Se ao menos fizermos com que o leitor "nunca perca a chama"... nos daremos por satisfeitos!

Agradecimentos

Precisaríamos de muitas linhas para expressar todo o nosso carinho por aquelas pessoas que fizeram parte de nossa história. Nossos mentores que contribuíram com nosso desenvolvimento. Aos nossos times de trabalho, que sempre participaram ativamente de todos os programas e projetos. Aos clientes, que foram sempre a verdadeira fonte de inspiração. Aos nossos familiares, pelo incentivo para que esta obra pudesse se tornar realidade. Enfim, a todos aqueles que iluminaram e influenciaram nossa jornada.

Todos vocês causaram grandes efeitos na nossa vida.

Ana Cristina, Tania, Ana Rita e Dulci, estrelas guias.

Felicidade Ilimitada®

Referências

Bibliografia

3M Company. *A century of innovation: the 3M story*. Editora 3M Company, 2002.

ACHOR, Shawn. *O jeito Harvard de ser feliz*. Editora Saraiva, 2012.

BOSSODY, Larry; CHARA Ram. *Encarando a nova realidade: confronting reality*. Elsevier e Negócio Editora, 2004.

COLLINS, Jim. *Empresas feitas para vencer*. Editora Campus, 2002.

COLLINS, James; PORRAS, Jerry. *Feitas para durar: práticas bem-sucedidas de empresas visionárias*. Editora Rocco, 1995.

CONNELLAN, Tom. *Nos bastidores da Disney*. Editora Futura, 2005.

CORREA, Cristiane. *Sonho grande*. Editora Primeira Pessoa, 2013.

COX, Coleman. *Cite-me sobre isso: a inteligência e a sabedoria de Coleman Cox*. Great Little Book Publishing, 2009.

DALIO, Ray. *Princípios*. Editora intrínseca, 2017

DRUCKER, Peter. *O diário de Druker*. Editora Actual, 2010

EIGEN, Barry. *Pense como patrão*. Editora Saraiva, 1992.

FRANKL, Viktor E. *Em busca de sentido*. Editora Vozes, 2017.

FREIBERG, Kevin; FREIBERG, Jackie. *Nuts! As soluções criativas da Southwest Airlines para o sucesso pessoal e nos negócios*. Editora Manole, 2000.

GRANT, Adam. *Originais: como os inconformistas mudam o mundo*. Sextante, 2017.

GUNDLING, Ernest. *The 3M way to innovation. Balancing people and profit*. Kodansha Intl, 2000.

HAVARD, Alexandre. *Virtudes & liderança*. Editora Quadrante, 2015.

HYBELS, Bill. *Axiomas: máximas da liderança corajosa*. Editora Vida, 2009

HUCK, Virginia. *The 3M story: brand of the Tartan*. Appelton, Parsons & Company, 1995.

INSTITUTE, Disney. *O jeito Disney de encantar os clientes*. Editora Saraiva, 2011.

HUNTER. James C. *Como se tornar um líder servidor*. Sextante, 2006.

KEGAN, Robert; LAHEY, Lisa Laskow. *Immunity to change: how to overcome it and unlock the potential in yourself and your organization*. Havard Business Press, 2009.

KIM, W. Chan; MAUBORGNE, Renee. *A Estratégia do Oceano Azul*. Editora Elsevier Campus, 2005.

KOTLER, Philip. *Administração de Marketing*. Atlas, 1995.

KOTLER, Philip; KORYTOWSKI, Ivo; KARTAJAYA, Hermawan. *Marketing 4.0: do tradicional ao digital*. Editora Sextante, 2017.

LUZ, Daniel Carvalho. *Insight: reflexões para uma vida melhor*. DVS Editora, 2001.

MORRISON, David J.; SLYWOTZKY, Adrian J. *A estratégica focada no lucro: the profit zone*. Editora Campus, 1998.

ORWELL, George. *1984*. Companhia das Letras, 2009.

PATTERSON, Kerry; GRENNY, Joseph; McMILLAN, Ron; SWITZLER, Al. *Crucial conversations*. Mc Graw Hill, 2012.

ROCK, David. *Quiet leadership: help people think better, don't tell them what to do*. Collins, 2006.

SANDEL, Michael J. *O que o dinheiro não compra*. Editora Civilização Brasileira, 2012.

SANDEL, Michael J. *Justiça: o que é fazer a coisa certa*. Editora Civilização Brasileira, 2009.

SCHULTZ, Howard; YANG, Dori Jones. *Dedique-se de coração, a história de como a Starbucks se tornou uma grande empresa de xícara em xícara*. Elsevier, 1999.

SEELERT, Bob. *Lições de liderança: sabedoria para futuros líderes*. M. Books, 2011.

Descubra mais em www.thesmilebusiness.com

SELIGMAN, Martin E. *Felicidade autêntica*. Objetiva, 2004.
SEMLER, Ricardo. *Virando a própria mesa: uma história de sucesso empresarial made in Brasil*. Editora Best Seller, 1988.
SLYWOTZKY, Adrian. *A arte do lucro*. Editora Campus, 2003.
TZU, Sun. *A Arte da Guerra por uma estratégia perfeita*. Editora Madras, 2005.
VIEIRA, Paulo. *Poder da ação*. Editora Gente, 2015.
WELCH, Jack; BYRNE, John. *Definitivos segredos do executivo do século*. Editora Campos, 2001.

Filmes

Voando alto, com Taron Egerton e Hugh Jackman. Fox Film, 2016.
O palhaço, com Selton Mello, Paulo José, Tonico Pereira. Imagem Filmes, 2011.
Divertidamente. Diane Lane, Kyle MacLachlan, Amy Poehler. Pixar Animation Studios, 2015.
Campeões, com Javier Gutierrez, Athenea Mata, Juan Margallo. 2018
Desafiando os limites. Antony Starr, Anthony Hopkins, Diane Ladd. Focus Filmes, 2005.

Páginas na Internet

https://www.london.edu/news-and-events/news/most-millennials-will-only-work-for-purpose-
-driven-firms-1431
https://epocanegocios.globo.com/Carreira/noticia/2018/02/quando-diversidade-ultrapassa-
-30-empresa-lucra-mais-diz-estudo.html
https://images.forbes.com/forbesinsights/StudyPDFs/Innovation_Through_Diversity.pdf
https://www.pwc.com/gx/en/services/people-organisation/publications/workforce-of-
-the-future.html
https://www.nytimes.com/2019/05/29/opinion/greyston-bakery-open-hiring.html
Harvard Business Review. Edição Jul-Ago 2017 - "Stop the Meeting Madness"
The Economist. Edição de 1955 - "O trabalho se expande para preencher o tempo disponível"
Harvard Business Review. Edição de Janeiro de 2017.
Exame Edição 1.184, de 1º/5/2019.

Felicidade Ilimitada®

Galeria

Encerramento de Convenção de Vendas. Paintball para ilustrar Marketing de Guerrilha.

Trabalho de equipe sempre. Juntos fazemos mais!

Um time super focado no cliente – Comprometimento e alegria.

Cerimônia "Aniversário da Oficina" – Momento Mágico.

Felicidade Ilimitada®

Executivos dos USA experimentando a Felicidade Ilimitada junto à equipe da distribuição.

Cerimônia "Aniversário da Revenda" – Valorizando nossos parceiros.

Arrastão da Copa – Agradecendo pela parceria.

Primeiro reconhecimento Internacional - Melhor projeto mundial de Marketing e Vendas.

Felicidade Ilimitada®

E assim eram nossos treinamentos para clientes...

A felicidade é contagiante!

Descubra mais em www.thesmilebusiness.com

DEPOIMENTOS

"Leitura indispensável para quem quer trabalhar em marketing, vendas e gestão, garantindo prazer e felicidade na sua jornada."
**Amadeu Luis S. Oliveira,
consultor de TI e Gestão de Projetos.**

"Trabalhei com os autores no meu primeiro emprego após a faculdade. Foi uma experiência maravilhosa e transformadora, que me influencia até hoje. 'Sorria!' era a palavra que mais ouvíamos no dia a dia. Felicidade Ilimitada® é uma leitura leve, instrutiva, baseada em fatos nos quais sou grato por ter sido testemunha. Boa leitura!"
**François Ribeiro dos Santos,
sócio da A.T. Kearney Middle East & Africa.**

"Minha vida profissional e pessoal encontra-se pautada pela Felicidade Ilimitada®! Esse é o caminho! Os leitores têm muito a ganhar com essas experiências!!!"
**Wlander Kwasniewski,
86 anos, empresário da área de construção civil.**

"Você está se divertindo na sua vida pessoal e profissional? Você tem um propósito de vida e carreira? Você acredita que pessoas felizes performam melhor e que tem impacto nos negócios? Essas são apenas algumas das diversas reflexões que este livro nos convida a fazer. Felicidade ilimitada® é um grande barato! É gostoso, é agregador e fácil de ler. Um livro pouco convencional e cheio de ensinamentos valiosos."
**Marcio Nanúncio,
executivo de negócios, multinacional europeia.**

"Num primeiro momento, pensei em fazer uma leitura rápida, mas logo me entusiasmei com o conteúdo. Vou presentear meus líderes com este livro na expectativa de implementar muitas destas ideias."
**Adão Lopes,
CEO da Varitus Brasil.**

Felicidade Ilimitada®

"Este livro é viciante! Estou adorando e retirando lições preciosas."
**Ney Coimbra,
gerente comercial em Portugal.**

"Fiquei absolutamente encantado. Leitura que inspira a cada página. Prático, positivo e divertido. Não dá vontade de parar de ler. Quer ver a mágica acontecer? Leia e aplique a Felicidade Ilimitada®."
**Marcio Negreiros,
executivo de multinacional americana.**

"Eu ri, chorei, anotei, tirei fotos de frases, enviei para amigos. Quanto aprendizado."
**Jairo Dias do Couto Jr.,
empresário do ramo de chocolates.**

"Leitura de impacto. Livro rico em aplicações tanto na vida profissional como na vida pessoal. A alegria é um sentimento poderoso, uma energia que constrói o nosso futuro."
**Tatiana Ramires,
diretora acadêmica del Magister de Dirección Comercial y Marketing em Universidad San Sebastian, Santiago/Chile.**

Descubra mais sobre a Felicidade Ilimitada® no site

www.thesmilebusiness.com

Renato Alahmar
renatoalahmar@gmail.com

É sócio-fundador da LIBER Pessoas e Negócios. Coach profissional certificado pela Erickson College International e membro da International Coaching Federation. Publicou vários artigos, é coautor do livro Coaching: mude seu mindset para o sucesso, best-seller pela Literare Books International. Pós-graduações em Marketing, Administração e Vendas e Psicologia. Cursos no Brasil, Estados Unidos, Canadá, Espanha, França e Japão. Fez carreira em multinacional, onde liderou mais de uma dezena de negócios, participou de aquisição e integração de empresas, encerrando a carreira corporativa como presidente de Compliance Business. Conquistou diversos reconhecimentos internacionais na área de negócios. Integra o conselho da Hope Unlimited for Children desde 2002. Casado com Cristina, tem os filhos Rodrigo e Guilherme, as noras Rafaela e Laísa e a netinha Giovanna. Reside em Campinas-SP.

Waldyr Bevilacqua Jr.
waldyrbj@gmail.com

É diretor-executivo da Scoppo Consulting. Executivo com mais de 20 anos de experiência, atuando em empresas multinacionais e nacionais, no Brasil, América Latina e nos Estados Unidos e com projetos na Europa e Ásia. Graduado em Engenharia Química pela Unicamp, Análise de Sistemas pela USF e especialização em Marketing e Negócios pela ESPM. Certificação internacional como Black Belt em Lean Six Sigma. Professor universitário em Tecnologia da Informação. Atuou em empresas como Alcoa, Ripasa Papel e Celulose, Astra Plásticos, Universidade São Francisco, Artecola Química e 3M. Experiências nos segmentos Automotivo, Construção, Consumo, Mineração, Petróleo, Governo (Controle de Fronteira, Biometria, Documentação, AFIS), Produtos Antipirataria, Segurança e Proteção Individual, entre outros. Consultor, escritor e palestrante nas áreas de Vendas, Marketing, Planejamento Estratégico, Business Intelligence, Inovação, Operações e Gestão de Key Accounts. Realizou mais de 500 palestras em 17 países. Casado com Tania, tem os filhos Matheus e Maria Clara, e a cachorra Lili. Reside em Campinas-SP.

Walter Quintana
wcquintana@gmail.com

Autor dos livros A vida é um valioso presente e Equipes brilhantes, conquistas espetaculares. Palestrante motivacional nos temas de Inovação, Estratégia e Liderança, Excelência Pessoal e Organizacional. Life & Business Coach formado pela Federação Brasileira de Coaching Integral Sistêmico. Graduado em Administração de Empresas e pós-graduado em Administração de Marketing. Possui 40 anos de experiência profissional nas áreas de Educação, Desenvolvimento de Pessoas, Gestão de Marketing e Vendas. Trabalhou na 3M do Brasil por 23 anos em diversas unidades de negócios e Marketing Corporativo. Consultor em projetos para empresas como Draëger Safety, PPG Industries, DuPont e Grupo Bunge entre outras. Especialista em programas de Customer Loyalty, Branding, Educação Corporativa e Direcionamento Estratégico. Vivências e aprimoramento internacional no Chile, Portugal, Espanha, Itália e Croácia. Casado com Ana Rita, tem dois filhos, Bruno e Mateus, as noras Aline e Anita e a netinha Estela. Natural de Campinas-SP.

Márcio J. Lima
jlimastudio@gmail.com

Ilustrador profissional há mais de 20 anos, formado em Animação Disney nível avançado pela Escola Arquitec e Desenho 3D pela Escola Vecht. Possui vasta experiência profissional, incluindo a Disney Animation com participação na produção do filme A Princesa e o Sapo. Fundador da J. Lima Studio, que atende clientes em mais de 30 países, produzindo animações, personagens e ilustrações. Capacitou mais de 12 mil alunos como professor e palestrante em cursos de Ilustração Profissional. Livros publicados: Na ponta do lápis – Curso de ilustração, Curso de animação básica e mais sete publicações, incluindo livros sobre Design e o público infantil. Tem vários cursos publicados, entre eles o Curso Profissionalizante: Empoderamento Artístico e mais de 20 outros cursos sobre Desenho, ilustração, Pintura, Design Gráfico e Animação. Casado com Dulci, tem dois filhos, Kalebi e Núria. Reside em Curitiba-PR.

Ideias, insights, decisões e ações para criar Felicidade Ilimitada®